南方周末 文丛

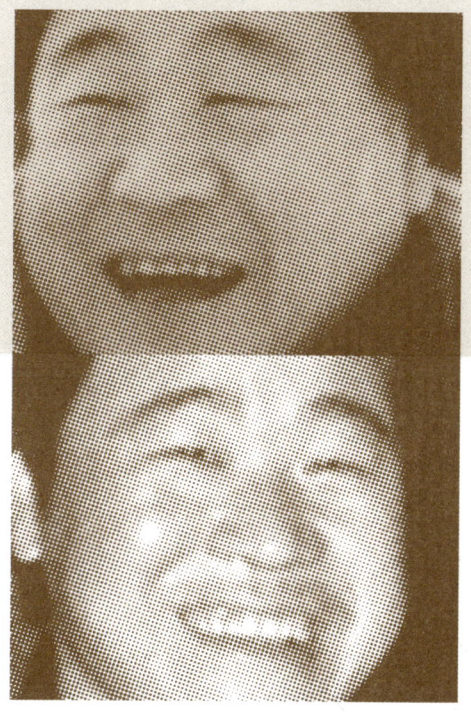

锐吧，莫言

《南方周末》 主编

二十一世纪出版社
21st Century Publishing House
全国百佳出版社

图书在版编目（CIP）数据

说吧，莫言 /《南方周末》主编 . -- 南昌：二十一世纪出版社，2012.11

ISBN 978-7-5391-7512-6

Ⅰ . ①说… Ⅱ . ①南… Ⅲ . ①莫言—访问记 Ⅳ . ① K825.6

中国版本图书馆 CIP 数据核字 (2012) 第 255829 号

说吧，莫言	《南方周末》/ 主编
策　　划	张　明
责任编辑	刘　刚
出版发行	二十一世纪出版社（江西省南昌市子安路75号　330009）
	www.21cccc.com　　cc21@163.net
出 版 人	张秋林
经　　销	新华书店
印　　刷	北京中印联印务有限公司
版　　次	2012年12月第1版　2012年12月第1次印刷
开　　本	720×1000 mm　1/16
印　　张	18.25
字　　数	200千
书　　号	ISBN 978-7-5391-7512-6
定　　价	30.00元

赣版权登字—04—2012—733

如发现印装质量问题，请寄本社图书发行公司调换 0791-86524997

《南方周末》文丛编辑委员会

总策划

  王更辉

主　编

  黄　灿

编辑委员会成员

  王更辉　黄　灿　陈明洋　伍小峰
  毛　哲　朱　强　向　阳　邓　科
  吴志泉　史　哲　肖　华　朱红军
  张　英

执行主编

  张　英

目 录

诺贝尔时间

莫言说 .... 朱 强 2
问莫言 .... 张 英 10
亲人眼里的莫言 .... 张 英 25
莫言的强项就是他的故事
——专访莫言小说瑞典语译者陈安娜 ...... 朱晓佳 李乃清 32
龙应台、刘再复说莫言 .... 向 阳 卫 毅 43

莫言其人

莫言是怎样炼成的 .... 张 英 54
莫言的国 .... 卫 毅 73
莫言：梦幻文字背后的现实足音 .... 邱晓雨 88

人生故乡与文学

我写农村是一种命定
——莫言访谈录 .... 刘 颋 126

记忆被一种声音激活
——莫言谈《檀香刑》的写作 .... 夏 榆 144

《生死疲劳》和中国古典文学 .... 张 英 152

《蛙》的虚构和姑姑的真实故事 .... 张 英 176

对话录

鲁迅对我的影响
——莫言孙郁对话录 192

"55后"对话"80后"
——张悦然对话莫言 230

作家写故乡，是一种命定的东西
——莫言、葛亮对谈 268

莫言对话瓦尔泽 278

诺贝尔时间

莫言说

朱　强

　　高密，山东半岛中部的一个县级市。
　　2012年10月11日，这里成为中国最为灼热的新闻中心。
　　连续两天两次的媒体见面会后，面对蜂拥而至的媒体和形形色色的各路人马，莫言宣布"不再接待任何人"。
　　见面会的下午，莫言接受了央视的采访，被主持人董倩问道"你幸福吗？""我不知道。我现在压力很大，忧虑重重，能幸福么？"莫言说，"我要说不幸福，那也太装了吧，刚得诺贝尔奖能说不幸福吗？"
　　2012年10月13日上午8点，《南方周末》记者在莫言的书房见到了他，黄白细格衬衫，咖啡色运动服，神色平静却难掩倦怠，当时，一群外媒记者已经拥挤在客厅中等候采访。
　　最终，莫言穿着一双拖鞋接受了采访，但在《南方周末》摄影师的建议下，他脱掉了运动外套。
　　"这几天我实在是有点疲倦。"10月16日中午，《南方周末》记者接到了莫言的邮件，他说："从昨天开始，感冒发烧，浑身酸痛。"

为什么惊喜，为什么惶恐

南方周末（以下简称"问"）：你获奖后的第一反应，媒体报道有几种不同版本：狂喜和惶恐；惊讶和觉得遥远；还有"没什么可兴奋的"。上述表达哪种更准确？或者都准确？再或者是一种复合式的反应？

莫言（以下简称"答"）：10月11日18点40左右，我接到评奖委员会的电话，通知我获奖并询问彼时的心情，我说的是惊喜和惶恐。为什么惊喜？全世界有那么多优秀的作家——包括中国——都没有获得，排着漫长的队伍，我相对而言还是比较年轻的。他们有的80多岁才获奖。为什么说惶恐，我想，这么巨大的荣誉降落在我身上，面对世界上这么多优秀的作家，他们都有获奖的理由，但他们没有获得，我得到了，因而惶恐。"惊喜"经过两道翻译就变成了"狂喜"。白岩松电话连线采访时也问了这个问题，因为已经过去好几个小时了，当时心情比较平静。应该说，最准确的表达是"惊喜和惶恐"。

莫言在新闻发布会上

问：颁奖词用十分简洁的评价概括了你的文学成就，其中中国传统文学和口头文学是一个关键符号。你曾经说过深受中国古典文学作品的影响，并且多次提到《三国演义》、《水浒传》、《西游记》、《聊斋志异》等经典作品，但四大名著独缺《红楼梦》，而尤其推崇《聊斋志异》，这与文学界的主流评价有很大的差异，为什么你对"聊斋"格外偏爱而冷落"红楼"？

答：关于古典名著，当然读过《红楼梦》，天天说话，有时候为节省时间，就没有提到。即席的讲话总是有漏洞。即便是反复修改的文稿，依然不会面面俱到。《红楼梦》我是18岁读的，在老家高密棉花加工厂做临时工的时候，从一个工友那边借来看的，它对我的影响很大，里面的很多诗歌名句都能背诵。比如描写贾宝玉的，"面若中秋之月，色如春晓之花"。对"聊斋"、"三国"、"水浒"的兴趣与年轻有关，经过历练之后，再去读《红楼梦》就读得出味道，《红楼梦》在文学价值上当然超过《三国演义》和《水浒传》。为什么特别推崇《聊斋志异》，因为作者蒲松龄是我家乡人，"聊斋"里的很多故事，我小时候都听村里的老人讲过。还有就是他的精美典雅的文言文，让我读得入迷。

问：你的作品很多，但是翻译成瑞典文的只有三部：《红高粱家族》、《天堂蒜薹之歌》和《生死疲劳》。为什么是这三部？是出版社的意见还是你的意见？

答：是翻译家的选择。瑞典汉学家陈安娜（Anna Gustafsson）翻译的《红高粱家族》，是因为电影在前面，有一定的影响。《天堂蒜薹之歌》，是因为之前已经有了英文的版本，还是不错的。至于《生死疲劳》，他们的选择很准确。这都是翻译家的选择，我从来不干涉，也不会向他们推荐。

最虚幻，最现实

问：《生死疲劳》是你被翻译成瑞典文的"最近"的一部作品。颁奖词的另一个重要符号就是"魔幻现实主义"，《生死疲劳》充满了"魔幻"色彩，但美国汉学家史景迁认为，这部作品"几乎涵盖了中国在'文化大革命'期间的所有经历，几乎可以算是那个时代的纪实小说"，你同意这个说法吗？

答：关于颁奖词，据说翻译得不太准确，我看到有两种译法，一是"幻觉"，二是"幻象"，好像还有一些译法，总之是一个与"魔幻"不同的概念。是虚幻跟民间艺术的结合，社会现实和历史的结合，这比较准确地概括了我作品的特质，当然用一两句话很难精准地概括一个写了30

年的作家，但是还是相对准确。我觉得颁奖词很可能是因为《生死疲劳》这本书。虚幻的部分，比如生死轮回变牛变马，各种动物，但动物眼中看到人间的生活，这部分是现实的。小说描写的历史跨度有50年。对历史的延伸，可能是50年之前的，100年之前的。

历史和现实的结合。这两部分缺一不可，如果没有虚幻，仅仅写实，这部小说没有生命。反之，全是虚幻的，和现实中国没有联系，也没有意义。作家的责任、本事就是写出立足现实又超越现实的东西。既是现实生活但同时又高于现实生活，有变形有夸张有想象有虚构。

问：马尔克斯之于你是一个被重复了许多遍的名字。这次的诺贝尔颁奖词也有他。我的问题是，你是否见过马尔克斯？媒体曾经报道，你因为要见到他，在前一年终于读完了《百年孤独》，却反而发现了他的败笔。

答：《百年孤独》我很早就读过，但没有读完。他的书改变了我的文学观念。2008年要去日本参加一个活动，他们说马尔克斯也要参加。我想，要见崇拜已久的大师，就应该读完他的《百年孤独》。用两个星期读了一遍。读完感觉18章之后写得勉强，甚至有点草率。感觉作家写到这里，气不足，有点强弩之末。我就说，即便是马尔克斯这样的大师的巅峰之作也是不完美的，也是可以挑出不足的，当然这只是作为读者的我的个人看法。后来由于个人原因我没去参加这次会议，他因身体原因也没有出席，很遗憾没有见到。其实，作家之间互相读作品，就是最好的见面。

问：法新社曾经发表评论，认为你最近出版的长篇小说《蛙》是最勇敢的作品。写作《蛙》的时候，你有付出比其他作品更大的勇气吗？

答：没有，"最勇敢"这个评价是不准确的。我20世纪80年代的中短篇，《枯河》《爆炸》《金发婴儿》《欢乐》等，在当时都是艺术上标新立异、思想上离经叛道的。他们也可以看看我的《天堂蒜薹之歌》《酒国》。当然他们很可能指的是，《蛙》涉及了计划生育。去年获得茅盾文学奖，我接受采访时也说了，作家当然不能脱离现实生活，要直面现实，关心社会上的热点问题，但进行文学创作，写小说可以有一定的处理方式，如果是报告文学当然是越真实越好。小说最高的境界，就是要写出有典型性格的人，塑造让人难以忘记的人物形象。《蛙》是以我的姑姑为人物原型，她从解放初期开始担任妇科医生，一直到退休。写这样一个人物，自然要涉及到从80年代延续至今的计划生育政策。写这个问题是文学的需要，塑造人物的需要，这个小说是文学作品。问题没有压倒文学，事件没有破坏人物，挑战性也不仅在于题材本身，还在于小说的形式和塑造人物的难度。

开放的故乡，爱知县的"莫言"馒头

问：《生死疲劳》里，元旦之夜在县城广场上，万众欢庆，大雪纷飞中辞旧迎新的场面，你说其实不是高密，而是你2004年底在日本北海道札幌市的经历。那个夜晚有多重要，为什么你会把这个场景加进了文章里？

答：这是个故乡经验的问题，一个作家老写故乡经验会不会资源穷尽？作家开始写作时，一般都会写自己的故乡，包括自己的亲身经历，亲朋好友的故事。但这些资源很快就要罄尽，这就需要不断补充。我说过，作家的故乡是一个开放的概念，变化的概念。作家作品中的故乡，是不断拓展、丰富着的。就像一个巨大的湖泊，四面的小河小溪往里面涌入。发生在世界各地，天南海北的事件，各种故事，包括风土人情，自然风光，都有可能拿来移植到他最熟悉的环境里去，于我而言，就是我的高密东北乡。这个日本北海道雪夜狂欢的场面，就被我移植过来。

问：日本爱知县一个寺庙里，有以你的名字"莫言"命名的点心，味道是玉米味的，据说厨师是《红高粱家族》的读者，你怎么看待你的作品在日本的影响？另外，请你谈谈你跟大江健三郎的故事，很多人都认为是他在矢志不渝地把你推荐给诺贝尔文学奖评选委员会，还有你怎么评价村上春树的作品？他在本届的竞争中呼声也很高。

答：我在日本出版的作品是比较多的，多数都是长篇。除了大江健三郎先生，翻译家吉田富夫教授和藤井省三教授也来过中国高密，后两个都是日本当代非常优秀的中文翻译家，本身也是汉学家，对中国文学研究很深，尤其对中国农村社会非常了解，在翻译我的作品当中，也渗透了他们汉学研究的学术功底。由于优秀的翻译，我的作品在日本赢得了一定的读者。

我去看过爱知县的莫言馒头，和点心铺老板吃过饭。爱知县有个称念寺，住持和尚伊势德，是个文学爱好者。日本和尚和中国和尚不一样，可以结婚不需要剃度。穿上法衣就是和尚，换上西装革履就是平常人。和尚对我的小说很有研究，而且是个很好的文学活动组织者，他把我的书分发给周围的信众看。点心铺老板夫妻就是他的信众。是他建议点心铺老板做一种莫言馒头，高粱米的颜色，里面是糖、奶油，馒头还不错，我吃过，可以作为一个文化符号在那边。和尚还做了酒，红萝卜酒，红高粱酒。

日本文学对中国影响很大，比如川端康成、大江健三郎、三岛由纪夫等等，我看过很多，也很喜欢。大江先生是非常有担当、正直的知识分子。一边写作一边参加政治事务，对日本军国主义一直强烈地反对，他最可贵的是有博大的胸怀。大江先生在获得1994年诺贝尔文学奖的时候，在颁奖典礼上提到了我。后来到中国的数次演讲中也提到我，他一直说我应该获得诺贝尔奖。最近十几年，他是不是每年向诺贝尔奖推荐，我不知道。但以他的影响，一直在说我，这是客观事实。

村上春树是个非常有影响力的作家，在全世界读者很多，被翻译作品的数量非常大，而且赢得很多年轻读者的喜爱，很不容易，我非常尊重他。他虽然比我大，但心态比我年轻，英文很好，西方交流比较广泛，具有更多现代生活气质。他写日本历史方面比较少，关注现代生活，年轻人的生活，这一点我是无法相比的。我也是他的读者，比如《挪威的森林》，《海边的卡夫卡》等，他的作品我写不出来。

做歌德，还是贝多芬

问：你曾讲过这样一个故事：歌德和贝多芬在路上并肩行走。突然，对面来了国王和大批贵族。贝多芬昂首挺胸，从贵族中挺身而过。歌德退到路边，毕恭毕敬地脱帽行礼。你说年轻的时候也认为贝多芬了不起，但随着年龄的增长，就意识到，像贝多芬那样做也许并不困难，但像歌德那样反而需要巨大的勇气。

答：大家应该领会我的潜台词。贝多芬的这个故事流传甚广，但是否真实谁也不知道。当年的音乐家要依附爱好音乐的贵妇、国王或者有权势的人，他们需要被供养，否则就饿死了。贝多芬见到国王扬长而去是了不起的，而歌德留在原地，脱帽致敬，被认为没有骨气。当年我也觉得歌德软弱可鄙，而贝多芬可钦可敬。就像据说是贝多芬自己说的"贝多芬只有一个,国王有许多个"。我年轻的时候，读到这句话觉得扬眉吐气。科长，局长，成千上万，而我只有一个。我在军队工作时，有一晚上在办公室看书，一位老领导推门进来，说："噢，没有人。"我立即回应道："难道我不是人吗？！"这位老领导被我顶得尴尬而退。当时我还暗自得意，以为自己很"贝多芬"，但多年之后，我却感到十分内疚。

随着年龄增长，对这个问题就有新的理解：当面对国王的仪仗扬长而去没有任何风险且会赢得公众鼓掌，这样做其实并不需要多少勇气；而鞠躬致敬，会被万人诟病，而且被拿来和贝多芬比较，这倒需要点勇气。但他的教养，让他跟大多数百姓一样，站在路边脱帽致敬。因为国王的仪仗队不仅代表权势，也代表很多复杂的东西。比如礼仪，比如国家的尊严，和许多象征性的东西。英国王子结婚，戴安娜葬礼，万人空巷，那么多人看，你能说路边的观众全都是卑劣、没有骨气吗？你往女皇的马车上扔两个臭鸡蛋，就能代表勇敢、有骨气吗？所以当挑战、蔑视、辱骂权贵没有风险而且会赢得喝彩的时候，这样做其实是说明不了什么的。而跟大多数老百姓一样，尊重世俗礼仪，是正常的。我一直反感那些不把自己当作普通百姓的人，我看到那些模仿贝多芬的行为，就感到可笑。

问：你的名字和你小时候父母对你的教诲有关，他们叫你不要在外面说话。你吃过"乱说话"的亏吗？什么时候开始"不乱说话"了？

答：确实吃过亏，那是"文革"时期，人人自危。我现在还是乱说话——按照某些人的逻辑，我经常乱说话，有时候得罪了这一方面，有时候得罪了那一方面。要两方面都不得罪，那只能闭嘴。其实，我一直用文学在表达我内心的话，我习惯把我要说的话写到小说里。

（原山东潍坊市文联副主席韩钟亮先生对本文亦有帮助）

○ 说吧，莫言 ○

问莫言

张英综述

在诺贝尔奖公布前，莫言回到了山东高密。离开北京前，为躲避媒体的采访，他把北京的手机留在了女儿处，和妻子带着外孙女回了高密老家。和去年茅盾文学奖颁发时一样，为避开媒体的采访，莫言让女儿关掉了北京手机，新办了一个高密的手机号。

10月11日晚上，莫言和妻子带着外孙女，在楼下的哥哥管谟贤家刚刚吃完饭。妻子和嫂子收拾完碗筷，正准备切一盘萝卜条当饭后水果吃。他和哥哥坐在沙发上，逗外孙女玩。18点40分，莫言的手机响了，打电话的是瑞典文学院常务秘书恩格隆德，告诉莫言，他获得了诺贝尔文学奖。

听到自己得奖的消息，莫言惊喜又惶恐。他的心情还未平静，瑞典文学院懂汉语的女钢琴师又打来了电话，按照惯例对莫言进行了一个7分钟的采访。

从这一刻起，莫言平静的生活被打乱了——电话不断，房门不断被人敲响，楼下门铃也叫个不停。这个晚上，高密来了200多位记者。潍坊市委宣传部副部长窦吉进对记者说，此前高密这个县级市从未来过这么多记者。8点钟的时候，高密一中内的莫言文学馆前和夏庄镇河崖平安庄莫言的老宅小院里，蜂拥而至的记者围住了文学馆馆长毛维杰，莫言父亲和莫言的二哥、姐姐，所有的问题只有一个：莫言到底在哪里？

在潍坊、高密宣传部官员的劝说下，莫言同意在他家附近的凤都国际饭店开一个简短的新闻发布会。整场发布会只进行了15分钟，就匆匆结束了，原因是莫言的"低调"。新闻发布会结束后，莫言接受了当地媒体的小规模群访。

白岩松在上镜前，还没有找到莫言。在《新闻1+1》进行到一半时，他手下的编导，联系到了正在采访现场的潍坊电视台。于是，在节目的后半部分，白岩松对莫言进行了10分钟的现场连线采访。

回到家，莫言仍然不能休息，一个接一个的电话，当地找上门的亲友，还有海内外的朋友的电话，持续到凌晨3点。连92岁的父亲到凌晨两点，也坐在炕上忙着接一个又一个的电话采访。

这一晚，高密的广告公司也在加班，接到了当地政府的订单，他们连夜赶制出大批鲜艳的红色绸布横幅广告。第二天，这些喜气洋洋的横幅挂在了高密的政府机关大院，记者集中居住的酒店，通往莫言乡下老宅的路口。

诺贝尔文学奖

刚听到这个消息的时候，我正在吃饭。我也很吃惊，全世界有很多优秀的伟大的作家，都在排着队等候，我们中国，也有许多非常优秀的作家，他们也都具备了获得诺贝尔文学奖的资格，我想这么一个大奖落在我这么一个相对年轻的作家身上的可能性很小，所以刚接到这个消息感到很惊讶。

我获奖最主要的是因为我作品的文学素质。因为这是一个文学奖，他授给我的理由就是文学，我的作品是中国文学，也是世界文学的一部分，我的文学表现了中国人民的生活，表现了中国独特的文化和民族的风情。同时我的小说也描写了广泛意义上的人，我一直是站在人的角度上，立足于写"人"，我想这样的作品就超越了地区和种族的、族群的局限。

诺贝尔文学奖它好像也不是授给作家的一本书的，应该是根据作家全部的创作。评委们可能是刚读完《生死疲劳》，这部作品刚刚被翻译成瑞典文，作品带有某些魔幻色彩，但这个魔幻跟中国的民间故事密切相关，也与现实密切相关。我觉得这个评价也是对的，也不是和我的创作没有关系，基本表述出了我的创作的一个特质。如果说把我的几百万字作品进行全面概括，这么简短的两句话是远远不够的。

最近这半个多月来，围绕诺贝尔文学奖这件事已经吵来吵去，我觉得已经挺麻木的了，所以得奖和不得奖无所谓。有人问过我诺贝尔奖金这个问题，我说准备在北京买一套房子，大房子。记者也就说，你买不了多大的房子，5万1平米，750万，买120平米可以。

获奖以后，有很多的记者来高密了，他们待了好几天了，后来高密市文化局的朋友过来说，很多记者在那里等着，然后我就从家里过去开了个简单的新闻发布会，聊了两句，先对记者们忠于他们职业精神，表示敬佩和感谢。

我下面一段时间里很忙，要应对一些采访，可能一些社会活动比较多，但是我想这一切很快会过去。关键是一种心态，你自己不要把这个奖当做是一个了不起的事情，它就是一个奖状，你得了这个奖，也并不意味着你是中国最好的作家。

我心里也很清楚，中国作家写的好的作家成群结队，能够获诺贝尔文学奖的作家也有很多，我是很幸运地得这个奖，但自己头脑要清楚，绝对不要轻飘飘的，要站稳脚跟，作家最重要的还是作品，而不是奖项。作家能够让他站稳脚跟的，还是他对现实生活的关注，对于土地的热爱，最重要的还是一种脚踏实地勤勤恳恳的忠诚学风，我想尽快从这个状态下摆脱出来，赶快写作。

一个作家的写作应该立足于文学，立足于写人，作家是生活在社会生活当中的，他描述的社会生活也是包含了政治、各种各样的社会问题，所以一个关心社会的作家，一个关心民众疾苦的作家，他的描写自然会带有批判性。我觉得文学作品批判是一个重要的功能，但是真善美也要歌颂，一个作家在选取内在题材的时候必有一种内在的东西激发了他的强烈共鸣，然后才可能产生灵感，然后才会运笔如飞，然后才能写出既让作家自己感动又让读者感动的作品。

翻　译

我的翻译作品大概有十七八种文字，主要的语种应该都有了。从1978年到现在改革开放30周年，回想起1978年的时候有那么多的禁区，创作有那么多的困难，再想想今天百花齐放的状态也是感慨万分。

当我拿起笔开始写作的时候，我首先感觉到我有很多的话要说，说出这些话我想通过文学的方式是最有力量的，也是一种最自由的方式，所以我就开始写作了。当然也包含了，我希望通过写作来证明我自己，通过写作改变我个人的命运。

为什么现在中国的文学能够逐渐引起国际的关注？那就不仅仅是我，很多作家的作品都被翻译成其他的外文。第一点我想说明中国文学30年来确实取得了巨大的变化，跟我们30年前的文学，那种比较偏向的立场相比，现在我们的文学关注更加广泛，关注人类，是站在人的高度上，站在全人类的立场上进行写作。所以我们作品里面表现出一种普世的价值，也就是我们中国人小说里面所表达的情感，是可以被其他的外国的读者所理解的，我想这就是我们的作品能够被翻译出来最根本的基础。

对于我个人为什么在中国当代作家里面翻译的比较多，比较早呢？我想和电影肯定有一定的关系。外国人看电影，读小说方便，电影速度有声音，有画面的。我能够作为当代文学走向世界的领头羊，应该是跟电影《红高粱》有非常直接的关系。

《红高粱》是1985年年底写作的，1986年在人民文学发表，1987年张艺谋带领班子到我的故乡山东高密开始拍摄这个电影，1988年柏林电影节上获得了金熊奖。这部电影应该是新中国里程碑式的一部电影，这个里程碑式的作品现在回过头来看，当然也有很多可以令人不满的地方。

当时的意义非凡，也就是说我们的电影第一次用这样的方式表现了这样的人物，引起了西方观众强烈的兴趣。同时也让我们国内的观众产生了巨大的兴趣。首先我讲一下这个小说，这个小说在没有改编电影之前，不客气讲应该在文坛上引起了很大的轰动，《红高粱》这个小说是描写抗日战争时期的一件事情，以抗日战争为背景，但是我写的抗日战争，跟我们过去描写抗日战争的小说有很大的区别，首先抗日的主体是一群土匪，我们过去都是写八路军、新四军抗战，哪有写土匪抗争的呢。而且描写高粱地里面我爷爷，我奶奶，当然这个加引号，跟我真正的爷爷奶奶没有关系，这个小说里面的人物，他们在当时年代里面表现出那种个性、解放的精神，敢说敢做敢想，我想在20世纪80年代让中国老百姓看了以后，会让他们心灵感觉到一种震撼。

因为长期以来我们中国人在一种集体化的环境里面生活，每个人的个性在不同程度受到了压抑，突然冒出来这么一部电影来，宣扬了这么一种精神，所以让大家感觉心里话通过这个渠道宣泄出来了。当时中国经常可以听到"妹妹你大胆的往前走,九千九百九千九百九"，有这种粗犷、豪放、草根的不加任何修饰的，完全来自于民间的声音，在某种程度上恰好符合了当时老百姓的心态。我觉得这部电影和这个小说引起轰动的原因，就是他歪打正着地与当时的社会，当时老百姓心态合拍了。

因为我们过去几十年社会生活不太正常，每个人的发展还是受到不同程度的压抑。电影里表现出来的却是人生自由，今天你在农村里面干一件事情都要请假的，而小说里面和电影里面表现的人物那样想干什么就干什么。在封建社会里面你嫁一个男人父母之命，媒妁之言的，小说里面我爷爷奶奶，他们那样自己作主的事情肯定是离经叛道，甚至在当时是大逆不道的。所以这个小说，这个电影表现了这么一群人物，表现了这么一些故事，确实有一种振聋发聩的作用。

批 评

关于我跟诺贝尔奖的争端，网上的争论大概持续了有20多天了，甚至更长的时间。我没有刻意地去，偶尔上网会看到各种各样的意见。有的是挺我的，有的是批评我，批评我的意见刚才法新社的记者提问了，我抄了延安讲话，我还怎么样过。有一些玩笑谩骂是说这个说那个，给人身进行攻击了，这个我就忽略不计了。

我就觉得有一些对我进行艺术上的批评，就是我的语言泥沙俱下，我小说的利益不高，我小说存在着很多地方的重复性等等。我觉得从艺术上对我进行批评当然是对我的帮助，会让我今后的创作提高勇气避免这种错误，避免这种理由存在的缺陷。挺我的我觉得他是站在一个文学的立场上，对我爱护，希望我能够获得这个奖项。

我刚才说的是见到人心，就是各种各样的人在上面发表各种各样的言论，这不就是言以心生，自己见到了人心，见到了自我。我过去不知道有这么多人喜欢我，也不知道有这么多人讨厌我，甚至仇恨我。

因为在过去的时代里，一个作家也没有这样的机会，只有在互联网时代、微博时代的作家获得了这样的机会。有了这么一个平台，我才知道原来这么多人喜欢我，喜欢我的作品，我也知道有这么多人对我咬牙切齿，也有这么多人对我的作品有这么中肯的、这么尖锐的但是很合理的批评意见，所以通过这个我认识了我自己。

我的家乡实际上是种文学地理，小说里的高密东北乡和真实的高密东北乡肯定有很大的差别，或者说小说里的高密东北乡是个开放的东北乡，夸张点说我一直想把她写成中国社会的缩影。因此发生在中国大地上甚至发生在世界各地的事情，都有可能被我当做素材拿到高密东北乡这个文学地理上来。

我们每一个人都有故乡，不管作家还是记者，还是其他的工作。每个人的故乡都对自己的成长发挥了巨大的作用，我想我的故乡跟我的文学密切相关，你们也都知道我们高密有三祥四宝，泥塑、剪纸、年画……这些民间艺术、民间文化伴随我成长，我从小耳濡目染的也是这些文化元素，所以当我拿起笔进行文学创作的时候，这些民间元素不可避免地进入我的小说，也影响了甚至决定了我作品的艺术风格。

作品版权

北京经典博维也不能说是独家代理，我最早跟上海文艺出版社有合同，但合同还没有到期。上海文艺出版社出的是单行本的合同，我跟博维是文集的合同，是两个不同的合同。但博维不是我的经纪人、代理商，我跟他签了一个协议，比如一些网络的版权问题，影视的版权问题，可以让他们来处理，因为他们有一个比较健全的法务部。

我不希望引起什么"莫言热"，如果不幸引起的话，我希望这个热尽快冷却，让大家感觉忘掉这些事情。会不会引起一种文学的热情来，这个我很期待，我希望大家能够把更多地时间用于阅读作品，写文学作品，也希望更多的读者来读书。阅读文学作品、创作文学作品应该是人类文化生活当中的一个重要活动，希望大家积极体验尝试，必定会从中得到很大的乐趣。

当然我也希望我们作家们更加努力地创作，写出无愧于读者、值得读者阅读的小说或者诗歌来。我手上有好几个作品在写，连开了好几个头，有关于战争的，有关于家庭问题的，也有一些话剧，还有一部戏曲，有的写了 1/3，有的开了一个头，有的准备了大量的素材，不知道先完成哪一个吧，但是肯定会尽快开始写作。按照我原来那种既定的方向，脚踏实地，描写人的生活，描写人的情感，站在人的角度上写作。

出　国

我离开这个国家干吗？我连高密都不想离开，我就想待在高密这个地方。因为这个地方生我养我，我熟悉这个地方，我这里朋友很多，这里的食物特别适合我，所以我不会离开这个地方。

我认为一个人他有各种各样选择的自由，选择离开中国到国外去生活去写作我觉得也很好，有个人选择留在他的故土写作这也很好，你不要认为谁出去了谁就不爱国了，谁没有出去谁就是爱国，这都是非常片面的认识。谁爱走就走，谁不愿走也不要强迫人家走。

我们过去有句话叫"己所不欲,勿施于人"，这一句话是孔夫子的教训。那我觉得"己所不欲,勿施于人"这是对的，那么"己之所欲，强施于人"就对了吗？你觉得这件事情非常好，比如你就觉得羊特别好，你逼着一个不吃羊肉的人吃羊肉对吗？也不对。所以每个人都有自己想要的自由。他认为很好他就可以这样干。

普世价值现在已经说得很滥了，我理解的普世价值没那么复杂，真善美就是普世价值。我们中国人用对待自己的父母、自己的亲人那种感觉去对待外国友人，他们也会感觉很好，这就是普世的东西，我想在文学作品里就是说你写出了不仅仅打动你的同胞的作品而且你的作品被翻译出去以后能打动外国读者，这样的作品就必然具有普世价值。

家　乡

我一个月前就回高密了，每年这个时候都想回来，集中精力一段时间，写点东西。这个季节也比较好，正是秋收的季节，到乡下去跟我老父亲跟我乡亲们，一块生活一段时间，接接地气，了解一下正激烈变化的乡村生活，了解一下当下农民心理状态。

我要感谢这片土地，感谢这边的父老乡亲，我生于此长于此，我最早的作品都是以我在这个地方成长的经验，亲身经历，甚至于好多小说里面的人物原型都是左邻右舍。所以我想，如果没有这块土地，没有这块土地上我的乡亲们，也不可能有我这样的作家。

我童年时期阅读的作品，除了《水浒传》、《三国演义》这些古典文学之外，我还阅读了《聊斋志异》这样古典的文言体小说，因为这样的一些作品是和中国的民间生活密切相关的。尤其像《聊斋志异》这样的作品，它里面的很多故事在我的家乡口口相传，所以我从小就受到了这种民间文化和民间故事的影响。

家乡是我的创作源头，我的创作经过了很曲折的道路，刚开始写作的时候也很痛苦，找不到东西要写，我头脑里面还是有很多陈旧的文学观念，认为小说这里应该表现英雄人物，小说就应该写阶级斗争，就是写坏人就是坏的，一点优点没有，好人就是好的，完美无缺。这就跟自己的生活完全不合拍了，完全在虚构。

我1984年写了一篇小说叫做《透明的红萝卜》，就描写了一个梦境，我有一天早晨突然做了一个梦，梦到一轮红日冉冉升起，然后在一片很广泛的红萝卜地（北方那种巨大的红萝卜，我想在旧金山很可能见不到）中间有一个草棚子，出来一个姑娘，身穿红衣，手拿一柄渔叉，插起一个红萝卜来，高举着，对着太阳走过去，画面非常辉煌。我醒来以后觉得这个梦境如果把它写成一篇小说会非常美。

就在这个梦境的基础上，加上我童年时期一段亲身的经历（我曾经在一个桥梁地里面当过一个小铁匠），就把自己的经历跟梦境结合起来，写了一篇带着浓烈的童话思想的小说，就叫《透明的红萝卜》。

这部小说写了以后引起文坛很大的振动，就是说小说既然可以这样写。这样的故事，这样的写法当时是很有挑战的，是跟过去的中国小说是不一样的。一旦这样的故事，这样的写法得到首肯以后，我就感觉到，好像一条被闸门堵塞很久的河水，突然打开闸门一样，既然这样好的话，类似的故事太多太多了。后面紧接着有了《红高粱》这一系列的作品。

写了这么多小说，究竟哪个作品最满意，这也被记者问了好多遍，最狡猾的说法就像一个母亲面对着自己的孩子一样，不愿意说最喜欢哪一个，说喜欢老大，老二不高兴，说喜欢老小，哥哥姐姐又不高兴。所以我想我的主要作品还是都比较满意的。

故乡的美好和丑陋

我们每个人都热爱自己的故乡，但是这个故乡实际上它并不是说只有美丽的现象，也有很多丑陋的东西。像我这种从农村土生土长，在一个地方待了20年，没有离开过的农村青年，对故乡的情感是非常复杂的。因为故乡很多丑陋的事件，很多光明面、黑暗面是紧密地交织在一起的，所以我对故乡的这种情感是非常复杂的。

当时我们农村非常闭塞，当兵是更加不容易，因为当兵当时是农村青年改变自己命运，几乎是唯一的一条出路，所以竞争都非常激烈。像我们这种出生于中农家庭的孩子要想当兵几乎不可能，所以我是钻了一个空子跑掉了。我到了部队以后是和平兵，部队首先解决了我的温饱问题，在农村真的吃不饱，穿不暖的，没有时间读书，部队有星期天，第一给我大量的时间读大量书，给我自学提供了很多时间。

我从小就有作家梦，我上小学的时候，我的作文竟拿到我们旁边的中学里面做了范文，因为当时初中跟小学隔了一条街，小学老师跟中学老师都在一个食堂吃饭，我在小说三四年级的时候就给中学生做范文阅读，从小还是表现出文学方面、写作方面的天赋。而且我上小学五年级，就因为"文化大革命"辍学回乡了。回乡的时候我读一本厚厚的大书，这本书就是《社会生活》。我的乡亲、邻居在漫长的冬夜里面，我的爷爷奶奶用他们的方式对我们进行文学启蒙,讲述各种各样的民间传说,妖狐鬼怪,大树便成了美人,狐狸变成了美人,鬼怪的故事,历史人物传奇,包括很多在乡村,在集市上这种说书人,我觉得这种用耳朵的阅读,这种来自民间口头文学的熏陶,成为我后来创作文学当中非常宝贵的资源。《红高粱》实际上是以一个传奇的方式写的,就跟我接受的这种民间,口头文学熏陶密不可分的。

1984年,这个时候中国社会已经进入了改革开放的时期,我首先考入了解放军艺术学院,叫做解放军艺术学院文学系,因为解放军艺术学院有美术系、音乐系、舞蹈系、戏剧系、文学系。我考了这个系里面,我的《透明的红萝卜》、《红高粱》都是这个时期写的。到了1988年的时候,又考到了北京师范大学跟鲁迅文学院合办的一个创作的文学研究生班,在这个地方等待两年半,混了一个硕士。

作家跟故乡的关系跟所有人故乡的关系都一样。你在这块土地上的时候你感觉不到它跟你有什么密切的联系,一旦你离开这个地方你就会跟它产生一个魂牵梦绕的感受。但对作家来讲这种感觉更加强烈一点,尤其像我这么一个以乡土为主要风格的作家。因为我早期的作品里面的人物、语言、事件都是取自于乡土生活,所以乡土对我的依赖性更强。但是我想乡土也不是说永远写不尽的,作家要不断地写乡土,要对乡土的变化了如指掌,要不断地深入到乡土里面去,对乡土发生的变化非常清楚,然后才可能持续不断地写。

我的小说确实是写了很多的农村题材,而我本人也在城市里面生活了很多年。实际上我后来的写作里,城市对我的影响已经在小说里得到了体现,但我没把它完全放在北京或者上海,而是写到很多在乡土基础上成长起来的城市。

我的乡土文学已经跟30年代的乡土文学有了很大的变化,它已经是变化的乡土,已经是城乡化、城镇化的乡土。这样一个城镇化的乡土跟大城市的生活当然有区别,但是已经区别不大。

延安文艺讲话

所有的批评，从批评者的角度来讲，都是有道理的，对我来讲有的是没有道理。难道抄写了一个延安讲话就是不可以获得诺贝尔文学奖的理由吗？

我上一个月在上海也正面回答过这个问题，当时有一个日本的作家阿刀田高先生在跟我对谈的时候说过，他知道文学是干什么的和为什么的，原因是因为他读过毛泽东在延安文艺座谈会的讲话。然后他立即就问我，你对这个讲话怎么看？我说这是一个在网上炒了很久的问题，而且因此我也挨了很多骂。

我觉得这个没有什么好耻辱的，毛泽东的讲话是一个历史文献，它的产生有历史的必然性，这样一个文献在当时那种社会历史背景下，对推翻腐朽的政权所产生过积极作用。我们今天再来看这个讲话，会感觉到它有一个巨大的局限，这种局限在于这个讲话过分地强调了文学和政治的关系，过分地强调了文学的阶级性和忽略了文学的人性。

我们这些作家在20世纪80年代开始写作的时候，就认识到延安文艺座谈会讲话的局限，而我们所有的创作都是在突破这个局限。我相信很多批评我的人是没有看过我的书的，如果他们看过我的书，最后明白我当时的写作也是顶了巨大的风险，冒着巨大的压力来写的，我的作品是跟当时社会上所流行的作品大不一样。

但是，我们要突破这个讲话的限制，并不意味着我把这个讲话全部否定，因为我认为这个讲话还有它合理的成分。比如讲普及跟提高的关系，说你不能老唱下里巴人，你还要有阳春白雪。讲民间艺术跟外来艺术的关系，讲生活跟艺术的关系，讲生活是艺术唯一的源泉，还讲作家为广大的工农人民服务这么一个概念。

我觉得这些东西我还是认可的，因此我抄了这个讲话。我当时没有意识到，我这个人是比较模糊，比较盲，我没有那么敏感的政治嗅觉。

我觉得就是要出一本书，然后出版社的编辑找到我，让我抄一段，我就抄一段。后来这件事情发展得那么大，出了这么多批评的意见还有辱骂的意见，这是超乎我的意料的。

我自己认为我抄了，我不后悔，我觉得我抄这个讲话跟我的创作没有什么矛盾，我抄它是因为它里面有合理的成分，我突破它是因为它已经不能满足我们创作的心灵的需要。

人和体制

你刚才讲我跟体制的关系比较密切，这也是一个非常有意思的问题。诺贝尔文学奖是文学奖不是政治奖，诺贝尔文学奖是站在全人类的角度上来评价一个作家的创作，是根据他的文学的气质、文学的特质来决定是不是给他奖项。诺贝尔的历史上像法特曾经是你们法国的共产党员，像肖洛霍夫曾经是苏联的共产党员，他们的作品依然是经典，依然在被千百万人阅读。

我在中国生活、工作，我在共产党领导的中国里写作，再说我的作品是不能用党派来限制的，我的写作从80年代开始拿起笔来就非常明确地是站在人的角度上，写人的情感、人的命运，早已突破了这种阶级和政治的再现，也就是说我的小说是大于政治的。那么，很多人认为我在共产党生产的中国生活，跟共产党关系比较密切，就不应该获得诺贝尔奖，我觉得好像也是很难有说服力的。

这次瑞典文学院把这个奖授给我，我觉得这是文学的胜利，而不是政治政权的胜利。如果按照政治政权的胜利，我只能是得不到这个奖。所以得到这个奖也说明瑞典文学院比发这些议论的人要高明，这个是文学的奖项，我因为文学而获得这个奖项。

再有一个问题就是说跟共产党的关系密切和不密切，有没有一个衡量的标准，用什么来衡量密切？我觉得至少很多在网上批评我的人，他们本身也是共产党员，他们本身也在体制内工作，有的人甚至在体制内获得了很大的好处。他们就认为我就是跟共产党密切，他们就不密切？这个我觉得也是莫名其妙。

我的一个观点是作家是靠作品说话的，作家的写作不是为了哪一个党派服务的，也不是为了哪一个团体服务的。作家的写作是在他良心的指引下，面对所有的人，研究人的命运，研究人的情感，然后做出自己的判断。

如果这些人读过我的书，或者在座的朋友读过我的书，就会知道我对社会黑暗面的批判向来是非常凌厉的，是非常严肃的。我在80年代写的像《天堂蒜薹之歌》、《酒国》、《十三步》、《丰乳肥臀》等作品，都是站在人的立场上，为社会上我认为的一切不公正的现象进行了毫不留情了批判。

所以如果我仅仅认为我没有上大街去喊口号，仅仅因为我没有在什么样的声明上签名，就认为我是一个没有批判性，是一个官方的作家，这种批判是毫无道理的。

瑞　典

过去读诺贝尔文学奖得主托马斯·特兰斯特罗默的作品，我读过一些片断，我觉得写得非常好。他写的诗不多，但是几乎每一篇都是精品，质量非常高。当然我想在翻译的过程当中，还可能使他的艺术品质没有得到非常完美的表现。但仅仅就我们看到翻译过来的版本我觉得也是非常好的。

我对瑞典了解甚少，去过了一次，走马观花，所以对瑞典其他方面的东西说不出一个究竟。

钓鱼岛

关于中日关于钓鱼岛争端的问题，首先我觉得争端是客观存在的，如果没有争端的话干吗要闹得那么大。我想要完全解决争端，似乎也没有什么更好的方法，打一仗，中国胜了、日本败了争端就解决了吗？日本败了他又不承认，他就会承认中国的合法主权吗？反过来也一样，所以战争也解决不了争端问题。

我想最好的办法还是按照20世纪70年代中日建交的时候，老一代中日两国的领导人，所采取一个比较高明措施，搁置争端，大家先谈友谊。你把它放的地方影响不到两国人的睡眠和吃饭，先放在那个地方。甚至这个地方可以让鱼类生活得更好一点。因为我去过韩国跟朝鲜的三八线，这个三八线是无人区，是两国谁也不能过去的。这个地方就成了动物天堂，那边全是鸟，全是野猪，树木长得非常繁茂。所以搁置争端有时候对动物也是很好的，海洋的争端暂时搁置一下也是鱼类的福音，像人类捕鱼捕得那么疯，有这个争端的地方谁都别去，鱼过去，鱼类都感谢人，感谢你们。

亲人眼里的莫言

张　英

莫言大哥眼中的莫言

大江健三郎曾经说，最迟在 2015 年莫言会得诺奖，到时候我再来。当时我想既然大江有这个看法，说明这个事靠谱。

把自己弄漂亮了

我们家的成分是中农。解放以后，不断进行阶级斗争，后来越来越厉害了。

当时要养活我们这样的大家庭，压力很大。劳力一个月工分十分，莫言刚开始的时候连半劳力也算不上，每天就割草，割了草以后交到饲养室，给你过过秤，给你记工分，哪一天割少了回到家里就挨骂。

莫言五年级就不上学了，被学校开除了。原因是造反，这个事我心里很内疚。因为当时我上大学，1967 年上海一夜"革命夺权"了，传单我带了回来，他看了以后就造反了，说有人反对毛主席，我们要保卫。到学校里就把作业本撕了造反，骂老师是奴隶主……因为这个，他没得上学了，上初中都是贫下中农推荐，推荐不到你，你是中农的孩子。

1972年的时候，他去了棉花加工厂，那时候十几岁。厂子是县里办的棉花加工厂，在我们公社所在地，我叔叔在里面是主管会计，所以也算是走后门。其实就是个季节工，有活就干，没活就回家，发了钱以后交给生产队，一部分买工分，剩下是自己的。

这个工作在当时是非常令人羡慕的，农村里很多农户干一年就透支，因为按人口分粮食，你挣的工分抵不上你分的东西就是透支，有时干一年一分钱捞不着。他是每个月发工资，一个月弄十几块钱，一年一两百呢。莫言把大部分工资交给了家里，自己留个一块、两块的。他拿那些钱自己打扮自己，买个牙刷（农村孩子不刷牙），买雪花膏抹抹脸，弄漂亮了。他在棉花厂干了一段时间，在他参军之前就没有其他工作经历了。

莫言父母在老屋前

齐文化里寻根

我有一个观点：研究莫言必须从新文化这个根上来找，不是齐鲁文化，齐鲁文化是统称，鲁仍然是孔子那一套，齐文化非常浪漫，妖魔鬼怪都说。这个颁奖词写的非常好，魔幻现实主义和民间故事结合，历史和现实结合，你从齐文化找根。莫言生活在高密的大地上属于齐文化，这个文化DNA很深，祖祖辈辈，老一辈流传下来，我爷爷他们讲故事，讲很多妖魔鬼怪的故事，讲了很多，满脑子都是。我们这些人为什么都喜欢文学，估计跟这个有关系。

　　莫言对待拉美的魔幻现实主义，他都没有正儿八经地看过人家的书，看一遍就丢掉了。我们高密研究会的会长提出了一个观点，天才的莫言，勤奋的莫言，高密的莫言，世界的莫言。人在这方面要有点天才的，想象力、观察力，特别是想象力。

　　莫言听故事，多是听我爷爷和我的大爷爷（就是我爷爷的哥）讲的，也有听我爸爸的。我爷爷的哥哥是个老中医，有文化。我爷爷虽然不是，但是从盘古开天到清朝民国，朝代的更换，哪个朝代的皇帝姓什么他都知道、我爷爷非常聪明，虽然一个字也不会写，但是过去我大爷爷开个药铺，他可以看着药方给人家抓药。

　　莫言是自学成才，读我上大学之前留在家里初中、高中的课本，还有家里买的一些闲书，连我的作文他都看了，我在高中的时候有一篇作文是"拾棉花"，我说天上的白云像棉花，地里的棉花像白云，我自己都忘记了，他还记得。

　　后来莫言成为作家，我和父亲感到很奇怪，很惊讶。我第一次看他写的东西是他写给我的一封信。当时我在湖南常德工作，我感觉到他只上了五年学，这个信写得太漂亮了。信的内容就是汇报他当兵这个单位的现实情况，语言很漂亮，很有感情。

　　我说写作文要把自己摆进去，要有真情实感。那时我在教初中，是语文老师。我当时把这封信念给学生听，我说这封信写的好不好？大家都说好，我说写信的人是小学五年级（文化），小学都没有毕业。他们都说老师骗人。

　　后来他说要写小说，我开始是反对的。当年的文坛是个陷阱，非常危险，断章取义就可以让你吃官司，那样你永世不得翻身，阶级斗争非常激烈。我说你别搞这个，太危险了，连学文科的我都一个字不敢写。我真正写文章是1987年以后才写的。

　　他的第一部作品不是小说，是个剧本。他当兵的时候写过一个话剧叫做"离婚",没发表,寄给《解放军文艺》给退稿了。一位干部开玩笑说,行啊,你折腾得《解放军文艺》都给你回信了。他在保定发表了作品以后,特别是到了解放军艺术学院,才真正算是了解到了什么是文学。他考上保定文艺学院,文章发表以后,我提醒他:你在古典文学方面,起码从诗经、楚辞开始,一直到红楼梦,要补补课,中国历史课本你要读一下。过去的四大家、鲁迅、郭沫若、茅盾、巴金,他们的国学都非常深厚的,钱学森、钱伟长、华罗庚这些自然科学家,诗词都写的非常漂亮,都是四书五经起家的。我说你这一点太缺乏了,要赶快补,要恶补一下古典文学。这几年看还可以,还是积累了不少的东西。

现实高密乡

我们家乡,高密这个地方没有山,没有水,都是一马平川,红高粱早就不种了,高粱因为太难吃了,除了造酒没有什么别的用。20世纪70年代以前还大量种红高粱,特别是70年代初,这里公社干部到海南岛引进一种多穗高粱,种一个下去像小麦一样分解很多,那个难吃!像石头一样。磨出的面粉做个窝窝头可以打死狗,像石头一样,也就是造酒有用。莫言小说里对红高粱的叙事背景,比较多的是来源于流传的故事。

现实和文学有差异。现实中的高密东北乡不会有沙漠,也不会有高楼大厦,都是乡村。小说里什么都有,森林也有,湖泊也有,他需要什么就把什么挪过来。

大江健三郎的预言

莫言的性格比较坚韧,坚持的东西,看准的东西百折不挠坚持下去。他应该说不是很顺,有很多事情现在还是不大好说,各种各样的挫折,有时候打掉牙往肚子里吞,人生不可能是十分美满,包括现在也不是非常完美，总是有缺憾。《天堂蒜薹之歌》的纠纷还好说，关键是《丰乳肥臀》的风波厉害，《红高粱》也有一些。

莫言在文学道路上，我和我的父亲一直是有担心的。我觉得这个奖拿着很高兴，不拿也无所谓。拿奖我倒是有点预感，觉得他是迟早的事，但没有想到那么快。不是不可能拿奖，我觉得他的文学创作理念实际上是融入世界文化大的范畴，是独具一格的。

大江健三郎上次来过一次，把我们都访了一遍，而且大年夜在我们老家过的，过年吃的饺子，最后县领导在招待所请他吃了一顿饭，把他送到青岛。他曾经说，最迟在2015年莫言会得诺奖，到时候我再来。当时我想既然大江有这个看法，说明这个事靠谱。

我父亲对莫言很严厉，一直劝他，不管你将来做出什么成绩不要骄傲，不要翘尾巴，做人一定要低调。我们都怕他，小时候生活压力太大了，成分又是中农，不是党员，一直当大队会计，五分钱一支的圆珠笔，要大队书记签了字他才敢去买，在家里见了老婆孩子能有好脸色吗？不是骂就是打。

莫言的想象力应该是与生俱来的，这个恐怕培养不出来。他作品里的想象力我是能理解的，甚至有共同的地方。比如《透明的红萝卜》，里面说头发掉下来都听得到声音，我完全有同感，感到特别真实。因为我自己经历过这样的情况，说起来很丢人，我小学毕业考初中第一年没考上，家里我父亲对我非常凶，让我自己到田里除豆子，让我母亲送饭给我吃，中午不准回家。一望无际的田野里，除了玉米，高粱，就是豆子，人像掉在井里一样，回家静得一个人都没有，只听到几个虫子在叫，真是头发掉地上都能听到。

（本文由莫言大哥管谟贤口述）

○ 说吧，莫言 ○

姑姑谈莫言

莫言小时候

　　莫言现在每次回来还是常来看我。他回来说说当前形势，写作的事儿啊，他对家人、对父老乡亲很好。

　　我父亲（莫言的大爷爷）一直说，人一生一世一定要学一件东西，不然被别人看不起，不能做人上人，也不能做人下人。后来我父亲鼓励莫言当兵。那时我跟他说，你爷爷的话你一定要记住，一定要当个有用的人，这不实现了么。我父亲这个人故事很多。莫言小时候是个好奇的孩子，从小就愿意听故事。莫言的书我有的看了，有的没看，中间有很多我父亲跟他说的故事。

　　我家代代都是大夫，莫言小学退学后，跟父亲学了两年中医，背了很多医学的东西，药性、虚实之类的。他当兵之后就中断了。

　　我父亲说了，他长大一定成材，小名就叫斗，北斗星，一定成材。应该说，莫言在四兄妹里是最调皮的。他当兵的时候，白天调皮捣蛋，晚上学习。他跟我讲，到了晚上，一过了12点，学什么会什么。

计划生育

　　我看过他写我的小说，有的事情是我的，有些是虚构的，原则性的东西作品里还是有的。

　　我跟父亲学的中医，我父亲在这个地方威信很高。我这个当女儿的，顺着父亲的道路走，路比较好走一些。这些老百姓也给我个面子，计划生育，别人做不通工作，我去的话就会给面子，也就做通了。

　　那时候女中医少，都是男的，妇产科男的不能干，院长就叫我改行学西医，当时我不乐意改，院长就找我谈话，你不干，叫谁干？哪个男的能干妇科？1975年改行，进修一年，学得也快，一年我什么都会做了。

我搞计划生育工作，莫言写小说的时候，我已经离开岗位了，不在工作单位上，有些事情怎么发展也不太了解。我这个姑并不是什么了不起的姑，土生土长的姑，咱单位上就是干了应该干的工作，没什么感觉。

我1956年参加工作，1996年回来，40年，干妇科是1975年开始，30多年。我是2005年退休的。1年接生500个，10年5000，40年呢，两万个孩子。如果包括流产手术，那就更加多了。

中国人口太多，不能不搞计划生育，那时候要是不控制，影响咱发展，高密一年生一个平安庄，计划生育后你只生120个小孩，不计划生育就得生300。你生一个壮一个，生一个活一个，你少遭罪，孩子也好。我三个女儿，才一个儿子。

那时候计划生育全是医院管，很苦很累那时候，但是国家让干的工作，再困难也要干啊。后来随着国家的形势变化，慢慢地成了国策，就好执行了，不光是医院的事儿了。

现在科学发达，生一个活一个，成材一个。生一大堆，活不下来，不成材，没什么意思。以前老人觉得多子多福，没有儿不行。现在觉得养姑娘养儿子都是养。

（本文由莫言姑姑管贻兰口述）

莫言的强项就是他的故事
——专访莫言小说瑞典语译者陈安娜

朱晓佳　李乃清

2012年10月12日，诺贝尔文学奖开奖第二天，近千本《西门闹和他的七世生活》(Ximen Nao och hans sju liv)在瑞典全部卖光。

同一天被抢空的，还有分别出版于1997年的《红土地》(Det röda fältet)和2001年的《大蒜民谣》(Vitlöksballaderna)。十几年前，这两本书的起印数也就是1000多本，但直到2012年诺贝尔文学奖宣布以前，都还没卖完。

它们是陈安娜翻译的3本莫言小说。在中国，它们的名字分别是《生死疲劳》、《红高粱》和《天堂蒜薹之歌》。

《生死疲劳》直译成瑞典语是一个很长的句子，而且索然无味。陈安娜最后不得不用书中的故事为它命名：主人公西门闹经历六道轮回，分别转世成驴、牛、猪、狗、猴和大头婴儿蓝千岁，用动物的眼睛看尽1950-2000年的50年乡村史，这是所谓的"七世生活"。

陈安娜是瑞典人，她曾是汉学家、诺贝尔文学奖评委马悦然的学生。在过去的20多年里，她翻译过10多位中国作家的20多部作品。"陈"是随夫姓——她的丈夫陈迈平，是比莫言更早时期的中国作家，1986年出国留学后定居瑞典。

菜市场、红高粱和蒜薹

10多年前,安娜翻译《红高粱》的决定,是在菜市场做出的。

一天她出门买菜,遇到了邻居罗得保。罗得保也是个汉学家,他曾经研究过鲁迅,经营着一家名叫"鹤"的小出版社,专门出版中文书籍。安娜帮他翻译过苏童的两篇小说,其中一篇是《妻妾成群》。

罗得保和她闲聊:最近看了什么小说?

她向罗得保推荐了《红高粱》。安娜那时候刚看完《红高粱》,先是葛浩文的英文译本,然后是原著。看小说之前,安娜看的是电影《红高粱》,读完小说,她才发现,电影"只是故事的一部分"。

罗得保恰好也看了莫言,他推荐给她的是《天堂蒜薹之歌》——"蒜薹"在瑞典的菜场有卖,"高粱"这种东西瑞典人不种——这也是为什么《红高粱》翻译成瑞典语时,变成了《红土地》。

回到家,安娜开始翻译这两部用植物做书名的小说。

"他像一个老农民在给乡下的孩子,或者其他的农民讲故事。"安娜用"又漂亮又可怕"来形容这部小说。那些残酷的故事:打仗、杀人、宰割动物,让她感到有点恶心;但文字和画面又让她觉得很美。

安娜对"死马"的描写记忆犹新:"墨水河里,去年曾经泡胀沤烂了几十具骡马的尸体,它们就停泊在河边的生满杂草的浅水里,肚子着了阳光,胀到极点,便迸然炸裂,华丽的肠子,像花朵一样溢出来,一道道暗绿色的汁液,慢慢地流进墨水河里。"

"马死得很可怕,但莫言把它写成很漂亮的东西。"安娜告诉《南方周末》记者。

因为在斯德哥尔摩国际图书馆有一份全职工作,安娜只能在晚上和周末翻译,所以工作进行得比较缓慢。

缓慢还有一个原因,她常常会遇到那些典型的中国北方农民用语——有些或许连中国的南方人都看不懂;还有一些令人窒息的中文长句,"一句话就是一整页"。这时候她总得冥思苦想上好久。

然而最难的还不是句子，是那种"感情和气氛"，安娜说："莫言的特点不是语言难，而是太会讲故事。"

安娜也记不清究竟翻译了多久。多年后，《红土地》出版，"鹤"出版社请莫言和王安忆到瑞典旅行——由瑞典作家协会买单。那是陈迈平和妻子第一次见到莫言。

他们在家里吃饭，莫言提起陈迈平的旧作，陈迈平则发现莫言"喜欢吃饺子"——莫言曾经在一次演讲中说，年轻时他之所以立志要当个作家，就是为了能"一天吃三顿饺子"。

安娜对莫言的印象是，"很适合他的名字"。这个印象多年来没有变过——2012年8月中国作协请安娜来北京参加翻译大会。晚宴上，安娜看到莫言一直坐在那里不怎么说话，等到莫言起身发言的时候，那种老农民讲故事的感觉又回来了："他很幽默，很有意思。不说话的时候，他都一直想着呢。该说的时候，他就已经想好了。"

那次见面之后，莫言一旦有新作，便会寄给陈迈平夫妇一本。2006年陈迈平读到《生死疲劳》时，告诉安娜："你可以放下别的，先译这一本。"

如果按照日后瑞典文学院的颁奖词，《生死疲劳》应该是一本典型的"虚幻现实主义作品"。安娜断断续续译了6年，因为"实在太厚了"。

那些"虚幻"的部分并没有让安娜感到困扰。她用中文向《南方周末》记者提到东方的"轮回"："大部分瑞典读者都听说过'轮回'是怎么回事。文化差异虽然有，但他们可能根本感觉不到那种障碍。你知道，有时候你其实没看明白，可你以为自己明白了。"

问题出在"现实"的细节上：那些生长在中国北方的花花草草，还有各式各样的中国菜名——比如莫言最爱吃的饺子，这些词语她只能音译，然后做出简短的注释。

安娜告诉《南方周末》记者，也许那些神话里和现实里的东方元素，最后恰恰成了瑞典人最喜欢的地方："莫言把中国传统民间故事、章回体的叙述方式、还有当地的毛腔'歌剧'结合在一起,写成一部当代小说。这让他们觉得很有意思。"

小说翻译出来是 2012 年,"鹤"出版社的主人早换了。那些罗得保喜欢的中国小说根本卖不出去。图书馆是他们为数不多的买家。但有时候图书馆处理旧书,也会毫不客气地以一两块瑞典克朗的价格,把莫言的书处理掉。

罗得保欠了一大笔债,只好一分钱不要把出版社转给了别人。新老板也做外国文学,出版亚洲、非洲、拉丁美洲的作品,但总担心像罗得保一样赔钱,拿着热乎的译稿迟迟不敢开印。情急之下,安娜答应他可以不要翻译费,《西门闹和他的七世生活》这才艰难印刷了 1000 本。

如今的高密,有外国人来访,已经不是新鲜事

好在莫言不是在说教

出版社并非多虑。

陈迈平曾和一位汉学家一起翻译过王安忆。出版社先预付了他 1000 美元稿费,说好这笔钱从每年的图书销售额里扣回。现在已经过去 10 年了,1000 美元还是没能扣清——书卖得实在太少了。

"王安忆的语言风格就像工笔画,很难翻译。"陈迈平把莫言的书比作"水墨大写意":"大写意可能很容易展现,西方人也更容易接受。他们有'虚幻现实主义'这样的参照物。可精雕细琢的花鸟工笔画,他们还真不一定喜欢。"

陈迈平和诺贝尔文学奖评委马悦然是同事。这使得他有机会"参加过瑞典学院组织的研讨会,穿过燕尾服出席诺贝尔奖晚宴,吃过一顿诺贝尔大菜"。

曾经有一段时间,陈迈平觉得余华可能会是第一个得诺贝尔奖的人。那时候瑞典政府编了一套面向高中生的"世界文库",收了100本书,其中就有余华的《活着》。

"余华的书在瑞典很受欢迎。"陈迈平对《南方周末》记者说。但即便如此,余华的第三本小说要在瑞典出版的时候,还是遇到了麻烦:原定的出版社没钱了,只好换了另外一家。陈迈平很理解:"那些小出版社的年轻人,都是文学爱好者,他们几乎完全就是义务工作。"

瑞典文的《许三观卖血记》和《活着》都是安娜翻译的。"他是一个很会写人的人。"安娜说,"他把人生中那些很苦的东西,温暖、幽默地组合在一起。他的语言不是很复杂,但能写出人的感情。"安娜知道中国国内对《兄弟》的一些负面评价,但她还没看过:"也许他已经有了一些变化。但他早期的短篇小说,和《活着》也不一样。"

安娜也翻译过韩少功。她喜欢《马桥词典》,觉得韩少功是一个"比较仔细地去考虑语言的作家"。女作家里她喜欢迟子建——虽然迟子建的书还没能被翻译成瑞典语。她费力地向《南方周末》记者提起迟子建那本拗口的书《额尔古纳河右岸》:"书里描写了北方的少数民族。我们也同样有那样的少数民族。所以我觉得它在瑞典会受欢迎。"

因为曾经在图书馆负责中文书籍的采购工作,安娜还会关注到那些中国市面上最火的畅销书——《狼图腾》、《藏地密码》之类。安娜最近关注到的作家是陈楸帆,这个年轻科幻小说家刚刚获得一个国际性的奖项。而这些作者,连她的丈夫陈迈平都不知道。

莫言在诺奖赌盘上位列第一的时候,安娜在微博上说"中国人好像被诺奖弄疯了",她相信莫言会获奖,但没想到这么快:"比如去年获奖的瑞典诗人特朗斯特罗姆,大概有15年时间我们都觉得他应该获奖,但是一直没有。我以为,也许有的作家,瑞典文学院需要研究很长的时间才能决定。我有点乐观，也有点不太乐观。"

瑞典文学院写给莫言的授奖词，陈迈平觉得已经足够精炼。"不过有一点需要强调。"陈迈平对《南方周末》记者说，"莫言语言色彩、情感的强烈也是瑞典人喜欢他的原因。比如伏尔泰的小说，就很理性；而莫言的小说，在瑞典人看来是生动有趣的。莫言不是在说教，他也从不说教。"事实上，"思辨不够"曾经是汉学家顾彬批评莫言的理由之一。莫言也曾对此供认不讳："思辨确实是我们中国作家的弱项，我们应该在这方面补补课。"

莫言得奖后，很多人觉得没靠莫言赚多少钱的陈安娜居功至伟："750万奖金，至少有1/3该给陈安娜"——他们认为，是陈安娜让瑞典文学院的院士们了解了中国文学。

这让安娜惶恐不已："院士们也要看英文、德文、法文译本。他们会做比较。如果只看一个译本，比如我的译本，如果我翻译坏了，那对莫言是很不公平的。"安娜对《南方周末》记者说，"院士们提到了《檀香刑》，这本书我就没翻译过，他们看的是德文版。"

"这个世界上好作家多的是。"安娜说，"而瑞典文学院每年只能给一个人颁奖。"

安娜现在正在翻译的，是阎连科的小说《丁庄梦》。莫言获奖，陈迈平和安娜觉得，也许这会让华语小说在国外的出版情况好很多。

莫言和华语文学

20世纪80年代末90年代初，陈安娜开始翻译当代中国文学，译过莫言、余华、苏童、韩少功、虹影、马建、陈染等中国作家，及裘小龙、哈金的英文作品，至今已出版译著30多种。因译笔优美，还获得过瑞典学院授予的文学翻译奖。

◎ 说吧，莫言 ◎

翻译最大的困难，是把作家自己的声音找出来

南方人物周刊（以下简称"问"）：你最早读莫言的小说大概是什么时候？读的是哪部作品？

陈安娜（以下简称"答"）：应该是90年代初，看的第一部作品是《红高粱家族》。我最早是在书店里看的葛浩文的英文译本，那时在瑞典不容易找到中文书，看了英文版觉得很不错，后来买到中文版，因为觉得很有意思，就试试翻译吧。这本书翻译的时间蛮长的，因为那不是我的专业，我有别的工作，而且那时候没跟出版社签合同，就是自己慢慢译。

问：第一次读《红高粱家族》，哪些情节给你特别深刻的印象？

答：他描写红高粱里那个奶奶的生活，我觉得挺有意思。那时候张艺谋的电影比较早到瑞典，我也看过，电影就是小说的一部分，当时就被那种异国风情的东西吸引，很残酷又很漂亮，后来多看了他的作品就觉得，他真的是一个很伟大的作家。

《红高粱》让我印象很深刻的东西就是他写一个人杀了他的马，马就在水边，内脏从身体中流出来，流到水里，是很残酷的一种东西，但他写得就是很漂亮，颜色什么的，把那种很可怕的东西写得特别漂亮。而且莫言也是个很感性的人，他不是很冷静，有的作家，例如我特别喜欢苏童的作品，尤其是他早期的《米》，就是从外面看，比较冷静地看一些很残酷的东西，然后写下来，那个感觉也非常漂亮。莫言是从里面看，从里面写这些人，你能感觉到作家自己也很感动。我的感受很简单，就像一般读者那样看他的作品，最喜欢的就是他那种讲故事的能力，看他的故事，你总觉得他会把你拉进那个世界。

问：你和莫言先生应该也见过几次吧？可否回忆下与他的交往和印象？

答：见过几次，但时间不是很长。他跟我丈夫比较熟。8月份我去北京参加一个翻译会，他也在那儿，给我们讲几句话。但我自己和他说话的时间不是很长。5月份也见过一次面。我觉得他这个人比较谦虚，不说很多话，开会时我们去参加宴会，吃饭时他也没有说那么多话，但他站

起来说话的时候总是说得很好，很幽默。我就喜欢他这样的人。

问：从汉语译成瑞典语，最困难的部分、最大的挑战是什么？

答：好像所有汉语作品，不光他的，其他人的也是，翻译时最大的困难就是把作家自己的声音找出来，译成瑞典语。很多中国人以为最大困难就是要懂中文，实际上每个字你都可以翻译出来，这不太难，因为看懂比自己表达要简单很多，而且我可以查字典，可以问我丈夫，如果真的不懂我们可以问作者。但你要找出作家自己的声音，他那个故事的气氛，要让瑞典读者有同样的感觉，这不容易。

例如莫言写农民在乡下用的语言，很自然，不是很知识分子式的那种，你就要找到瑞典语同样的语言，这不太容易。像翻译《天堂蒜薹之歌》，那里面有很多歌，你读中文觉得很好听，但很难翻译，因为译诗歌很难，既要把意思译出来，又要把韵律译出来。说实话，还有一些骂人的话我也觉得很难，中国的语言很丰富，而且骂人方式跟我们非常不一样，可能是我不太会骂人。反正我觉得莫言的特点不是语言特别难翻译，有的作家很会玩语言，每个字都精雕细琢，但莫言写得很快，他的强项就是他的故事。

问：你来过中国多次，对中国相当了解，怎么看莫言的作品和中国当下现实的关系？

答：他的小说，比如《生死疲劳》也是写历史，你可以看到从20世纪50年代初到2000年左右这个社会很大很大的变化，而且他批评得也很厉害，批评那种腐败，掌握权力的人压迫那些农民。

问：你是马悦然先生的学生，可否分享下你们交流中他对莫言作品的评价？

答：这个我也难说，我知道他很喜欢莫言，特别喜欢《生死疲劳》。但你知道，他们还是会比较保密，如果他们真的要喜欢一个作家，也会很小心，不会多说。我知道马教授也翻译过很多莫言的短篇，但不太清楚具体是哪些，因为那是瑞典学院的参考资料，他们要研究一个作家，必须翻译他的很多东西，所以我想马教授肯定做了些工作。

问：瑞典读者通过您的译本认识莫言的作品，他们最感兴趣、最欣赏的是什么？

答：可以说几乎我看到的所有评价都是很好的。他们最喜欢的就是他能把佛教传统里的轮回写成一种很幽默的东西，一个人死了变成个动物，这个瑞典读者也会欣赏，会觉得很有趣。像我妈妈也读了《生死疲劳》，她已经70多岁，看了小说以后说，有的东西我不太明白，但他有点像我们100年前的作家塞尔玛·拉格洛夫（瑞典女作家、1909年诺贝尔文学奖获得者），她说，莫言会不会有点像她那样？因为他也会写一些传统故事和神话，很有意思。我觉得说得很对。瑞典读者读莫言的作品可能也不会觉得很遥远。虽然他是写中国，但我觉得我们都是人，人的感情、人的爱和恨我们都能理解。

问：听说今年哥德堡书展上《生死疲劳》反响不错，想请你介绍一下瑞典受众的反馈。

答：实际上没那么多人注意到它。如果不是英美文学，外国文学在瑞典出书很困难。瑞典本来就是个小国家，读者不多，大部分人对亚、非、拉的作家很不清楚，而且总是有点胆小，他们不敢看。出莫言小说的这个"鹤"出版社很小，里头只有两个人：一个70多岁的老头和一个年轻点的编辑，还有老头的姐姐在帮忙。这个出版社是90年代初建立的，原来那个老板是搞汉学的，现在他们出各国的书，中国的书还不算多，当然也总是赚不了多少钱，但还是继续努力，因为他们觉得文学很重要，还是应该翻译。莫言的《生死疲劳》在瑞典大概只印了1000本，刚得奖时，只有几个报社去报道这个小说，虽然评论特好，但没多少报纸写。但这两天马上被抢光了，所以，有这样一个奖不光对莫言有好处，对整个出版业也有好处，他们现在可以卖些书赚些钱，继续这个工作，这也很重要。

这个奖不是政治奖，是文学奖

问：我知道你还翻译了余华的《活着》，可否说说对他作品的印象？

答：我翻译过他的《活着》、《许三观卖血记》，还有最近写的《十个词汇里的中国》。我觉得余华也是非常优秀的作家，怎么说呢？主要是他也会把人的一些经验讲出来，《活着》就是乡下，《许三观卖血记》就是城里的生活，这是一个人的生活经验。他的故事经常很悲惨，同时也很温暖。他写《活着》要让这个人自己讲话，那老头自己讲故事，你可以看出来，虽然他的生活很苦，但里面也有很多温暖的东西。看的时候有时你真的想哭，比如说他们有个女儿，他们没法养，想卖给别人，我们不能留你在这，我们得让你走，看这种东西，你真的很感动。《活着》已被选入瑞典文化部为高中生推荐的100本世界文学读本，除了《西游记》里的一部分，中国当代作家只有余华入选。他们选得很对，我觉得《活着》高中生完全可以看懂，它不难，也不厚，你可以跟着书里的这个人看中国近50年的历史。

问：我看今天刚出的一篇关于你的简短报道，提及你还翻译过王安忆的作品？

答：王安忆的整部小说我还没翻译出来。很多年前一个杂志做了中国文学专号，可能这里面有一部分她的作品，就是个片段。中国有很多优秀的女性作家，包括迟子建的作品我觉得也很不错，她的《额尔古纳河右岸》我觉得瑞典读者会感兴趣，她写那个故事就是在北方的少数民族，瑞典就有类似的少数民族地区，我希望将来有人出她的东西。

问：这些年来，西方对中国文学的兴趣似乎越来越大了？

答：我觉得大部分读者，中国也好，西方也好，他们的口味就是读些很简单的，比如侦探、爱情小说，不太关注外国文学。但有一部分读者对世界文学感兴趣，这个兴趣应该是越来越大，对中国的兴趣越来越大，因为人家现在也可以旅游，世界已经变得很小。像我小时候如果想要去中国，几乎是不可能的，那是很遥远的地方。现在我们的孩子就会说，我们是不是要去中国或日本度假？现在，你对世界文化感兴趣，你去旅游，去看其他的社会，不会觉得很遥远，也不会觉得很奇怪。有时候你去过那个地方，不太明白怎么回事，就想看些小说了解这个社会。再比如说在瑞典，我开始学中文时人很少，很多人就觉得你们怎么会学中文，很奇怪。现在很多人在学中文，包括几百个高中生都在学中文，他们每星期就上两次课，学不到很多东西，但你会对这个语言、这个国家感兴趣，他们学的中文可能不够看很厚的中文小说，但他们会买译本，这个兴趣会慢慢大的，而且我觉得这跟中国的地位、中国的经济力量也有关系，中国变成一个越来越重要的国家，人家肯定会关注它的文学。

问：我记得结果出来前，你发了一条微博，批评"很多中国人好像被诺奖弄疯了"，你怎么看中国人对诺奖的高度关注？

答：我就是觉得最近几个星期，很多人都积极地讨论是村上春树得奖还是莫言，我觉得莫言很可怜。如果你是个作家，很多人在讨论你是不是有资格获得诺贝尔文学奖，你会感觉很不舒服。我觉得中国人太关注这个奖，有点过分了。

问：你们这两天接受很多瑞典媒体采访，莫言得了这个奖，他们主要关注什么？

答：以前有很多人觉得这个奖是个政治奖，从政治看的话之所以不给中国就是因为政治的原因。我想现在他们就会明白，这个奖其实是个文学奖，不是个政治奖。是这样，因为有的人，包括流亡的中国人、在中国的中国人都有批评，说莫言是作家协会的副主席，他也是党员，不应该给这样的人，应该给谁谁谁什么的，他们觉得莫言的政治立场不够清楚。有人提出这种批评，媒体肯定要报道，媒体要拿出一些好的评论，也要拿出一些不好的评论。有的人批评莫言，也有的人说他在中国当作家就是要这样做，我觉得有各种评论也很正常，比如两年前巴尔加斯·略萨得奖，也有很多人批评说他是右派。以前很多人批评这个奖太政治化，现在又有人批评说这个奖不够政治化。瑞典有句俗语："无论你转身多少次，你的屁股还是在你后面。"意思是说，无论你怎么做，人家都会说你不对。

龙应台、刘再复说莫言

向阳 卫毅

诺贝尔文学奖是一个好的阅读建议

南方周末（以下简称"问"）：2000年，任台北市文化局长的你邀请高行健到台北做驻市作家，2002年你邀请了莫言到台北驻市。也就是说，你邀请的台北驻市作家中两位得了诺贝尔文学奖。当时你起意为一个城市邀请驻市作家，有什么期望吗？这个期望能实现吗？

龙应台（以下简称"答"）：邀请高行健来驻市是在1999年，他得奖之前，因此台北是他得奖后第一个国外的访问城市。莫言第一次来台湾就是我在2001年的邀请，当时一同来的还有李锐、王安忆。2002年再邀莫言单独前来驻市，他整整停留了一个月。13年前，我们陆陆续续地邀请大陆作家到台湾来，有好几层的意义。第一层是，让两岸的人民认识到对方的心灵，文学可能比表演艺术、视觉艺术还要来得更深，所以持续地邀请大陆作家过来，同时也送台湾作家到大陆去，是一个双向的交流；第二层思索是，1999年，大陆作家还不像现在这么容易出来，我有意地创造一点外面的空间给大陆的作家，期望外面的生活或可给他们带来不同的体验、更多的灵感、更开阔的视野。他们认识了台湾，对台湾的情感也可能不一样；第三层，他们在台湾跟我们的各类作家、年轻学生座谈的过程里，对于我们的年轻学生和创作者也会给予不同的冲击。

问：有点好奇，文学在中国大陆处于某种窘境的状态，那当时他们这些作家中，比如莫言，当时在台湾的粉丝多吗？他会被围观吗？跟高行健相比。

答：高行健的作品比较是看门道的人才进得去，莫言的作品则是看门道和看热闹的人基本上都能跨入的。

问：后来他们都写了关于台湾的文章或者其他东西吗？对台湾有了一定了解吗？

答：我不知道，后来没有去追踪，因为当时在邀请大陆作家驻台北市的计划里是没有任何要求的。就是说，他们来这边1—3个月，回去写不写东西，是无所谓的，纯粹的交流。

问：莫言得奖后你跟他通电话了吗？

答：还没有。我想说，不急吧，现在全世界都在找他，他应该应接不暇。

问：你曾经写过一本主要是关于海外作家的小说评论集，关于大陆的文学阅读你是没有写过评论的，那么你总体上的印象或者判断，对大陆这些作家的写作的总体质量和倾向有怎样一个印象？

答：不敢说，因为看得不够多。就能够看到的部分而言，好的作品蛮多，但是它的好有不同的衡量标准，有的是纯文学，有精湛的文字艺术和深刻的思想，可是另外一类，譬如那些带有个人自传色彩的作品，包括早期像丛维熙、王蒙、张贤亮等人的作品，对于我这样的中国境外读者也很有魅力，透过这样的作品，欣赏文字的同时，了解中国。

问：换一种表述，在总体印象上，台湾的小说家们和大陆的小说家们在文学方面和美学方面有怎样的差异或者不同？

答：我就是不愿回答这种要求你一锤定音的大问题啊，因为无法概括而论。你说大陆，西北的作家跟海南的作家或广东的作家、东北的作家，区域差异造成风格差异，而在60年大起大落的过程中，题材和历史背景又有非常大的横跨，我不敢去做一个概括性的评说。

问：这么说吧，莫言是你个人阅读中偏好的一个作家吗？

答：我相当欣赏。

问：莫言获奖之后，在媒体的关注中尤其是西方媒体关注中，政治的标准成为一个非常重要的指标，那么在你看来政治标准是衡量文学的一个标准吗？

答：我觉得挺烦的。我们到底还有没有"单纯"的能力——就用文学来看文学？难道每给一个文学奖，我们就先检讨作者的政治立场，或者先检查他是不是一个什么"主义者"？

再说，诺贝尔奖不过就是一个奖嘛。而且这中间带了很多片面的知识以及片面的接触，诺贝尔奖不代表一个放之四海而皆准的文学标准。它不过就是一个 18 个瑞典的饱学之士所组成的阅读小组所作出的评选结果。因为是饱学之士，因为有大量阅读世界文学的经验，这个小组所选出来的作品绝大多数是好作品，但那不是一个举世的标准——那 18 个人也并不这么宣称。实际上，文学哪有举世的标准呢？更何况，这其中还有很多市场的因素，市场的因素就像是你进入一个超级市场，走过那些放东西的架子，某个品牌的洗发精若是放在和你的视线差不多高度的位置上，它通常卖得很好；如果某个牌子的洗发精放在跟你的膝盖一个高度的位置或者脚底的高度，眼睛不容易看见，那就很难卖出去。诺贝尔奖也是这样，世界上各种语系的作品，像印度、非洲、拉丁美洲有很多好的作品，但是这些作品有没有被翻译，或者它翻译的品质不好，或说它的出版社不懂行销，那就等于它不被置于跟你眼睛等高那一格的位置上，难被看见。这些文学以外的因素，都在诺贝尔文学奖的评选逻辑里。所以诺贝尔文学奖是一个好的阅读建议，但不是一个高高在上的绝对标准或者前提。在这个认知之下，可能符合这个标准的作品很多，只可惜没被看见。台湾的好作品也真不少呢。

问：您的关于诺贝尔奖的文章谈到了西方的汉学家们会用一种中国

味道即观光客式的眼光看中国文学作品,你认为莫言的中选会有这样的痕迹在里面吗?

答:你所说的这种现象当然有,但是刚巧对于莫言获奖,我不认为如此。而且我甚至也觉得诺贝尔文学奖的评审们,在这么多年的历练之后,他们其实也相当有自觉,我觉得他们一定都问过自己"我投票给这个作品是不是我的东方主义猎奇心理在作祟",这些饱学之士绝对不是没有警觉的平凡无知之辈。这是一方面;另一方面,对于莫言的作品,很多人是透过张艺谋的电影去看《红高粱》的,我猜想看过电影的人可能比看过小说的人多,对于那样一个浓烈色彩、语言和暴力的应用,再加上中国的土地为背景,是不是有猎奇和东方主义的东西在内,也许,但是有的作品有超越性,读莫言的作品,你会发现他对土地、对农民、对饥饿,尤其是对"残酷",是了解的,而且了解得蛮深刻。他也许不咆哮,但是不咆哮不代表他看不见。用"中国味道"来看他的作品,有点太小看了。

问:有人认为莫言的获奖不能体现诺贝尔文学奖的所谓对理想主义的关注。你觉得所谓理想主义和莫言身上有这样的关联吗?

答:怎么界定理想主义呢?所谓理想主义,可能有一万种表达的方式吧?收或放、取或舍、怒吼或沉吟、当众激昂或闭门自苦——不都是吗?我自己比较不敢用一个标准一把尺去衡量或者要求一个模式的爱国、勇敢、英雄、理想主义。

问:你走过世界上很多地方,你的亲身感受中是否只有在华文世界才有这种诺贝尔情结或者诺贝尔焦虑呢?

答:应该有两个层面,一方面这不是华文世界的问题,这是人类心理的问题。我相信当一个匈牙利的作家、波兰的作家、智利的作家得奖的时候,他的人民同样觉得光荣;但是另一个层面,华文世界把诺贝尔奖当作天上的星星那样的高度来看,可能反映出来的是我们对自己文化的自信还不那么饱满?

问:那么两个华文作家获奖之后,华人的文化自信是不是已经被建立起来了呢？

答：也许不那么简单，但是我有一点点奢望和期待。对莫言获奖我确实有一种特别的高兴，就是说，高行健获奖其实是一个悲剧——他是一朵汉语花园里艰辛长成而光彩夺目的花朵，只是住在花园里头的人把这朵花排除在外，而现在莫言紧接着得奖，莫言可是从这个花园的泥巴里头长出来的鲜活的透明的大萝卜，这回你总不能把这萝卜踢出去吧，它就长在你的脚下，就在你的花园里头。当你去拥抱它的时候，你能不去想那被自己摒弃在外的花朵吗？

我想的是，莫言的得奖是不是能够让中国土地上的人们有更多的反思、更多的追问，中国能不能够把莫言当做中国对外的一个文化大使，可不可能不把外界的心意一概地都当做恶意，可不可能把这些奖解释为"世界希望你把大门敞开，因为想跟你做朋友"？莫言得奖了，中国人对自己的文化会不会更有自信，因而把心敞开，更浑身放松、更从容不迫，让别人的善意进来？我想真诚地说：开门吧，让高行健进来，让刘晓波出来，让这两个斯土斯民自由地回家。

莫言得奖，我特别欢喜，因为有这样的期待。

苦难是他的第一摇篮
——文学评论家刘再复谈莫言

莫言获得诺贝尔文学奖的消息公布时，旅美学者刘再复正在泰国讲课，他于次日到达香港后，接受了本刊记者的电话专访。此时的香港，莫言的书一天之内几乎销售一空。这些年来，刘再复持续不断地通过各种方式向瑞典学院推荐中国作家。围绕莫言获得诺贝尔文学奖的种种话题，他向本刊记者谈了自己的看法。

◎ 说吧，莫言 ◎

母语的胜利

南方人物周刊（以下简称"问"）：您怎么评价莫言的获奖？

刘再复（以下简称"答"）：这是我们汉语作家获得的第二个诺贝尔文学奖。不管谁得奖，都是我们母亲语言的胜利，方块字的胜利，我们当然非常高兴。我们不要被各种政治概念所遮蔽，也不要被各种政治表象所遮蔽，莫言就是莫言，他是个巨大的存在，是个天才级的作家。

1992年，我到瑞典任客座教授，给马悦然送了一部《酒国》的复印本。我只有一本，舍不得给他，就复印了。好几百页，在复印机旁腿都站酸了。我非常欣赏《酒国》，整部小说充满想象力，既充分现实，又超越现实，是典型的魔幻现实主义文本。童年时代的苦难造就了莫言，使他对现实生活有了刻骨铭心的体验，他经历的饥饿体验，恐怕中国以外的任何作家都无法跟他相比。苦难是莫言的第一摇篮，是他的天才催化剂。

问：在中国当代作家中，您认为莫言处在怎样的位置？

答：现在不要小看中国的当代作家，我一直说中国20世纪有两次文学高潮，一个是五四时期，一个是80年代。80年代出现了很多很有创造力的作家，我觉得他们非常接近诺贝尔文学奖，例如李锐、阎连科、余华、贾平凹、韩少功、苏童、王安忆、残雪都很杰出。莫言和这些作家都是80年代之子，我相信他们已经进入瑞典学院的视野了。现在最主要的是作品翻译问题。

问：目前中国作家作品的翻译情况是怎样的？

答：瑞典评审委员也不是三头六臂，能读中文的只有马悦然一个，其他都得靠英文瑞典文阅读。所以，必须翻译好。莫言作品的英文翻译得益于葛浩文教授，他最喜欢莫言，莫言的大部分书他都翻译成英文。我跟葛浩文相处时，每一次他都谈莫言，萧红和莫言是他生命的一部分。莫言的瑞典文翻译主要得益于陈安娜，她是一个很聪明、很用功的瑞典知识女性。

问：除了翻译之外，还有哪些因素？

答：最主要的因素是作品本身的水平和质量，其次推荐人也很重要。像日本的大江健三郎，就特别喜欢莫言，他真诚地推荐莫言好多年了。

问：什么人有推荐权？

答：4种人有推荐权：一是大学的文学教授；二是获得诺贝尔文学奖的人；三是国家级作家协会主席；四是相当于作家协会机构的主席，比如国际笔会主席。

问：您都推荐过谁？

答：我曾经推荐过巴金，但没有被接受，后来推荐高行健就被接受了。

问：莫言可能获得诺奖的消息传出后，他遭受最多的是政治上的批评，您怎么看文学和政治的关系？

答：我觉得瑞典学院的选择是超越政治的，仅着眼于作家的文学水平、文学质量。作家有选择政治立场的自由，瑞典学院不干预这种自由。前苏联作家得诺奖的人里面，有的跟政府是不合作的，比如索尔仁尼琴、帕斯捷尔纳克、布罗茨基；也有跟政府合作的，例如肖洛霍夫，他是前苏联共产党中央委员，但他的代表作《静静的顿河》和《被开垦的处女地》确实很好。何况莫言完全是文学中人，离政治很远也不太懂政治。他浑身都跳动着作家的良心，从不回避黑暗，每一部作品都是对人的尊严、人的价值的呼唤，对于数十年在中国土地上发生的政治荒诞现象，他都给了充满正义感的回应。如果真要从"政治标准"苛求，把莫言放回"文化大革命"中，那么他的每一部作品都是"大毒草"，红卫兵有足够理由对他进行10次"檀香刑"和100次"牛棚"处罚。瑞典学院是正确的，它不把莫言看作"谴责文学"和"社会批判小说"，而是面对莫言的心灵、想象力与审美形式，看到了莫言在抒写时代现象时超越时代而进入文学的永恒之维。瑞典学院的院士们拥有清醒的良知，他们对作家只有高标准的文学要求，没有文学之外的政治要求与道德要求，唯其如此，它才拥有面向全球复杂语境进行择优选择的可能。瑞典学院正是透过这种政治表象而把握莫言的真实文学存在，坚守文学的视野所以才赢得世界的尊重。

我们过去的文学批评最大错误就是：政治标准第一，艺术标准第二。文学就是文学。文学标准主要考察两方面，一个是作品精神内涵，一个是作品审美形式。唯一的标准应是文学标准、审美标准。既不能设置政治法庭，也不能设置道德法庭，只能做审美判断。

不要走向概念，而要走向生命

问：您跟莫言有怎样的交往？

答：我跟莫言最初交往是 80 年代中期在解放军艺术学院。当时军艺文学系主任是写过《我们播种爱情》的徐怀中将军，他主持作家讲习班，请我去给学员们开讲座。

学员里面，当时最著名的是写过《高山下的花环》的李存葆，他很有才华。此外，给我留下深刻印象的有莫言、刘毅然、雷铎等，他们思想活泼，写作能力很高。我到美国之后，在科罗拉多大学任教，葛浩文请莫言到科罗拉多大学演讲，他的第一句话就说，在座的刘再复教授是我的老师。我还送了莫言一顶科罗拉多的牛仔帽。在我的心目中他也是特立独行的牛仔。

大概是 1995 年，葛浩文要到中国看莫言，问我是不是也写一封信给带回去。我在给莫言的信中写道：高尔基说过，托尔斯泰如果是生活在大海里，肯定是条鲸鱼，我希望你在文学沧海中也能成为一条鲸鱼。他给我回了 3 页纸的信说：你鼓励我当鲸鱼，可是我们社会却太多鲨鱼。

问：您对莫言的印象？

答：我的第一印象是：莫言是个赤子，满心天真；第二印象是：莫言浑身充满创作活力，很像法国的巴尔扎克（尽管他的创作风格更近加西亚·马尔克斯）；第三印象是他满肚子都是故事，他到我家里时，科罗拉多大学东亚系的老师学生都来听他讲故事。他的故事让大家目瞪口呆，又让他们笑得前伏后仰，他真是个幽默大家。他说小时候他和他的同学在高密饿得不仅啃树皮，还啃煤块，乡村小伙伴们个个啃得牙齿都非常坚硬、非常犀利。后来有些人去当电工，电线本应用线钳剪，他们用牙齿一咬就咬断了。他妈妈被分配到生产队磨米，想偷点米出来，可是门口都有人站岗，结果他的妈妈就把米先吞到肚子里，回家后用筷子一撬，吐出来给他们吃，所以，才有了献给母亲的《丰乳肥臀》。莫言既有苦难的体验，又充满了灵魂的活力。我们考察一个作家就要看他有没有灵魂的活力。

问：您怎么看莫言笔下的高密东北乡？

答：高密东北乡是莫言的故乡，又是他创作的第一摇篮，故乡和摇篮的饥饿贫困苦难造就了他，但他又超越他的故乡，写的是普遍的人性，还有普遍的人类生存困境。莫言很了不起的一点是，他看到"文革"之后我们整个中华民族被教条所窒息，需要生命的重新爆发。从《透明的红萝卜》、《红高粱》到《丰乳肥臀》，甚至到《蛙》，都是生命的呼唤，生命的燃烧，生命的大觉醒，所以，在十几年前我就称他为"最有原创性的生命旗手"。莫言谦虚地称我为老师，其实我更多地向他学习。他给我最大的启迪是，不要走向概念，而要走向生命。

（实习记者黄昕宇对本文亦有贡献）

莫言其人

莫言是怎样炼成的

张 英

莫言自称"写乡土的作者",而他熟悉的乡土就是他的故乡,山东高密东北乡——夏庄镇河崖平安庄。从小饿怕了的莫言现在不但能吃饱,还在北京安了家,但他总忍不住回到家乡。

这里有他爷爷、他奶奶、他爸爸、他姑姑、他邻居……和他们的故事。虚幻和现实、历史和当下,就在这个只有700多人口、100多户的小小的村庄里发酵。

2012年10月,是这个已经没有红高粱的村庄最热闹的时光。

"我太累了,从昨晚到现在,都在不停地接待人,不停地说话。"2012年10月12日傍晚,面对《南方周末》记者,莫言满脸疲惫,脸色蜡黄,眼睛里带着血丝。

他不停抽烟、喝茶,以保持清醒。出门参加新闻发布会前,莫言刮了刮胡子,梳理下头发,特意换了妻子为他准备的淡蓝色衬衫,军黄色裤子和新牛皮鞋。

这一天前,瑞典文学院正式公布莫言为2012年诺贝尔文学奖得主后,最先赶到莫言高密家里的当地文友——在他楼下放起了鞭炮。接着是潍坊和高密的官员,他们手捧鲜花赶来了。当地的电视台和报纸记者熟门熟路，堵在莫言家门口，在表示祝贺的同时提出了采访要求。

半个小时后，离高密市区20里远的夏庄镇河崖平安庄莫言老家，莫言92岁的父亲在红砖砌成的小院门口，点燃了当地政府送来的鞭炮和焰火。邻居们闻讯而来，一起参加庆贺，他们和在场驻守的记者们一起，激动地叫喊着、跳跃着。

真实的"高密东北乡"

"我现在经常做梦，跟别人抢夺食物，我这辈子最屈辱的事跟食物有关，丧失自尊；最大的幸福是在参军后，第一顿饭吃了8个馒头，也跟食物有关。"莫言对记者说。

从莫言和大哥管谟贤居住的高密市区出发，到莫言笔下的东北乡——夏庄镇河崖平安庄，距离20多公里，开车大约需要40分钟。莫言的父亲、二哥、姑姑一家，目前还住在莫言出生的村庄里。

从地图上看，高密属于潍坊市管辖，它东邻胶县，南临诸城，西与安丘潍河相望，北与昌邑、平度毗邻。给《南方周末》记者开车的司机陈师傅和莫言住同一个小区，莫言每年都会回高密住上两个月。陈师傅说，高密在行政上属于潍坊市管辖，但在地理和经济上受青岛影响更大。

这时的高密，正是丰收的季节。映入眼帘的是道路两旁黄色的土地和绿色蔬菜，地里的黄豆、玉米已经收割完毕，农夫驾着机器正在翻垦土地，无边无际的白色塑料大棚里，菠菜、大白菜、芹菜生长茂盛。公路两侧，堆满了金黄的玉米，像玉带一样不断延绵伸展开去。

莫言的老家平安庄在胶河边上，他出生的老宅在旧村的最后一排，始建于民国初年，长方形结构，一间正堂4个房间，连同前院，都是红瓦木顶，上位为砖混泥墙，石头打基。

1955年，管谟业就出生在这个老宅西屋的大土炕上。老宅院子里原来有两间侧房，加一个猪圈和一个厕所。

莫言是家里第四个孩子。大哥管谟贤 1943 年，姐姐管谟芬 1946 年，二哥管谟欣 1950 年，也都出生在这里。老四莫言和大哥相差 12 岁，都属羊。莫言的女儿管笑笑，也在这个老宅里出生。

现在屋后水泥地里翻晒玉米的薛老伯和村民们都知道了，他们小时候叫"斗儿"的莫言，靠写字拿了一个国际大奖。"斗儿"是爷爷管遵义起的，爷爷算是高学历的文化人，读过旧学私塾，家里有很多医书，写得一手好字。爷爷的意思是：别看他长得丑，他可是北斗星，长大一定成才。

莫言家隔壁的墙上和附近的跨河大桥护栏，都挂上了"热烈庆祝家乡作家莫言获得诺贝尔文学奖"的红色横幅。

莫言近千万字描述的"高密东北乡"。如今实指高密东北部的河崖、大栏两个原公社的区域，随着朝代更迭和时代变迁，明清时的旧称"高密东北乡"，先后改为河崖公社、大栏乡、河崖镇、夏庄镇、胶河疏港物流园区。莫言出生的村子平安庄，旧名"三份子"。

"我小时候，政府还没有修水堤，从屋里可以望到胶河。后来我小学失学后，还参加过胶河的水利工程，在河道里挖掘泥土。"莫言对《南方周末》记者回忆说。

站在莫言家的屋后，宽阔的胶河翻腾着昏黄的污水，高大的杨树一排排沿河延伸开去，高大的河堤上长满茂盛的荒草。

现在的村庄已经看不见期待中铺天盖地的红高粱，满目的黄色土地里，偶尔会有小块青绿色晚玉米沉默地站立着，凸凹站立着。

村南边的顺溪河和墨水河之间的沼泽地，当年土匪出没的芦苇湖泊，如今变成了一马平川的胶河农场。

20 世纪 60 年代以前，河崖、大栏一代地势低洼，河道纵横，每逢夏季，经常水涝成灾。于是当地农民只能种红高粱，以此为主粮。

"在吃不饱饭的年代，红高粱浑身是宝，高粱米磨成粉，可以做成饼和窝窝头，或者酿酒，穗可以编织成草把扫地，叶子和支杆用来给牛当草料，或者编织成草席和门帘，根部也可以敲干净土后晒干后当柴火烧。"

莫言父亲管贻范对《南方周末》记者回忆说，当时整个河崖公社（今天的夏庄镇），种满了高粱。一眼望去，满眼都是绿色，无穷无尽，风一吹的时候，高粱不停摇晃，哗啦作响。

为治理洪涝灾害，当地政府大兴水利，挖河开渠，涝灾解除，大片的红高粱也从土地上消失。后来小麦、黄豆、玉米、蔬菜、棉花，成为了绝对的主角。同时消失的还有高粱酒、高粱饼、高粱窝头。

莫言的《红高粱》在1986年第3期《人民文学》发表，被张艺谋看到，准备拍成电影，将4个拍摄地放在了高密，分别是莫言家附近的孙家口村石板桥，高密南部的拒马河镇泊子村，西南王五水库的农户家和高密西部的峡山水库。

这时，高密农民已经多年不种高粱这种低产难吃的作物了，张艺谋和乡亲们讨价还价，最后以每亩地300左右的价格在酒坊外的3个外景地种植了130多亩高粱。

《红高粱》获柏林金熊奖后，高密政府给高崖至平安庄的马路取了个名字：红高粱大街。当地有商人灵机一动，推出了从莫言小说里借来了"我奶奶"的小名"九儿"，生产白酒。

薛老伯对《南方周末》记者说，当地早就不种高粱了，太难吃了，除了造酒没有什么别的功能。如今，偶尔有年纪大的村民种几株红高粱，也是为了编制扫把扫地用。

1986年，管家在规划的新村盖了8间红砖瓦房，全家就搬过去。老屋用来放杂物用。后来因风吹雨打，两侧房屋和厕所、猪圈都拆掉了，只保留了正屋。《南方周末》记者沿河继续驱车前行4分钟，抵达莫言二哥家。

二哥管谟欣一家和莫言父亲目前住在这里。他一直在镇上工作，写了一辈子材料，退休在家。因为92岁的老父亲管贻范不愿意进城，他就一直在家里照顾父亲。管谟欣长得和莫言很像，只是个子要比莫言小一号，人比较黑瘦。

两年前,地方政府见不时有慕名而来的游客,要拨经费修理老宅,莫言不同意。

"现在拿了诺贝尔奖,政府又提出要修,开发成旅游景点,我们不同意,那样太张扬了,做人要低调。"

管贻范告诉《南方周末》记者。他身体很好,满面红光,就是耳朵不大好使,跟他说话要对着他耳朵大点声。

搬离老宅,莫言妻子杜芹兰和女儿管笑笑在新村住了两年。在《红高粱》拍成电影走红后,县里的领导破例把杜芹兰和管笑笑的户口转成了城市户口,还给她安排了工作。为此莫言在高密市区南关天坛路买下了26号地,盖了一个大院子。

1988—1995年,莫言在这个自建的房子里创作了《酒国》《丰乳肥臀》等大量作品。1996年,莫言和大哥一起买下了现在居住的房子。南关天坛路的26号院转卖给了朋友,再后来,朋友把房子捐给了高密市政府。

相比莫言在平安庄故居,26号院鲜有记者造访。《南方周末》记者看到,如今这里已是高密凤城艺术团和高密妇女健身协会的办公地点。

莫言文学馆成立以后,馆长毛维杰把26号院里,当年莫言在这处居所中使用过的桌子、台灯、椅子,包括一台老式电脑,都搬到了如今的莫言文学馆里陈列。

我饿,我饿,我还是饿

"我父亲的脾气很暴躁,在外边不敢发作,回到家里就逮着老婆孩子撒气。我们兄妹经常挨打,大家都怕他;因为是大家庭居住,母亲凡事都让着同住在一起的叔叔和婶婶,对他们的孩子们关爱有加,对我们也很严厉。"管谟贤对《南方周末》记者回忆说。

在20世纪50年代进行的土改运动中,莫言家被划为"中农"。"中农"

是在"富农"和"上中农"之下，有自己的田地，靠自己劳动维生，不属于"社会主义的寄生虫"。

但因为大爷爷管遵仁被划为地主，儿子又去了台湾，莫言全家受牵连，成为政治上的被"团结对象"。这使在大队当会计的父亲管贻范终日愁眉不展，事事小心谨慎，委曲求全。在工作和生活中积累的压力，只能带回家。

"莫言小时候特别皮，上课时老是打瞌睡，还经常和同桌的同学交头接耳，中午午睡的时候跑到院子里玩。"莫言同村的小学同学李善友对《南方周末》记者说。

从出生记事开始，莫言对童年和少年的印象只有饥饿。1958年，"大跃进"开始，全民大炼钢铁，他们家的锅碗瓢盆、菜刀、门把手全被充了公，一家人除了莫言和奶奶，其他人都被安排去土炉炼钢、捡铁矿石。

公共食堂很快没有干饭了，只有野菜和发霉地瓜干。1959年春天，食堂也停办了，只能跑到地里挖烂地瓜吃。家里没有锅，莫言就从炼钢炉里的材料堆里，偷了当年日本兵戴在头上的钢盔，回家刷洗干净，就用它代替锅煮菜饭用。

管谟贤回忆接下来的"三年自然灾害"："那三年高密风调雨顺，因为炼钢，粮食烂在了地里。"

到1960年春天的时候，平安庄开始大量饿死人。最多的一天，村里死了18个人。

"村里能吃的东西都吃光了，草根，树皮，房檐上的草。村子里几乎天天死人，起初死了人还掩埋，后来就没人掩埋死者，村子里的死尸被拖到村子外边去，很多吃死人吃红了眼睛的疯狗就在那里等待着，死尸一放下，狗就扑上去。"

后来，莫言从历史书上看到其他地方出现人吃人的事情："据说我们村的马四曾经从自己死去的老婆的腿上割肉烧吃，但没有确证，因为他自己也很快就死了。"

莫言吃过茅草根、树皮、棉籽皮、芙子苗、茅茅毛。听说南洼里有种白色的土能吃，莫言和哥哥一起去挖来吃，结果吃了大便拉不下来，只能大量喝水，用手往外扣。憋死了一些人后，没有人敢再吃土了。

那年冬天，学校里拉来了一车煤，是给他们取暖用的，堆在食堂前面。一个生痨病的同学吃了一块，说煤越嚼越香。全班同学都去拿，上课的时候脸色蜡黄的老师在黑板上写字，管谟业和同学们在下面吃煤，一片咯嘣咯嘣的声响。老师忍不住也咬了一小口，惊喜地说："真的很好吃！"他们拉的大便也是黑色的，还能够被送进火炉里烧。

管谟业的母亲偷生产队的马料吃，结果被人抓住了吊起来打。他的大祖母去西村讨饭，在一个麻风病人家里，看到方桌上有半碗剩面条，扑上去就用手挖着吃了。

后来政府打开粮仓，按照人口发救济粮，每人半斤豆饼。"我奶奶分给我杏核大小的一块，放在口里嚼着，香甜无比，舍不得往下咽。"但粮食发得太晚，管谟业的三叔已经饿死了。

管谟业隔壁家的孙爷爷太饿了，把刚分给他家两斤豆饼全吃完了，豆饼油腻劲大，他回到家里不停喝水，结果豆饼在肚子里发开，把胃胀破，死了。那时候的人，因为饥饿，肠胃没有脂肪，像纸一样薄。

为了维持生命，父亲让管谟业的姐姐退学回家，专门负责在地里挖野菜，加上一点玉米面或地瓜面，熬成稀饭全家喝。长期没有营养，大人水肿，人的肚皮都是透明的，青色的肠子清晰可见。

"那时候捉到一只蚂蚱，在火上烧一烧就是美味；逮到一只老鼠用泥巴包放在锅灶里烧熟了，奶奶或母亲就会把莫言和堂姐叫到一起，一人一半，连内脏和骨头都吃掉了。"管谟贤对《南方周末》记者回忆说。

到了"文革"时期，没有再出现饿死人现象，管谟业也不用天天喝野菜红薯粥了，政府按照人头发放半年糠菜半年粮，还是吃不饱。他和哥哥到玉米田里，寻找生在秸秆上的菌瘤。掰下来回家煮熟，撒上盐用大蒜泥拌着吃。

顶替父亲去供销社工作的叔叔，走后门买了一麻袋棉籽饼。管谟业夜里起来撒尿，也会摸一块，蒙着头偷吃。后来听说，癞蛤蟆的肉比羊肉还要鲜美，但母亲嫌脏，不许孩子们去捉。

直到"文革"结束前，管谟业终于可以吃红薯干吃饱了。这时他对食物的要求也渐渐高了。有一年年终结算，生产队分了他家290多元钱，这在当时是一笔巨款。村子有人卖病死的猪肉，上面都是黄豆一样大的米虫，价格便宜，村里人都围着买。看见父亲舍不得，管谟业就一个劲儿哭，最后父亲下决心割了5斤肉，回到家里煮熟了每人一碗。

"我一大碗肥肉吃下去，还觉不够，母亲叹一口气，把她碗里的给了我。吃完了，嘴巴还是馋，但肚子受不了了。一股股荤油伴着没嚼碎的肉片往上涌，喉咙像被小刀子割着，难受又幸福。"莫言回忆说。

"我们家都是文科好"

"我们家都是文科好，祖上有管仲这样的齐国名相，有算命特别厉害的管路，明清两代祖上出了七个进士，都是搞文的。"管谟贤对《南方周末》记者说，他还有一篇专门研究族谱的学术论文，摆在了莫言文学馆里展示。

在莫言一家子中，管谟贤是唯一的大学生。1963年，他考上了上海华东师范大学中文系："我语文、历史、外语都考得很好，数学只考了13分。"大姐退学后一直在家务农，管谟欣高中毕业时刚好赶上"文革"，没能考大学，靠文科功夫好，一直在公社搞宣传写材料。

莫言对《南方周末》记者回忆自己的文学启蒙时，提到大爷爷管遵仁和爷爷管遵义。管遵仁是当地的著名中医，以妇科和儿科见长。莫言在退学回家务农后，为混个饱饭跟大爷爷学医两年，他的旧学功底，就是当时背诵《药性赋》、《频湖脉诀》等医学著作打下的。

爷爷管遵义生于1895年，1978年病故，是一个忠厚老实、勤俭持家的农民，与小说《大风》中的爷爷相近。管遵义一生务农，种田是一把好手，还会木匠手艺。虽然不认识字，但爷爷脑袋里装满了许多故事。冬日炕头里，夏日河堤上，两个爷爷给他讲了不少民间狐仙鬼怪的故事。

小学读到五年级，莫言就被学校劝退学回家务农了。原因是哥哥；哥哥暑假从上海带回来，带来了上海红卫兵编的报刊和造反派夺权传单。

"我讲了上海学生造反的情况，启发了莫言他到学校里宣传这些造反理论，还说学校领导教师是奴隶主，学生是奴隶，还编什么黑板报，成立什么战斗队。后来他带上几个小伙伴外出串联，到了胶县在接待站住了一晚，给人家褥子上画了一个大地图（尿炕），吓得跑了家。"管谟贤向《南方周末》记者回忆。

后来，在学校喊了几句"打倒"、"造反"的莫言，被学校劝退回家。

莫言从此成为了大队里年龄最小的农民，过上了早出晚归"脸朝黄土背朝天"的生活。因为个子小，他干不了大人的体力活，只能去帮养牛队割草，种高粱、种棉花、放羊，挣一半工分。

"我们那个地方是三县交界，土地很辽阔，周围几十里没有村庄，我每天就只能跟一头牛和一只羊对话。我还经常躺在草地上，跟天上的鸟对话，鸟不理我，我就睡着了，过一会儿可能牛会把我顶醒，因为它已经吃饱了，我一看它的肚子鼓鼓的，就一块儿回家去了。"莫言接受媒体采访时曾回忆说。

莫言成为作家是受到大哥的影响。管谟贤去上海读书后，留下《吕梁英雄传》、《红日》、《红旗谱》、《林海雪原》、《烈火金刚》、《钢铁是怎样炼成的》这样的革命文学和《聊斋志异》、《隋唐演义》《三国演义》《水浒传》这样的书。

乡村一成不变的生活，饥饿和孤独，让管谟业觉得人生乏味，时光漫长。这时，阅读成为他最快乐的享受。家里书看完了，他就满村借着看。为了能够看同学家的《封神演义》，他就帮同学家推石磨磨面，推一下午看一本。

这时候的莫言已经有了文学梦。邻居单亦敏是山东师范大学的毕业生，因为政治成分不好，在"文革运动"里被打成右派回村参加劳动改造。

在和他的闲聊中，吃不饱饭的莫言知道"有个山东作家一天吃三顿饺子"，这对一年只能吃一顿饺子的莫言是一个巨大的冲击，从而引发了当作家的欲望。

根据管谟贤的考证，正是在昌邑县参加开挖胶莱河的工程时，头一回看见人山人海、红旗飘扬的管遵仁，回家后开始了一部长篇小说《胶莱河畔》的写作，第一节的标题是"元宵节支部开大会，老地主阴谋断马腿"。

这部模仿《红旗谱》的小说，大意是热恋的妇女队长和民兵连长为了挖掘胶莱河一再推迟婚期，而一个老地主为了破坏胶莱河的建设计划，砍断了生产队里的一匹马的腿。这部小说最后管遵仁没有完成，只写了一章。

为逃避劳动的痛苦，莫言跟大爷爷学了两年中医，想摆脱土地的束缚。但最终文化程度太低，莫言没有学成。最后，在当会计的二叔介绍下，莫言去高密棉花加工厂当地磅工，负责称重量。

"我叔叔在里面是主管会计，所以莫言进去算是走后门，就是个季节工，有活就干，没活就回家，一天干几块钱，发了钱以后交给生产队一部分买工分，剩下十几块钱交给家里，自己留个两块钱购买牙刷牙膏什么的。"管谟贤回忆说。

也是在这一时期，莫言和来自高密陈家屋子村的杜芹兰认识了，两个年轻人谈起了恋爱。这时候莫言除了负责厂里的黑板报外，他已经开始了写作，开始向公社广播站和高密县广播站投稿，也开始在《潍坊日报》、《大众日报》上发文章了。

管遵仁真正脱离土地，成为作家，解决吃饱饭的问题，还是在他穿上军装以后。

从18岁起，管谟业连续3年报名参军，体检合格，但每次被有关系有背景的人顶替了。有一次，他拿着入伍通知去报到，结果还是被人顶替了。

当时大学停止招生，招工、参军是农村青年改变命运的唯一机会。

1976年，莫言21岁，按照当时的规定，莫言这一年如果走不成，再一年就超龄了。这次管谟业没有在老家报名，作为"表现好的临时工"从棉花厂报名，一个干部子弟也帮来他，前两年阻挠他的大队书记、大队长和民兵连长都在昌邑胶莱河工地上，没机会插手。

不久，气呼呼的民兵连长到棉花厂送应征入伍通知单，把通知单丢在他面前，转身就走。

在村里人眼里，管家从此"混出头"了。莫言的大哥从上海华东师范大学毕业后，捧上了铁饭碗，吃上了国家饭，莫言也提干留在了军队，还破格考上了解放军艺术学院。

"你家三儿子把我给写死了"

管谟业终于穿上了梦寐以求的军装，去了离家不远的山东黄县总参某部当兵。

临走的那一天，别的大队都是敲锣打鼓欢送，只有管谟业冷冷清清没有人送，最后是村里一个小学教师给折了一朵红花戴在他胸前。这让他觉得自己要在部队里奋发图强，"好好表现"。

管谟业母亲哭得稀里哗啦。平日严肃的管贻范对着自己的小儿子就说了句："凡事谨慎，切记祸从口出，人不要张狂，否则必遭祸患。"

后来，管谟业写小说取笔名"莫言"，也是因为父亲的这番话。

"这一次是真正和野菜、地瓜干离了婚。"莫言刚到新兵连的第一顿饭，一笼雪白的小馒头，他一口气吃了8个。炊事班长对司务长说："坏了，来了个大肚汉。"司务长回答："没有关系，吃上一个月就吃不动了。"果然，一个月后，莫言肚子里有了油水，同样的馒头只能吃两个了。

初到部队，莫言和所有的农村兵的想法一样，好好表现，挖厕所，重活脏活啥都干，争取提干留在部队。他很快当上了副班长，还成为连

莫言五年级时的作文本

队里的图书管理员。因为表现突出，自称高中文化的莫言被上级调到河北保定，当新兵连的政治教员和保密员。

小学毕业的莫言恶补大量马列著作后，也敢拿着大学教材给战士们上课了。在哥哥的往来书信指导下，他阅读了大量的古典文学，大大丰富了自己的视野，使他的写作水平也得到质的飞跃。

在哥哥的写作指导下，莫言的第一篇小说《春夜雨霏霏》发在了保定的《莲池》上。

文学最终改变了莫言的命运，1982年，靠着发表的8篇小说，在领导的大力推荐下，部队留下了超龄的莫言，提升他为行政23级的排级干部，还把他调到了北京延庆总部当宣传干部，负责理论教育工作。

在莫言小说《白狗秋千架》中，第一次出现"高密东北乡"。此后，莫言所有小说故事，都围绕"高密东北乡"展开。经过几十年的苦心经营，高密东北乡，与福克纳笔下的约克纳帕塔法县和马尔克斯笔下的马贡多镇一样，成为世界文学版图上的地标。

○ 说吧，莫言 ○

"莫言笔下的东北乡，是以他生活的故乡河崖公社为原型虚构的，现实里的高密都是一马平川，但在他的笔下，东北乡除了平原，有森林、湖泊、高山、草原，这是典型的虚构文学世界。"莫言大哥管谟贤对记者说。

1984年7月，解放军艺术学院首次设立文学系，部队老作家徐怀中当系主任。考试只有3门课，政治、语文、史地，莫言考了216分，其中语文90分。他和钱钢、崔金生、李存葆等人成为了同学。

文学系的课程和普通大学不同，都是采用讲座式的授课，从北大、北师大等高校请一些老师讲座，"什么人都来讲，讲哲学的、搞美术的、搞音乐的、搞舞蹈的，全方位开拓我们的眼界和思路，提高我们的文学艺术素养。"

在军艺的两年，让莫言找到了自己的创作方向。他的成名作《透明的红萝卜》源于他的真实遭遇：12岁时他在一个离家不远的工地上，给一个铁匠拉风箱，他溜到旁边的萝卜地，偷了一个红萝卜，被人抓住，脱了他的鞋让他对着毛主席像当众认罪，回家又被父亲拿绳子抽打。

《红高粱》是莫言1985年写的，那年刚好是抗日战争胜利四十周年，他想起了棉花厂的好友张世家讲的孙家口伏击战。

1938年3月15日，当时驻胶县日军汽车队，经常从村后的石桥上经过，到平度县城去。当时高密东北乡的游击队伏击了路过的汽车队，这一战消灭日本鬼子30多人。后来，日本军队报复，把公婆庙村当成了孙家口，一路烧杀抢掠，枪杀100多人烧光公婆庙村的房屋。

在真实历史基础上，莫言进行了大胆的虚构和想象，小说里的"我奶奶"人物性格直接取自于莫言的奶奶。莫言的奶奶和《红高粱》里的奶奶都姓戴，是管家的大总管，一家十几口人的吃穿全由她安排。

"我奶奶胆子比爷爷大，有一年家里来了日本鬼子，鬼子在外边砸门，一脚将爷爷踢倒，刺刀对准爷爷胸口，吓得爷爷面如土色。奶奶走上前去扶起爷爷，爷爷出门想跑，那鬼子一勾枪机，子弹从爷爷耳边飞过。此后，只要听说鬼子来了，爷爷就先跑了，家里往往是奶奶留守。

《红高粱》中的王文义是莫言的老邻居，用的真名实姓。王文义是个老实人，年轻的时候当过几天兵，他胆小，鬼子打枪，可能是擦着他的耳朵了，他一摸有血，就喊"我的头没了"，把枪扔到水沟里。连长气得骂他："没有头，你还会说话啊！"

《红高粱》在莫言村里放，王文义看到莫言把他写死了，愤怒地拄着一根拐杖找管贻范："我还活得好好的，你家三儿子把我给写死了。咱们几辈子的邻居了，怎么能这样子糟蹋人呢？"管贻范回答说："莫言小说里的第一句话就是'我父亲这个土匪种'，难道我是土匪种吗？'我不是还活得好好的。"

后来莫言回家，买了两瓶酒给王文义送去。"我把您塑造成一个大英雄了。他说什么大英雄？有听到枪声就捂着耳朵大喊'司令司令我的头没了'的大英雄吗？我说您不是很英勇地牺牲了吗？聊到后来，大叔很宽容地说：'反正人已经被你写死了，咱爷儿俩就不计较了。这样吧，你再去给我买两瓶酒吧。'"莫言回忆说。

小说在《人民文学》上发表以后，莫言一炮而红。电影里的"我奶奶"巩俐也红了。

当时，还在搞文学评论的刘晓波，提议莫言应该把这个题材集中写成一部长篇小说。莫言就把《红高粱》《高粱酒》等中篇小说和短篇小说，结集成《红高粱家族》发表出版。

从军艺毕业的莫言，被分配到总参政治部文化部当创作员，在北京城里安了家。不久，莫言又考上了北京师范大学与鲁迅文学院合办的研究生班，拿到了文学硕士学位。

《红高粱》里，莫言写了"我爷爷"，也写"我奶奶"。在《丰乳肥臀》和短篇小说《五个饽饽》和《石磨》里，莫言写到了自己的母亲高淑娟。

高淑娟 1922 年出生，两岁的时候，母亲就去世了。17 岁的时候，嫁给了管贻范。高淑娟在黄土地劳累了一辈子，患有哮喘、肺气肿等多种疾病。1961 年春节，正是闹饥荒的年份，她把全家人从牙缝里抠出的几斤白面，做成饽饽放在祖宗神位前当供品，年刚过完，婆婆让儿媳妇去收回，没想到饽饽被讨饭的偷走了。这可是一大家里半个月的口粮，饽饽丢了，高淑娟还背负偷吃偷藏的嫌疑，她哭了大半夜。莫言刚开始写小说的时候，就写了篇《五个饽饽》。

1994年，高淑娟因病去世，莫言悲痛不已，在故乡里住了几十天，写了《丰乳肥臀》。这部长篇小说的发表，让莫言拿到了10万元奖金的大家文学奖，也让他脱下军装离开军队——有部队老作家联名写信告状，认为他的作品政治倾向有问题。

后来，副师级干部莫言专业到了法制日报，担任影视中心主任。

"我母亲17岁到我们家，50多年里，当媳妇的时间比当婆婆的时间长，一直没过上好日子，等后来过上好日子，又老生病。所以她活着的时候，经常感叹自己命苦。"管谟贤对《南方周末》记者说。

我姑姑，洗衣机

1955年，给莫言和哥哥、姐姐接生的，是姑姑管贻兰。1981年，给莫言女儿管笑笑接生的，是管贻兰。1986年，给莫言妻子杜芹兰做流产手术，让莫言没有儿子的，还是管贻兰。

在去莫言老宅的前一天，《南方周末》记者问莫言要管贻兰的地址和电话，莫言说，"不用电话，我姑姑是当地家喻户晓的人物，她当医生一辈子，那里的人大部分都是她接生的，都知道她的大名。"

管贻兰住的沙口子村和莫言老家平安庄隔河相望。作为《蛙》的真实主人公，因为莫言的获奖，她也引发了传媒的关注，不时有前来采访的记者找她。

姑姑是莫言最喜欢的亲人。"我小时候，家里人生了病，就会把我姑姑搬来，她给我看完病就开始讲她当天遇到的事，我们就瞪着眼听。她医药箱里那种给人打针的小纸盒，是我们最好的玩具。我写小说以后，一直想以姑姑为原型写一部小说。"莫言对《南方周末》记者说。

莫言退学回家务农，不想种地，还跟她父亲学过两年中医。那时候，莫言回家已有4年，面对繁重的黄土地，觉得生活没有出路，看不到未来，情绪低沉。

管遵义给莫言讲过一个故事。旧社会青岛有个老板的工厂开业，大门两侧需要挂牌，请了一些当地书法家写字。当时一个农夫在门外看见了，他光脚进门拿起笔来就写，写到最后一个字不写了，说自己手疼，一个月以后再补。老板后来一比，他的字写得最好。后来他的厂要开业前一天，老板找到农夫写了一个字，回家就对上了，一点不差。

"我父亲讲这个故事，是鼓励莫言，人一生一世一定要学好一样东西，不然被别人看不起，不能做人上人，也不能做人下人。"管贻兰对《南方周末》记者说。

学医的两年，莫言在姑姑家里看了不少书，还听大爷爷给他讲了很多历史上的传奇和聊斋里的故事。后来，莫言小说里的出现的老人，都有大爷爷的影子。包括莫言的毛笔字，也是那时受的影响，为学开中医方子。

莫言小说里的人物，大部分在老家都能够找到原型，《生死疲劳》里的"蓝脸"，是20世纪政府推广"集体合作社"时，村里一个坚持要单干的老农民。妻子杜芹兰的母亲，不愿意把自己分到的田地合并交给生产队，手拿《人民日报》找到山东济南，拿到当时省长的批示，回家后贴到大门口，以抵制上门纠缠的工作人员。

《天堂蒜薹之歌》里出现了莫言的四叔管贻寿。1987年，山东苍山县农民按照政府规划，种植大量蒜薹，大丰收的时候，市场价格暴跌，血本无归。数千农民包围了县政府，砸了办公设备，酿成了震惊全国的"蒜薹事件"。

莫言的四叔管贻寿，1984年赶着牛车往40里外的县糖厂送甜菜，在途中被一个酒后无证驾驶的司机压死，当时这个司机正给一个公社书记家建房拉砖瓦。事件发生后,书记动用各种关系,上门威胁利诱,最后赔偿了500元人民币。

莫言和哥哥得到消息后,准备回乡打官司,后被父亲制止:"人死不能复生,宁叫一家冷,不叫两家寒。"莫言以此为基础,写了《天堂蒜薹之歌》,把惨死的管贻寿留在了小说中。

"小说家总是想远离政治,小说却自己逼近了政治。"莫言在写《天堂蒜薹之歌》时,伪造了这段名人名言。

《蛙》里的原型、管贻兰沾了"文化"的光。新中国成立后的土改,父亲政治上被划为"地主",加上儿子又被国民党军队抓壮丁去了台湾。有段时间,她和父亲的日子非常难过,在村里人面前抬不起头。

新中国成立以后,政府非常关心人民的健康,在全国范围内开展了新生育法的培训。当时有文化的人不多,管贻兰从小开药方,认识字,被当时的县卫生局局长选中,成为新法接生培训班的首批学员。

此前,当地的接生婆都是用"土法":把马路上的尘土垫在孕妇身下,用带铁锈的剪刀剪掉婴儿的脐带,然后用破布、棉花来包扎,造成了大量的婴儿患破伤风死亡。新法接生首先就是对婴儿脐带进行消毒,再用纱布包裹好,通过长时间的努力,管贻兰慢慢把土法接生那批接生婆们给淘汰掉了。

从18岁开始一直干到70岁,管贻兰接下来的孩子差不多有两万个。在农村实施计划生育政策,管贻兰在当地成为了不受欢迎的人,"走到哪里像瘟神一样谁见了都骂,夜里不敢一个人出门,走路有人从背后用砖头砸。"莫言对《南方周末》记者说。

管贻兰回忆起往事,"当时的政策是"两个正好,三个多点"。农村人都想要男孩,一个原因是当时都是靠人力劳动,不像现在种地都是机械化。中国人口这么多,不搞计划生育,一年高密就能生出一个乡镇。原来一个村200多户,一年就能生600多个孩子。地里的粮食生产跟不上人口增长速度,后来乡亲们也理解了计划生育政策,儿女无所谓,都要两个孩子。"

莫言大哥家两个儿子,二哥家一男一女;莫言姐姐连续生了三个女儿,第四胎生了个一男一女的双胞胎;莫言妻子杜芹兰怀上第二个孩子的时候,户口还在农村。按政策讲,他第一个孩子是女儿,间隔几年后可以再要一个。

当莫言刚刚调到北京时,妻子怀孕了。"如果我是普通战士,是志愿兵,可以要第二个孩子,但我们总部机关特别严,不能要第二个孩子,几千干部都没有第二胎,不能因为我影响了整个单位的荣誉,领导当时找我谈话,我根本没有任何理由反驳。"

那时的莫言刚刚提干入党,文学道路一帆风顺,领导也很器重他,在单位领导出马劝说后,后来莫言只好答应不要孩子。他回到山东做老婆的工作,跟老婆举例子:"我同学在当地县里工作的,无论是工人、教师,还是局长、处长,大家都是一个孩子,很多人也是女儿。"

杜芹兰想要这个孩子,但迫于形势,"如果生了第二胎,我复员回老家变成农民,只能种地;如果我不生第二胎的话,过两年可以随军,女儿也变成城里人,否则生孩子再多,在农村待着都没前途。"

杜芹兰流完产后,县里计生委给莫言奖励一台洗衣机,敲锣打鼓送到家。"我老婆从来不用它,心里不高兴,看到洗衣机心里就很痛苦。"

岁月流逝,随着年龄增长,莫言愈发怀念那个流产失去的孩子。

"过去我没有感觉到少生几个孩子是多么大的遗憾,现在回头一想挺遗憾的,如果现在我有两个孩子多好,一男一女或者两个女儿。尤其当你生命越来越往尽头走的时候,才意识到生命的真正的价值。"

2002年春节,日本作家大江健三郎跟着莫言回高密过年。大江对莫言的姑姑职业很感兴趣,后来在很多次演讲中都有提到姑姑。作为莫言少年时代最喜欢的亲人,姑姑的人生故事一直存留在莫言的记忆里。

"我写《蛙》的原因是因为报纸上关于计划生育政策的讨论,当时这个政策说要管30年,政策到期限后,这几年学术界有开始反思计划生育政策,广播、电视和报纸上出现许多讨论,我觉得写这个故事的时机到了。"莫言对《南方周末》记者说。

莫言写《蛙》的时候,管贻兰已经退休了,和从医院开救护车岗位退休的老伴一起给她的4个孩子带小孩。她和丈夫都是城市户口,按照计划生育政策,4个孩子都只要了一个孩子。

"管笑笑是独生子女,他爱人也独生子女,笑笑现在已经生了一个女儿,还可以按照政策再生一个,到时候一个姓管,一个姓苗。这样莫言家也算有了香火。"管贻兰对《南方周末》记者说。

现在,莫言已经当上了姥爷,他和妻子平时在家给女儿带外孙女。

刚刚拿到诺贝尔文学奖的莫言,现在是中国艺术研究院文学院院长,他已经在考虑退休后的生活了。"北京人太多了,城市太喧嚣了,我现在就盼着退休,该叶落归根,高密老家挺好的,亲人都在这里,我的书房也比北京的书房安静。"

莫言的国

卫 毅

2012年10月12日下午，莫言再次出现在高密这家一夜之间为世界所知的酒店会议厅，召开记者招待会。他穿着昨天那件淡紫色的条纹衬衫，平静地走到话筒前。最开始的两个问题来自法新社和路透社，莫言对这两个问题的部分回答，迅速传至网络又迅速消失。"政治不正确"被认为是可能的理由——在他获奖前后，对他批评最多的是他的政治态度。莫言的回应是，自己的获奖不是"政治正确"的胜利，而是文学的胜利。

他在头一天接受凤凰卫视电话采访时说："不管是在网上挺我的，还是批评我的，都有他们的道理，这是一个可以自由发言的时代。"很快，"这是一个可以自由发言的时代"这一截话被挑选出来，放到网上，引发争议。

10月12日早上，由北京飞往青岛的航班上，与我邻座的恰好是昨天晚上电话采访莫言的凤凰卫视记者，她认为莫言的回答得体，但放到网上后被断章取义。在这趟7点50分起飞的航班上，坐着众多媒体同行，他们的目的地是距离青岛大约100公里的高密。在酒店大堂，在莫言居住的小区，记者们在此守候多时，希望能够与他偶遇，直到记者招待会的时间将至，他们才陆续离开。

莫言在记者招待会上始终沉着以对，有问必答。他的左手一直握着一根红绳串着的饰物。记者招待会临近结束，他抬起左手，将衣袖轻轻抹开，露出了袖口下的手表，看了看时间。

如果时间在某个轨道上停留在1976年2月莫言的一次当众讲话上，在另一个轨道上来到此刻，两幅时空中的画面将形成鲜明的对比。

手表的国

"在一片掌声里，我不知怎样地上了台。我头晕，心跳，快要死了似的。"这是21岁的管谟业刚刚参军之后，作为新兵代表上台讲话时的心情。当他接到入伍通知书后，村里的一位复员老兵告诉他，要想在部队迅速站稳脚跟，就得写一封决心书。管谟业记住了这位老兵的教导，一到兵营就赶紧写了决心书，他获得了这个上台讲话露脸的机会。

在掌声还未停息的台上，他脑子里掠过了自己想要拥有的东西。"谁见过这样的大场面了。但这是光荣，是前途，是4个兜的军装，是上海牌手表，全钢防震，19个钻。"

不知在高密这家酒店的会议厅里，57岁的莫言来到讲台前那一刻脑子里想的是什么？他此时戴的又是什么牌子什么质地的手表？

21岁的管谟业"一屁股坐在那把坐过曹副团长、坐过新兵连指导员的椅子上"，那是一把红色人造革面的钢架折叠椅。他望了一眼台下，开始低头念稿子。

57岁的莫言除了看手表，头几乎没有低下过。他已经是见惯大场面之人。高密市一中的校园内有莫言文学馆，馆里挂着一幅巨大的照片，照片所拍场景是2011年法兰克福书展。作为中国作协副主席的莫言站在台上微笑，他身边站着的依次是中国作协主席铁凝、中国国家副主席习近平、德国总理默克尔。在这次书展上，当一位身处海外的异见人士出现的时候，许多中国作家选择了退场。这也是莫言遭到批评的一次事件。

1976年，念完稿子的管谟业走下讲台，听到班长低声对他说：你这个混蛋，彻底完了！他懵了，已经无心观看接下来的文艺演出。回到宿舍后，追问班长到底是怎么回事。班长说，"那凳子是首长坐的，你也配坐？你不站着讲话，竟敢像首长一样坐着讲！你稀稀了（当时的流行语），等着明年回家吃地瓜去吧。"

莫言在回忆这段经历时写道："我的眼泪刷地就流下来了。我一个老中农的儿子，费了千辛万苦才当上兵，原本想在部队好好干，提成军官，为父母争气，与地瓜离婚，谁知道这样简单就稀稀了。"

管谟业是那么希望逃离家乡的土地。他曾幻想："假如有一天，我能幸运地逃离这块土地，我决不会再回来。所以，当我爬上1976年2月16日装运新兵的卡车时，当那些与我同车的小伙子流着眼泪与送行者告别时，我连头也没回。我感到我如一只飞出了牢笼的鸟。我觉得那儿已经没有任何值得我留恋的东西了。我希望汽车开得越快、开得越远越好，最好能开到天涯海角。"当汽车停在一个离高密东北乡只有两百华里的军营，带新兵的人说到达目的地时，管谟业深感失望。"这是一次不过瘾的逃离。"

管谟业的故乡——高密东北乡是一个什么样的所在？莫言作品和讲话中反复提到的"东北乡"是过去年代的称呼，现在叫高密疏港物流园区。此地位于昌潍大平原与胶东半岛交接处，地势低洼，河道密集，夏季时常常水涝成灾，曾经广种高秆作物，比如高粱。高粱成熟的季节，这是一片火红。

21岁的管谟业在新兵大会上讲话后不久，被"发配"到了渤海边的黄县。除了站岗就是下地干活，与原来的农村生活相比，没有更好，反而更差。渤海的风浪中，他已经看不清上海牌19钻全钢手表的模样。

站岗的枯燥生活中，管谟业开始了文学创作。他最早写了一篇《妈妈的故事》。"写一个地主的女儿（妈妈）爱上了八路军的武工队长，离家出走，最后带着队伍杀回来，打死了自己当汉奸的爹，但'文革'中'妈妈'却因为家庭出身地主被斗争而死。"这篇小说寄给了《解放军文艺》。"当我天天盼着稿费来了买手表时，稿子却被退了回来。"

手表再次清晰地浮现的时候，已经是1981年。给自己取了笔名莫言的管谟业通过自己的努力写作，在1981年和1982年之间，于河北保定文联办的《莲池》杂志上发表了短篇小说《春夜雨霏霏》和《丑兵》，挣了144元稿费。他用这些钱实现了自己的手表梦。

戴上了手表并不是最重要的，重要的是他的作品被文坛老前辈孙犁所欣赏。孙犁对莫言进入更多人的视野起到了重要的推动作用。莫言的文学时间开始了。

从军艺起，莫言走上了文学创作之路

35个人的国

10月11日晚上，作家雷铎通过手机得知了莫言获得诺贝尔文学奖的消息，那是助手发给他的一条短信。他为大学同班同学的获奖感到高兴。雷铎记得，1984年秋天，他是倒数第二个到解放军艺术学院文学系报到的学生，莫言是最后一个。他们俩都因为各自的原因而没有按时到校。

军艺办了全国最早的作家班，他们这批军队作家被称为"黄埔首期"。军队积压多年的作家一下子都集中到北京的这个院子里学习去了。能够进入此地学习，既要有考试成绩又要有作品。军艺文学系主任徐怀中非常欣赏莫言，看了他的作品后，对辅导员刘毅然说，这个学生，即使文化考试不及格我们也要。

首期作家班共有34个同学，加上辅导员，一共是35人。有的人在进入军艺作家班之前就已经成名，比如李存葆凭借《高山下的花环》获得了全国优秀中篇小说奖，已经广为人知。来自南京军区的以报告文学成名的记者钱钢担任了这个班的班长。

徐怀中给作家班实行的是"导师制"。全国最著名的高校老师、作家、评论家、艺术家被请来给他们上课,这其中有吴组缃、丁玲、王蒙、刘再复、张承志等等。

有时候,徐怀中还会给一些同学上小课。"有一次,他(徐怀中)叫了我和莫言一起交谈,谈话的内容是文学文本。"当时的中国作家热衷文本实验,"两斯一萨"(博尔赫斯、加西亚·马尔克斯、巴尔加斯·略萨)是大家经常谈论的作家。

对于文本实验,雷锋认为莫言的分寸掌握得更好一些,自己则走得太远。"这好比一场足球比赛的现场转播,莫言的度掌握得很好,被纳入视野,而且靠近镜头。"

开始的时候,莫言处于不被人注意的位置。最风光的是李存葆,班上还开了他的作品研讨会。会上,莫言对李存葆的作品提出了尖锐批评:"我们系里组织讨论会,讨论李存葆的小说《山中,那十九座坟茔》。我确实感到不好,就把这个小说贬得一塌糊涂,话说得很过分。"

莫言认为那不是小说,更像是宣传材料。

一个梦成了莫言文学创作的爆发点。某天凌晨,"我梦见一块红萝卜地,阳光灿烂,照着萝卜地里一个弯腰劳动的老头;又来了一个手持鱼叉的姑娘,她叉出一个红萝卜,举起来,迎着阳光走去。红萝卜在阳光下闪烁着奇异的光彩。"

莫言把这个梦写成了一篇小说,取名《金色的红萝卜》。徐怀中看了之后,将题目改为《透明的红萝卜》。莫言刚开始觉得还不如不改,后来觉得改了更好。

《透明的红萝卜》描写了一个"黑孩"的形象,被认为是一个受虐的小孩性意识的萌发。莫言被认为小时候经常挨父亲打,留下了阴影。当我在高密东北乡见到莫言90岁的父亲管贻范时,老爷子笑着说,他小时候挺调皮捣蛋的,也就打过几回。在90岁的管贻范的床头,放着许多书,老爷子念过私塾,有看书的习惯,但没看过莫言的书,"他不让我看。"

老爷子笑得很和蔼。

高密东北乡泥土里长出的红萝卜帮助了莫言的文学事业。红萝卜被认为是男性的象征，对于性的描写是莫言文学探索的领域。中国有着太长的情感禁锢的历史，莫言突破了这个禁区。"《透明的红萝卜》里有很浓的性意识，这让作品提供了可以打通全人类情感的基础。"雷锋说。

中篇小说《透明的红萝卜》在1985年第二期《中国作家》上发表，引起巨大反响，京城里的作家和评论家被召集在一起讨论这部作品。莫言享受了李存葆刚入学时的待遇。

接下来的创作可以用疯狂来形容，在这一年里，他在《收获》《钟山》、《人民文学》等多家刊物上连续发表中短篇小说。次年，小说集《透明的红萝卜》便由作家出版社出版。他的探索方向也越来越明确，就像他在获得诺贝尔文学奖之后所说的，他从80年代开始就立足于写人。在他的小说里，时代背景淡下去，人的味道浓起来。

这个原本希望远离家乡的孩子不断返回高密的土地，他儿时的苦难经历成了巨大财富，他头脑中所熟悉的民间传说，是其他作家所没有的。"这次诺奖说他受到拉丁美洲魔幻现实主义的影响，这是非常明显的。"雷锋认为，莫言的文学性可以概括为两个关键词：恣肆和诡异。"魔幻是一个很好的概括，他把人话、神话、鬼话都放在一起说。在真真假假中融入他想表达的东西。比如对官僚主义的讥讽，他就包装得很好，很有弹性。你说我是在攻击现实吧，其实是在开玩笑。"

所有的形式技巧最终都落在了人性上，这是让80年代那批作家一直走到今天的重要原因。"我们在军艺时常讲的，其实就是8个字：上帝情结、悲悯情怀。写作的时候，'我'就是上帝，我想让谁生就让谁生，想让谁死就让谁死，有生杀大权。更重要的是悲悯众生，哪怕我是揭露你、嘲笑你，骨子里头也还是希望你过得更好。莫言的创作坚持了这个原则，这大概也是他获得诺奖的一个原因。"

莫言的勤奋也让雷锋印象深刻。"进入创作的火山爆发期后，他是通宵写作的，经常白天去教室报到一下，就回去睡觉了。他非常珍惜时间，把时间用在听最精彩的课上。如果哪些课他认为不精彩，他就不听了，回去看书、写东西。"

雷铎说，"莫言平时不吭声，但突然憋出的一句话，就让你觉得非常好笑。"某一次，文学系的几个人跟东方歌舞团的人晚上喝啤酒时发生口角，约好第二天打架。莫言当时在场，他跟同学说，没关系，哥们，明天我带刀子去。果然掏出一把寒光闪闪的匕首，大家靠近一看，才发现是塑料做的。

当时流行一种心理测试，给你一些不规则的图形组成一幅画，然后分析你的心理状态。"有点弗洛伊德的味道。"雷铎说，大多数同学拼出来的是风景画，但莫言拼出的是一个看上去在啼哭的孩子。"他似乎有童年阴影，但他跟我们在一起倒是挺快乐的。"

两年的军艺作家班毕业之后，同学们编了一本书，叫《三十五个文学之梦》。

红高粱的国

在高密东北乡，有一条马路叫红高粱大道，再往前走，有青纱路，然后就到了当年电影《红高粱》的拍摄地：孙家口村。

那里已经没有高粱地了。其实在1987年拍摄《红高粱》的时候，那里就已经不种高粱了。为了拍戏，《红高粱》剧组特地种了几亩高粱。

《红高粱》的故事有着真实的历史基础。《高密县志》记载，1938年3月15日，在孙家口，国民党游击队和当地农民武装伏击了日本军队，随后日本人进行报复，屠杀了100多名村民。

在高密东北乡，莫言的二哥管谟欣向我回忆，当时剧组在孙家口的高粱地拍戏的时候，中午会回到平安庄吃午饭，午饭是莫言的母亲做的。有一天吃完午饭，在莫言住的院子里，莫言、姜文、张艺谋光着膀子，与穿着戏服的巩俐一起合了一张影。在莫言获得诺贝尔文学奖之后，有人将这张照片发到了微博上，然后写道：如果当时说，你，到柏林拿奖；你，到戛纳拿奖；你，到威尼斯拿奖；至于你，去拿诺贝尔文学奖吧。这是一个天方夜谭吗？

这是1987年的夏天。照片上的这4个人，用了25年的时间，陆续将此天方夜谭一一实现。

1986年是天方夜谭的前奏。莫言在《人民文学》第3期发表了中篇小说《红高粱》。这一年里，他还发表了6部中篇小说和4个短篇小说。他像轰隆隆的推土机一样前进。

这一年夏天，军艺放暑假时，莫言在宿舍写作。有人在楼下大喊他的名字。"我出来一看，一个穿着破汗衫、剃着光头、脸黑得像煤炭的人，手里提着一只凉鞋，是用废轮胎胶布缝成的凉鞋，也就是特别简陋的那种，他的一只凉鞋的带子在公共汽车上被踩断了。他说他是张艺谋，他看好《红高粱》，想当导演。"

两人在一起只交谈了10分钟，莫言就决定把改编权交给张艺谋。"我说我不是鲁迅，也不是茅盾，改编他们的作品要忠实原著，改编莫言的作品爱怎么改怎么改。你要'我爷爷'、'我奶奶'在高粱地里实验原子弹也与我无关。"

《红高粱》在柏林电影节上拿下了金熊奖，给中国电影放了一颗原子弹，其强劲动力将张艺谋、巩俐、姜文直接推送至世界电影最耀眼的舞台。

1988年春节过后，莫言回到北京，深夜走在马路上，还能听到许多人在高唱：妹妹你大胆地往前走啊，往前走，莫回呀头。这让他意识到："电影确实了不得。遇到张艺谋这样的导演我很幸运。"

此后，《红高粱》与莫言在某种程度上被混为一谈，这部作品也成为人们给他定下的标尺，丈量他的得失。

2012年10月14日晚上，高密街头，电影《红高粱》正在露天放映，那些熟悉的画面，让人产生沧海桑田之感。此刻，高密人需要用这经典的画面来比照"诺贝尔文学奖"这几个还未使用熟练的字。就如同"高密东北乡"已经在莫言笔下经历了创世纪,但经由《红高粱》的传播,才开始在世界——这个更大的地理范围内为人所知。

这几天的高密东北乡,全是前来寻找莫言小说原型的记者、文学爱好者和旅游者。历史的起源总是有着莫可名状的吸引力,不管是非虚构还是虚构。

1999年10月,莫言来到日本,在京都大学演讲时说道:"那是15年前冬天里的一个深夜,当我从川端康成的《雪国》里读到'一只黑色而狂逞的秋田狗蹲在那里的一块踏石上,久久地舔着热水'这样一个句子时,一幅生动的画面栩栩如生地出现在我的眼前,我感到像被心仪已久的姑娘抚摸了一下似的,激动无比。我明白了什么是小说,我知道了我应该写什么,也知道了应该怎样写。当时我已经顾不上把《雪国》读完,放下他的书,我就抓起了自己的笔,写出了这样的句子:'高密东北乡原产白色温驯的大狗,绵延数代之后,很难再见一匹纯种。'这是我的小说中第一次出现'高密东北乡'这个字眼。"

这篇小说叫《白狗秋千架》。自此,"高密东北乡"的大旗开始飘扬。莫言像国王一样招兵买马,列土封疆。"川端康成的秋田狗唤醒了我:原来狗也可以进入文学,原来热水也可以进入文学!从此以后,我再也不必为找不到小说素材而发愁了。从此以后,当我写一篇小说的时候,新的小说就像急着回家产卵的母鸡一样,在我的身后咕咕乱叫。过去是我写小说,现在是小说写我,我成了小说的奴隶。"

莫言曾经在《超越故乡》里提到过《天使望故乡》的作者托马斯·沃尔夫的一句话:"一切严肃的作品说到底必然都是自传性质的,而且一个人如果想要创造出任何一件具有真实价值的东西,他便必须使用他自己生活中的素材和经历。"

◎ 说吧，莫言 ◎

现实的国

在高密那家酒店的记者招待会上，回答法新社记者提问时，莫言说："作家的写作是在他良心的指引下，面对着所有的人，研究人的命运，研究人的情感，然后做出自己的判断。如果这些人读过我的书或者在座的朋友们读过我的书，就会知道我对社会的黑暗面的批判，向来是非常凌厉，是非常严肃的。我在80年代写的《天堂蒜薹之歌》《酒国》《十三步》《丰乳肥臀》这些作品，都是站在人的立场上，对社会上我认为的一切的不公正现象进行了批判。"

1984年，莫言的四叔赶着牛车给糖厂送了甜菜后回家，在路上被给公社书记运货的卡车撞死了。对方只陪了3000块钱就将四叔家人打发，这让莫言非常愤怒，他曾给大哥写信，想回家打官司，替四叔讨回公道。

1987年春节，回家过节的他在《大众日报》上看到山东苍山县发生了震惊全国的因为蒜薹而引起的群体性事件。因为政府的不作为，蒜薹卖不出去，农民一怒之下烧了政府的办公楼。

莫言将这两件事情联系在一起，以此为基础，写出他的第一部长篇小说《天堂蒜薹之歌》。创作这部小说，他只花了35天时间。他曾经回忆写这部小说的初衷："这本书里有我的良知，即便我为此付出点什么，也是值得的。我一贯认为小说还是应该离政治远些，但有时小说自己逼近了政治。写这样的小说的最终目的还是希望小说中描述的现象在生活中再也找不到样板。"

1988年秋天，美国汉学家葛浩文来中国访问，找到莫言，希望翻译《天堂蒜薹之歌》。此后，葛浩文成了莫言作品最重要的英文译者，让更多的西方读者知道了莫言，为他日后获得瑞典学院的认同打下了基础。

这一年，莫言开始在北京师范大学与鲁迅文学院合办的作家硕士班里学习。他当时的硕士生导师童庆炳在莫言获得诺奖之后，向本刊回忆了这位学生。莫言的硕士论文《童年经验与文学创作》就是在童庆炳的指导下写的。"莫言不是一味照抄魔幻现实主义,应该说他的起步就是写现实,莫言不是洋派的魔幻现实主义,他继承了五四以来的现实主义传统,又有他自己的创造。他把山东的民间艺术带进小说中去,形成了新的特点。"

童庆炳非常赞赏莫言的《蛙》。"这是中国的计划生育问题,非常难写,不了解农村生活,根本写不出来。"

在高密东北乡红高粱大道旁的一个院子里,我见到了《蛙》里面做妇科医生的姑姑的原型管贻兰。在现实中,她就是莫言的姑姑。她给我们讲了莫言当初如何从她这里获得写作素材的经过。我问她,你怎么看计划生育政策?管贻兰说,经我的手做人流打掉的孩子不知道有多少个,以前我认为计划生育政策是对的,现在,我觉得应该改变了。

除了姑姑,对莫言创作影响更大的是他姑姑的父亲,也就是他的"大爷爷"。他从小便从大爷爷那里听来各种故事,这些故事日后成了他的小说之源。"我爸爸曾经跟我说,斗(莫言的小名)将来会成为大人才,我是看不到了,你们能看到。"管贻兰说。

在诺贝尔文学奖宣布结果的那个傍晚,管贻兰的儿子王炘开车去往表哥莫言家,要给他送一个给小外孙量体温的体温计。晚上7点,王炘从广播里听到了莫言获得诺贝尔奖的消息。上楼之后,他在门口碰到莫言,他说:哥,你太伟大了。莫言只是笑了笑。

当天晚上6点40分左右,莫言便接到诺贝尔文学奖评委会秘书长的电话,得知自己获奖的消息。距离晚上对外宣布获奖者的7点钟还有20分钟,这20分钟是莫言既能享受喜悦,又能享受平静生活的最后时间。20分钟之后,不管他愿不愿意,他的人生已经被不可逆转地改变。

他从中国作家中被选出来,站在了灯光耀眼处。他在记者招待会上说,中国有一批作家,都有资格获得诺贝尔文学奖。人们经常提到的用来与他比较的一位就是他在北师大读作家硕士班时的同学余华。这个班上的同学还有刘震云、迟子建、毕淑敏等。这是一个作家明星班。

◎ 说吧，莫言 ◎

童庆炳回忆："1988年，我在北师大研究生院担任副院长时，亲自给教育部草拟了这样一份报告，我认为中国应该发展新世纪的文学和青年作家。各个地方都有很多训练班，都是没学历的，我要求办一个有毕业证有学历的、由北师大跟鲁迅文学院合作的研究生班。"

这几天，北京师范大学文学院教授张清华接到许多学生的祝贺短信和邮件，"祝贺我的预言实现了。"10年前，张清华就说，10年内，当代作家中，要么莫言，要么余华，将会获得诺贝尔文学奖。"因为他们业已有大量作品翻译成世界各种语言，并且产生了比较大的影响。他们两人的作品最容易为西方读者和知识界所接纳。莫言的小说有着最为浓郁的东方文化、地域文化与民间文化的含量，有着最为奇特的想象力，符合'越是民族的，越是世界的'这条规则。余华的小说则总是用了最简练简约和最精确干净的叙事，传达了人类共同的主题——人性的黑暗与温暖，他小说中的民族性几乎被删除干净了，但这也使其更具有人类性。一个是加法，一个是减法，殊途同归。这是我看好他们的理由。"

作为作家硕士班的学生，莫言度过了80年代的最后一年和90年代的最初两年。这是中国当代文学的一个分水岭，作家的地位在此前后被分割成截然不同的两个世界。

1990年暑假，莫言陷入困惑。"脑子里似乎什么也没有了，找不到文学的语言了。我想我真是完了，我的创作能力已经彻底没有了。"这一年，最诡异的是,他用戏说的形式改编了《沙家浜》,寄给《花城》杂志希望发表，结果被退稿。

第二年暑假，莫言去了一趟新加坡，碰到台湾作家张大春。张大春向他约稿，在台湾发表。在假期里写了16个短篇之后，他感到开始恢复讲故事的能力。

当莫言在1993年发表了他个人非常满意的《酒国》之后，四周悄无声息，人们几乎把他遗忘了。那个时候，最被人关注的长篇小说是《废都》和《平凡的世界》。

《酒国》里已经没有"高密"这个词汇。莫言构建的王国开始动摇。而对于整个社会来说，文学已经从殿堂里跌落，没入民间。

荒诞的国

10月11日晚上9点，我在北京乘地铁回家，车厢里，有人议论莫言获得诺贝尔文学奖。几位刚结束劳动的农民工上了车，身上沾有泥渍的衣服，靠在车厢壁上，默然看着窗外。

在北京，莫言也经常坐地铁。在北大中文系教授陈晓明眼里，莫言厚道善良，为人大气，睿智、朴实而坦荡。"我多次邀请他来北大演讲和开会，有一次是他自己坐地铁来的，那次地铁罕见地出现问题，他跑得气喘吁吁，生怕迟到了，会给会议添麻烦。"

1990年秋天的一个下午，莫言从北京一个地铁口出来。"当我踏着台阶一步步往上攀登时，猛然地一抬头，我看到，在地铁的出口那里，坐着一个显然是从农村来的妇女。她正在给她的孩子喂奶。是两个孩子，不是一个孩子。她的枯瘦的脸被夕阳照耀着，好像一件古老的青铜器一样闪闪发光。"莫言的眼泪一下流了出来。他站在台阶上，久久地注视着那个女人和她的两个孩子。

1994年，莫言的母亲去世，他想写一本书献给她。当他不知从那儿动笔的时候，想起了在北京地铁口看到的那个母亲和她的两个孩子。这部长篇小说就是《丰乳肥臀》。

一直以来，张清华都将《丰乳肥臀》在中国文坛上的地位放得很高。"它是关于20世纪中国历史的一个总括性、总结性的书写，如果用一句话来概括，那就是书写了'中国民间社会是如何在外部力量的侵蚀侵犯下一步步走向解体'的。"

在《丰乳肥臀》里，众生平等，阶级之间的界限不再明显。小说里，无论是国民党人还是共产党人留下的孩子，小说的主人公上官鲁氏都同样珍视。现实中，那些思想偏左的老同志们因此感到不爽，凭着自己的关系，告了莫言的状。

《丰乳肥臀》成为受批评的图书，上面派来了工作组，对此事进行审查。莫言曾经回忆当时的情形："他们让我做检查。起初我认为我没有什么好检查的，但我如果拒不检查，我的同事们就得熬着夜'帮助'我，帮助我'转变思想'。我的这些同事，平时都是很好的朋友，他们根本就没空看《丰乳肥臀》，但上边要批评，他们也没有办法。其中还有一个即将生产的孕妇，我实在不忍心让这位孕妇陪着我熬夜，我看到她在不停地打哈欠，我甚至听到了她肚子里的孩子在发牢骚，我就说：同志们，把你们帮我写的检查拿过来吧。我在那份给我罗列了许多罪状的检查上签了一个名，然后就报到上级机关去了。"

不止于此，上级逼迫他给出版社写信，将存书销毁。《丰乳肥臀》的盗版因此风行，按莫言的说法，起码有50万本。在高密市，搭载我的一位出租车司机虽然没看过莫言的书，却卖过莫言的盗版书——就是这本《丰乳肥臀》。

莫言觉得自己该离开原来的环境了。1997年，他转业去了《检察日报》。

魔幻的国

10月14日，秋阳明晃晃的午后，在高密东北乡孙家口村的大片胡萝卜地里，我听到蚂蚱扇动翅膀的声音和秋虫的鸣唱，想起《透明的红萝卜》里，老铁匠仰起脸，随意地哼唱了一句说不出是什么味道的戏文来："恋着你刀马娴熟通晓诗书少年英武，跟着你闯荡江湖风餐露宿吃尽了世上千般苦。"

田地边上，秋水流淌，这是《红高粱》里"我爷爷"狙击敌人的地方。如今这里有野菊花、蒲公英、玉米、白杨，就是没有高粱。

一对夫妻在收割地里的大头菜，这6亩半的大头菜能给这个家庭带来 10000 块的毛收入，大头菜之前种的是土豆，土豆带来的毛收入是两万块，这 30000 块钱就是他们全年的所获，去掉成本，一年的利润是 5000 元。我问他俩：你们幸福吗？丈夫说：挺好的。妻子说：够用了。

"拍巩俐骑着毛驴过桥的时候，我就在旁边看着。"丈夫笑呵呵地说。他知道电影《红高粱》得了金熊奖，但这几天在地里忙着干活，还不知道莫言已经得了诺贝尔文学奖。

建于清朝的石桥还在，日复一日的劳作在这里从未停止。那些魔幻的现实呢？当我向夫妻俩告别的时候，那位妻子说她是越南人，老家在距离西贡 80 公里的村庄，1992 年嫁到此地。她的身份让这片土地显露出了魔幻的一面。

回去的路上，摄影记者指着前方说：快看，快看。一条黄鼠狼跳跃着穿过公路。在中国的传统故事里，黄鼠狼是神怪的化身。车子继续往前行驶，这回是我指着天空说：快看，快看。车窗左上方的天空竟然出现一朵七彩云团。加西亚·马尔克斯曾说，我写的不是什么魔幻，而是拉丁美洲的现实。莫言也说，"故乡留给我的印象，是我小说的魂魄，故乡的土地与河流、庄稼与树木、飞禽与走兽、神话与传说、妖魔与鬼怪、恩人与仇人，都是我小说的内容。"

只是半天的时间，当我们再次来到莫言旧居前，指示牌立了起来，行道旁新栽了绿色的灌木，红色的灯笼挂上了树梢，村口那座桥的栏杆也用白色和蓝色的油漆粉刷一新。在中国各地，随处可见中国特色的红底白字的条幅。而此时，在山东高密东北乡，在这个看上去平淡无奇的村庄，爬上红色条幅的白字是：热烈祝贺家乡作家莫言荣获诺贝尔文学奖。没有比这更具有魔幻色彩的事情了。

（《南方人物周刊》）

莫言：梦幻文字背后的现实足音

邱晓雨

他的文字，拥有梦境的奇幻与丰饶，而他的梦境，又不断与现实重重缠绕。

我现在经常做梦梦到又在跟别人抢夺食物。因为我想我的很多生活当中的最屈辱的事情是跟食物有关的，最丧失自尊，让我最后悔的事情也是跟食物有关的，那么后来我觉得最大的幸福可能也是跟食物有关的。

是谁让他塑造出电影《红高粱》原著中的女性形象？

每当遇到重大的问题的时候，当家庭生活里面出现重大转折，面临着巨大的危险的时候，女性的表现母亲的表现、奶奶的表现，总是比父亲和爷爷的表现要坚强。

是什么让他在直播间里打开瞬间的联想？

灼热的烫脚的麦田里面奔跑了很多四脚蛇、蜥蜴，他会用镰刀把蜥蜴砍死，然后提着蜥蜴的尾巴，喂给他的喜鹊，喜鹊会把那个蜥蜴像吞一根面条一样吞下去。

他曾洒下千言万语，可内心却有哪些难以击碎的屏障？

　　我觉得我是很封闭的……

他为何认为小说《丰乳肥臀》中，有一代知识分子的心灵缩影。

　　懦弱是非常可耻的事情，但是意识到自己的懦弱之后，你还是可以调整，可以改进。

他如何思考死亡的方式？

　　我想对任何一个人，对我这样的人来讲，我也是觉得这是一个最理想的方式。

提起莫言，除了他在文学圈内的名气，很多人还会想起一部电影《红高粱》。1987年，今天大名鼎鼎的张艺谋正在山西太行山里参与电影《老井》的拍摄工作。作为摄影师，此前张艺谋拍摄的《一个和八个》、《黄土地》已经让他有了一定的知名度。然而，这一切都似乎无法表达他心中的热情，他想要当导演。此时，一部叫《红高粱》的小说激起了他的创作冲动。

小说《红高粱》是山东高密作家莫言根据家乡的故事创作的，在当时的中国文坛引起了很大的反响。在《老井》拍摄的间隙，张艺谋剃着光头，穿着短裤，踏了一双胶皮轱辘做的简易凉鞋从太行山跑到北京，找到莫言。

电影《红高粱》引起巨大轰动，莫言与主创人员在现场

《红高粱》获得柏林金熊奖之后，莫言这两个字也被更多的人记住了。但是今天在我的节目里，我们要面对的莫言，既不像张艺谋的电影那么张扬，也不像他自己的小说那样充满梦境，我们要触摸到的是现实中的他和他眼中的现实。

邱晓雨（以下简称"问"）：莫言，你好，欢迎光临《环球名人坊》。

莫言（以下简称"答"）：非常高兴来到这里。

问：那天王安忆接受我们采访的时候，就坐在您那儿，我让她帮我一个忙，我说如果莫言来了的话，我们想问他一点问题，觉得聊什么比较合适？您猜她建议我什么？

答：我猜不到，王安忆是我多年的老朋友，也是我非常尊重的一个作家。

问：她想了半天，她说你们跟他聊吃吧，我们俩都特别爱吃。

答：王安忆，我们俩多次一块出国。在我想象中，像这样的上海小姐，温文尔雅，应该吃起来是很文雅的，像林黛玉一样，每次吃一个绿豆芽就罢了，结果她的饭量比我还大，我发现。

问：她说因为写作挺累的，特别耗体力。

答：很多人越写越瘦，我真要进入创作阶段会越写越胖，写完了一部长篇，往磅上一站5公斤长出来了。

问：你小的时候最喜欢吃什么？

答：小的时候不是说我喜欢吃什么，我什么都喜欢吃，没有任何东西可以供我选择。因为我生在1955年，你想等我有了记忆的时候，也是1960年左右，正是我们中国当时经济最困难的时候。那个时候不管是城里人还是乡下人都是配给的。城里人配给每月一个人几十斤粮食；乡下的，更是没有什么好吃的了，很多人确实是吃糠咽菜，非常夸张的，糠也没有，菜也没有。

问：那时候是不是那样，不管我们现在觉得是能吃的不能吃的，为了填饱肚子，其实都可能会尝试。

答：很多现在我们认为不可以吃的东西，那会儿都变成了美味佳肴，那时野草、野菜、野果子，这都是太浪漫、太奢侈了，还有很多我们认为不能吃的，像树皮，什么房顶上的野草、腐烂掉的红薯干，都是美味佳肴。

问：好像您曾经写到，有一个同学也吃过煤球？

答：煤块。

问：煤块。

答：有很多像大同煤块，它很大很亮，要用斧头砸开。这些煤块里边经常会砸出来那种像松香一类的东西，就让我们切实感觉到老师讲的是对的煤是由植物变成的。因为我们在砸破煤块的时候，里面发现了松香，发现了树叶，发现了很多树的化石一类的东西。当然有时候就尝试这是不是可以吃啊，一嚼确实还是很香的。

问：松香的那个味道也混在里面。

答：对，对，确实是说明煤真的由植物，原始森林变成的。

问：你看，现在说起来可以很轻松地说，印证了老师说的是对的，煤是植物变成的，里面有松香，有原始森林的味道。但是看您的书，谈到那一代人的一些经历，并不是一件特别轻松的事。比如说在《丰乳肥臀》里面，我印象特别深的，是那个七姐乔其莎吃两个馒头的过程。

生来就感觉人就应该这样活着，见了食物，眼睛发红

他看到，那个炊事员张麻子，用一根细铁丝挑着一个白生生的馒头，在柳林中绕来绕去。张麻子倒退着行走，并且把那馒头摇晃着，像诱饵一样。其实就是诱饵。在他的前边三五步外，跟随着医学院校花乔其莎。她的双眼，贪婪地盯着那个馒头。夕阳照着她水肿的脸，像抹了一层狗血。她步履艰难，喘气粗重。好几次她的手指就要够着那馒头了，但张麻子一缩胳膊就让她扑了空。张麻子油滑地笑着。她像被骗的小狗一样委屈地哼哼着。有几次她甚至做出要转身离去的样子，但终究抵挡不住馒头的诱惑又转回身来如醉如痴地追随。在每天六两粮食的时代还能拒绝把绵羊的精液注入母兔体内的乔其莎，在每天一两粮食的时代里，既不相信政治也不相信科学，她凭着动物的本能追逐着馒头，至于举着馒头的人是谁已经毫无意义。

…………

据后来的材料揭发，张麻子在饥饿的1960年里，以食物为钓饵，几乎把全场的女右派诱奸了一遍，乔其莎是他最后进攻的堡垒。右派中最年轻最漂亮最不驯服的女人竟如其他女人一样容易上手。

答：实际上当时也体会不到痛苦。

问：当时是什么心情？

答：当时就说，大家觉得很正常，我们生下来就感觉着人就应该这样活着，人就应该这样半饥半饱的，见了食物，眼睛发红，像狼一样要往上扑，就这么一种感觉的。像1955年出生，1960年这个时候，我们一生下来就没有体会到像现在的孩子所体会到的这种食物过剩的这么一种生活，他就感觉到生活就应该是这样的，就是没东西吃，永远是伴着饥肠辘辘的一种感受。

问：就觉得已经成了一种常态。而且小孩是不是在心里，不会把食物和尊严联系在一起，只有人长大了，回头看，才会感觉到？

答：当然是的，小孩儿，我想他确实体会不到一个人应该有自尊。一个人应该是忍受肉体上的各种各样的痛苦来保持人格的尊严，这是没有的，那就是在将来长大之后，才会去有这方面的思考。我想别说是小孩子了，即便是一个成年人，当他连续几十天没饭吃的时候，几十天都吃不饱的时候，突然面临美味佳肴，那真的就很像我小说里说的一样，什么尊严都是顾不上的，谈不到的。

问：我记得我听我爸说，那会儿自然灾害的时候，我大伯在桌子上发现了一点红薯皮，偷吃了，后来我爷爷就打了他一顿。要是现在，很多人很难想象偷吃红薯皮会挨打，但是和您说到的这些感受比，我会觉得红薯皮那时候应该已经是很好吃的东西了。

答：那太美味佳肴了，那时候。很多人就是为了分一点点食物，分配的不公正，而放声大哭，拳脚相加的在那儿，都是经常发生的。

问：虽然你说那时候的小孩，可能生下来就觉得不应该完全吃饱，半饥半饱都习惯了。但是在那个时代，你觉得饥饿给人最大的影响是什么？

答：饥饿最大的影响就是什么都会忘掉，天天想着就是吃的事。当然就是说，对我这样的人讲，当我长大了，我吃饱了，回忆起这个往事的时候，我就会感觉到人世间最宝贵的是粮食，而不是什么黄金、钻石这些东西，所以这个影响我一辈子。

即便我现在到了超市里面，有时候跟我太太一块去逛超市，我一进超市，首先我不由自主地要跑到粮食这个地方，然后看到面前有各种各样的食物、粮食。大米、小米、黑豆、黄豆、绿豆、豇豆，大米又分什么泰国的大米、东北的大米、山东的大米。我会用双手攥着各种各样的粮食，然后放到鼻子边，闻到粮食的气味，真是心里感慨万千，就想怎么会突然冒出这么多的粮食来，当年为什么就没有粮食呢？地还是这样的地，是吧，当时的土地比现在还要多，当时的人口比现在还要少，为什么当时一粒粮食就找不着？

现在会突然有用不完的，吃不完的粮食，感慨万千，所以我想让我来囤积，我就想，我会囤积大批的粮食。

问：你真的想过囤积大批的粮食？

答：当年买房子的时候，也问过我：你想买什么？我说想买几万斤大米，但是可惜，存不住，是吧，放几年就会坏掉，会变质的。

我屈辱的事情都是跟食物有关的

问：尽管那段时光已经过去了，而且过去挺久的了，但是你现在回想起来，在你没有吃饱之前的那段时光，给你这一生当中，留下最深的印象是什么？

答：最深的印象，我现在经常做梦梦到又在跟别人抢夺食物。因为我想我的很多生活当中的最屈辱的事情是跟食物有关的，最丧失自尊、让我最后悔的事情也是跟食物有关的，那么后来我觉得最大的幸福可能也是跟食物有关的。等80年代以后，真的，突然一回家，就感觉到我父亲、母亲，也非常欣慰地把家里的粮食都掀开让我看，那时候我已经当兵在外了。你看我们今年家里多少粮食，不但说今年够吃的，就是明年颗粒无收，我们也不要发愁了。我也感觉到真是幸福，家里面竟然一下子存下了两年、三年都吃不完的粮食，这种幸福我想是城里人很难体会到的。

问：没有挨过饿，肯定不知道这些东西带给你的那种感觉。

答：对，对，我当时就跟我父母亲一块儿看到囤子里冒尖的粮食，看到两个老人脸上掩饰不了的那种幸福的时候，真是跟他们同样的陶醉，沉醉在这种幸福感里面，就感到，我们中国人，我们农民，老百姓，终于过上好日子了。

问：现在，应该说日子不一样了。以前觉得没有那么多粮食，现在不光今天够吃，明天够吃，后天也够吃。我估计很多人，不光是你作为作家，很多人会开始想更多的问题，不仅仅关心吃没吃饱。我们这个系列访谈里，每个作家可能都会回答一些相同的问题，这个题是：您用哪3个词儿定位自己？

答：第一个我想肯定是善良。这一点我觉得既是我的家庭对我的教育结果，也是我的基因，我的这种基因父母遗传给我的，因为我想人的天性一方面是来自教育，一方面来自基因，我觉得很多坏人，残忍的人、狡猾的人、阴险的人，他并不完全来自后天，而是跟他的家族的基因有关系，所以我第一个词儿应该是善良。

第二个就是懦弱。懦弱，我想这个也跟基因有关系，也跟教育有关系。因为我的家庭，现在的孩子一听什么阶级成分、家庭出身，他们感觉这什么东西啊。对我们这一代人来讲，阶级成分、家庭出身，这个可能真是至关重要的两个概念，是决定了一个人的前途、出路，职业都受巨大的影响。我这个家庭是一个中农家庭，中农在中国就是一个很尴尬的一个阶层，你说是自己人吧，还不是自己人，说是敌人也不是敌人。在毛主席的语录里面就说中农是可以团结的阶级，就是说，我们要团结你们，教育你们，利用你们，但你们不是自己人，你们不好好表现，就是敌人，就是我们打击的斗争的革命的对象。那么这样的阶层就决定了他要软弱怕事、谨慎。

问：一定要好好表现。

答：好好表现，谨小慎微。那么作为中农的后代的话，在理论上来讲，你好好表现，也有出路，你也可以上大学，也可以入党，也在部队里可以提干，也可以当工人，但事实上这种机会是微乎其微，那么多自己孩子、自己人都用不完了。贫农的孩子、下中农的孩子、革命干部的孩子都用不完，哪轮到你们，所以这就决定了，而在乡村这种环境里面，像出身好的人，跟这种家庭出身不好的人，完全是颐指气使，想骂就骂，想打你就打你。你是什么老中农的后代，骨子里面是怎么样怎么样的，所以我想我懦弱，胆小怕事，也是从那里遗传而来的。

一歪脖子就去世了，那是修来的福分

莫言给自己的定义中，说到了两个词：善良和懦弱，还有一个词，他在下面会说到。莫言是个什么样的作家，我们通过他的作品能够感觉得到。而现实中，他是个什么样的人呢？

莫言是在 1956 年 3 月 5 日出生于山东省高密市大栏乡一个农民家庭的。由于是上中农成分，他们家连领救济粮的资格都没有，莫言曾在大年三十到别人家讨饺子。经济上的贫困和政治上的歧视给他的少年生活留下了很深的烙印，而父亲过于严厉的约束，也让莫言备受压抑。这些痕迹，直接影响到他后来的小说创作。

问：从多大的时候开始意识到自己是一个中农的孩子？

答：这个我五六岁的时候就感受到了。上小学的时候，我上的比较早，6 岁上学，当时学校里面经常召开学生会议，开会的时候就说贫农、下中农的孩子留下，其他的可以回家了。我就感觉到我们中农的孩子不是他们自己人，是另外一拨人，心里面产生这种压力是非常巨大的，就感觉到已经被排除到社会的主流之外，被边缘化了，用现在一个词儿来讲。

问：6 岁就开始被中农化了。

答：嗯，6 岁就感受到这个东西了。后来慢慢的到了 80 年代，这阶级成分才取消了，但是童年时期留下的这种印象，直到现在也难以消除，所以就影响了我这种胆小的，整个的性格都发生了这种变化，不善于斗争、软弱、息事宁人。无论受了多么大的委屈，我在外面无论受了多么大的委屈，哪怕被人家，完全是因为别人的问题，挨了别家贫农孩子的这种打或者侮辱，回去向父母亲诉苦，结果你父母亲会给你一顿痛骂，甚至也要再揍你一顿。反正是你不好，你好的话，别人会打你，他们怎么不来打我呢。就是说，你还是自己招的，自己惹的，搞得我们一定要好好的表现，另外就是一定不要惹事，即便受了侮辱，受了屈辱，也要忍耐，所以这个一直延续到现在，软弱。

第三个，我想还有一个就是勤奋，因为像这样的一个家庭出身的孩子，如果想争取一个出路的话，惟有靠自己的努力，你要在各方面做得比别人好，在各方面表现的比别人突出，你要做出别人做不出来的事情，然后才有可能获得一线生机吧，我想就是这 3 个词了：善良、懦弱、勤奋。

问：这是您给自己的定位？

答：比较准确的，完全说的是心里话。

问：还有一个题，其实我一直觉得这个题蛮残酷的，但是说实话，看您的东西，我会觉得您不是那种对死亡有非常大恐惧的人。或者至少您在心理上对它已经认识了很多遍，这个题是说，您希望以什么样的方式死去？

答：我想还是，我们经常在乡村里面的老人议论，就说你看邻居二大爷，早晨还喝了一碗稀饭，还牵着牛下地，中午回来，一歪脖子就去世了。然后紧接着就会评价这是修的、修的。

问：修来的福分。

答：尽管儿女他也很痛苦，但是对本人来讲是修的。第一他没忍受肉体的痛苦；第二，没给他的儿女们带来麻烦，他一下子就走掉了，突然，这叫仙逝。我想对任何一个人，对我这样的人来讲，我也是觉得这是一个最理想的方式。

问：对两方面都是一个很理想的方式。

答：尽管可能儿女会感觉到特别的痛苦，但说句实话，农村有一个老话叫"百日床头无孝子"。无论多么孝顺的人，当老人在床上，病榻上，一年两年的时候，他慢慢地也会不耐烦的。另外对农村来讲，他会给家里面带来巨大的经济的负担，所以农村人是这样盼望的，现在我本人也在想，如果能修炼得像这些老人一样，一歪脖子就走掉了，是一种幸福。

七八岁时，担心母亲随时会自杀

无论是《红高粱》中的"我奶奶"九儿，还是《丰乳肥臀》中的"母亲"上官鲁氏，在莫言小说中的女性总是让人印象深刻。在小说《丰乳肥臀》的自序中，莫言写道：

> 1995年初春，在故乡一间小屋里，当我在稿纸上写下'此书献给母亲在天之灵'时，我的眼睛里已经饱含泪水。我知道这样写会被某些人耻笑甚至是辱骂，那就请吧。
>
> 我心里想，此书不仅是献给我的母亲的，也是献给天下母亲的。我知道这样写更会被某些人耻笑甚至是辱骂，那就请吧。书中的母亲，因为封建道德的压迫做了很多违背封建道德的事，政治上也不正确，但她的爱犹如澎湃的大海与广阔的大地。尽管这样一个母亲与以往小说中的母亲形象差别甚大，但我认为，这样的母亲依然是伟大的，甚至，是更具代表性的、超越了某些畛域的伟大母亲。

问：在您的书里，常提到您的家人，尽管那是一些艺术的形象，不是您真正的"我爷爷，我奶奶，或者我妈妈"，但是他们的形象又很现实。比如说上官鲁氏、上官吕氏、九儿，这些女性身上有一种特别的坚韧。在您的印象里面，你们村子里的女人，包括家里面的奶奶妈妈，谁给你留下的这种坚韧的感觉是最深的？

答：当然是母亲留给我的印象是最深的。很多读者，包括一些西方的读者、西方的一些批评家也在问我，我的小说里面为什么总是有一种女性至上的这种感觉，好像女人是包容一切的，女人是创造一切的，男人都是病态的、软弱的、破坏的，为什么会这样？我说这可能来自我从小生活的这种环境，因为我经过了这几十年，我从出生，起码到80年代这几十年，一直都是动荡不安的，社会实际上很不安宁。我就感受到了，每当遇到重大的问题的时候，当家庭生活里面出现重大转折，面临着巨大的危险的时候，女性的表现母亲的表现、奶奶的表现，总是比父亲和爷爷的表现要坚强。

当我父亲他们都是忧心忡忡，感觉到前途一片渺茫，非常绝望的时候，我记得我母亲总是安慰我父亲，人生在世不可能遇不到，必定是会遇到很多的困难，但是就是没有过不去的山，没有趟不过去的河，天无绝人之路，就是要咬紧牙关往前闯。所以事实也证明，我母亲的这种做法是对的，人生无论遇到多么大的困难，我们都要咬紧牙关，坚持下去，还是会转危为安的，否极泰来。

问：但是在那样一种很艰苦的环境里，你小时候的村子里很多人会自杀，有一些女人会熬不下去，你会不会担心你身边的人，他们也扛不了？

答：这个我是从七八岁的时候就有的担忧。家庭出身这么不好，而我父亲担任过很长时间的大队干部、大队会计，有一年也被人诬陷说他什么贪污腐败。工作队的人说你不但有经济问题，而且你还有政治问题，把我父亲吓得简直就是无法活下去了。而我母亲当时也是，我母亲一直就是百病缠身，胃病，什么妇女病、头疼、肺气肿，身体瘦弱的只有六七十斤。我就预感到我母亲有一天（会自杀），因为她老是叹气，活着太痛苦了，你们没长大，你一旦长大以后，我一天都不想活。

问：她真的这么说吗？

答：真的这么说过。但是我老感觉到我母亲有一天会用一种突然的方式，用一种人为的方式来结束她的生命而离开我，所以每当劳动回来的时候，一进到院子就要大喊娘、娘。听到娘的回答，心里踏实了，如果听不到的话，心里很恐怖。有一天回来喊了好几声娘，没有回答。我立刻就往厢房里面、牛棚里面、厕所里面转来转去，每个房间都跑一遍，生怕看到最可怕的结局。这时候我突然看见母亲从外面回来了，我就大喊，说你喊什么，我的眼泪夺眶而出。然后我母亲就告诉我说，你真傻，我怎么会呢，阎王爷不叫，我不会去，尽管肉体上有那么多的病痛，阎王爷不叫，我永远不会离开你们的。我就放心了。

问：一定会撑下来。

答：嗯，她一定会撑下来，活下去的，让我非常的感动，经常想起来母亲的话，遇到了很多困难的时候，就产生了巨大的力量。

在煎熬中活着，这就是生活

在小说《红高粱》当中，有以下的段落：

"父亲就这样奔向了耸立在故乡通红的高粱地里，属于他的那块无字的青石墓碑。他的坟头上已经枯草涩涩，曾经有一个光屁股的男孩牵着一只雪白的山羊来到这里，山羊不紧不忙啃着这坟头上的草，男孩子站在墓碑上，怒气冲冲地撒了一泡尿，然后放声高唱：

高粱红了，日本来了，同胞们准备好，开枪，开炮！

有人说那个放羊的男孩就是我，我不知道是不是我。

小说里的人物是虚构的，但是关于日本入侵中国的历史背景是真实的。现实当中，莫言的家人曾经为他留下了哪些故事呢？

问：您的奶奶爷爷应该也是见过日本鬼子，从当时那个时代走过来的吧，就是有点像《红高粱》里的那个情景？

答：真的是那个。我爷爷讲，当时看到日本鬼子，我爷爷刚开始是个胆大无比的人，当时叫"跑警报"。一旦说上面传来情况，今天日本要来扫荡了，那么所有的农民就牵着牛羊，抱着母鸡，老太太就立刻跑到田野里去，钻到高粱地去躲避。我爷爷就说不怕、不怕，日本人来了，日本人来了，要不还得花钱买鞭炮放呢，听听他们放枪放炮，他就不走。但是后来真的来了日本人了，把他堵在堂子里，逼着他交代，八路的哪里，我爷爷农民哪知道，也不知道。一个日本士兵拿着刺刀在我爷爷头上来回拉了两下子，头上豁开了两个血口子，血流满面，日本人也没再怎么着，顶多就把家里的鸡给抢走了。

然后下一次再说要来了，我爷爷跑得比谁都快。别人跑出50里，他跑出70里去，别人两天就跑回来了，他起码到三天才回来。那一次让给吓破胆了，当然我们家里面，我小说里描写了一个什么二奶奶，实际上我一个三奶奶，我三爷爷的夫人了，她就是被日本士兵给吓破胆了。

问：现实里真的是有这种事情发生的？

答：嗯，真的。她被日本人吓出了严重的妇女病，最后也死掉了。

问：即便是当时活下来的人，很多人也一直感觉到一种很煎熬的状态。所以我特别想问，尤其在那个时候过来的人，你从他们身上感觉到，一个生命每一分每一秒都是煎熬的时候，他认为自己存活的意义是什么呢？

答：现在我们一想到那个时候真是民不聊生，似乎每一天都胆战心惊的，好像每一天都活不下去了，但是生活并不是这样的，即便在那样的环境里边。日本人来，国民党伪军来，我们叫二鬼子黄旗子了，各种各样的游击队来。游击队当然也抗日，但是也扰民，来了，老百姓赶紧煮鸡蛋。我们想老百姓干吗还活着，都死掉算了，但是事实上并不是这样，老百姓还是要生活，还是要关心粮食的问题，收成的问题，还得要考虑各种各样的问题，还会为了钱财来争吵。

问：也还是会像以前一样思考自己的日子。

答：照样要生活，还是要今年吃的要考虑明天的问题、明年的问题，所以这就叫生活。

在非常痛苦时产生的幽默感

问：在《生死疲劳》里面有好多笑话。让你觉得那么残酷的场景中，他们的生活那么累，那么辛苦，但还是开很多玩笑。你身边的那些人也是这样吗？

答：我想在"文革"期间那么生活，实际上也降到了很低的水平，每个人实际也看不到自己有什么前途和出路。那么在这个情况下，这个幽默，就是老百姓使自己活下去的一种方式，解脱自己，减轻压力，安慰自己的一种方式。所以我想实际上在非常痛苦的时候会产生一种幽默感，甚至是黑色幽默、荒诞的幽默。

问：反差会很大，但是在那时候对人也是很有用的。

答：那很有用啊，我们当时就是，我们叫拉怪话，拉熊话。比如说寒风刺骨，一般的人抱着个铁锹，穿着单薄的衣服，哆哆嗦嗦地被生产队的干部赶出去挖沟挖河。这个时候幽默感，我们照样会讲一些会令人捧腹大笑的话，而比赛，你讲一句，我讲一句，一边讲还一边唱，唱很多这种很荒诞的笑话。

问：把它唱出来？不是现成的歌，是你们把故事唱出来？

答：对，编一些顺口溜，讲一些歇后语什么的。

问：你们家人和朋友里面谁是拉怪话最牛的，你是吗？

答：我可能拉得比较多吧，因为我父亲从来他是不讲的。

问：他很严肃？

答：嗯，他很严肃。当他的面，我说个粗话，屁都不敢放。他非常严肃，方正的一个人，但是我们兄弟们在外面是一个很有名的，拉怪话的人。

问：不光是你，还有你哥哥，你们都是很能说吧？

答：我二哥他们，我们一见我父亲特别正经，什么都不吭。吃饭的时候没有一个人说话，就像现在，我们家吃饭，我说快吃快吃，我女儿老批评我，你干吗不说话吃饭，我说吃饭就是吃饭，干吗要说话，快吃，吃完了你走。

问：你长大之后还怕他吗，还怕你爸爸吗？

答：不怕，但是形成习惯了，养成几十年的习惯。我吃饭跟我太太一块，5分钟解决战斗。我女儿喜欢一家人围着饭桌，她倒上一杯红酒，她欣赏电影电视里面那样一边吃、一边讲，很优雅地吃。我哪有那么多的优雅，稀里哗啦吃完就走了，尤其是吃面条之类的东西，也就是三两分钟就吃完了。我父亲直到现在还是这样，我们的饭桌，很多菜还没摆完，他已经一抹嘴吃完走了，到一边去了。所以我想在那个年代里面，我们真是依靠这样的一些幽默，私底下感觉到生活很有乐趣。

一个作家的真实的自传在作品里

莫言觉得《生死疲劳》是他所有作品里少有的能让人喷饭的作品，读了一定会笑出来，当然，也一定会哭出来。小说中，他写一个地主死后不断地经历着轮回，一世为牛、一世为驴、一世为猪、一世为狗，最后才为猴。《生死疲劳》也是他写作最快的一本书，43天时间写出49万字，那种一次性的软毛笔用掉80多支，写了900多页。

不过，莫言为什么说，在汪洋恣肆的文字背后，自己的内心是封闭的呢？

问：你写的东西你爸爸会看吗？

答：他好像也没读吧，没读过。

问：你怕不怕他看？他那么严厉。

答：我真是不愿意他看到。

问：你觉得是因为他们经历了很多东西，反而会加重他的苦难吗，还是因为什么呢？

答：我觉得我还是不愿意让他看到我内心深处的很多的想法。

问：是不是越亲近的人，有的时候越害怕让他走进你内心，了解到那么多细节？

答：我觉得我是很封闭的，我很怕亲人进入我的内心。当然我也不愿意了解他们的内心。

问：希望大家能保持一个比较安全的距离。

答：保持一个距离，保持一定的距离。现在我女儿也经常跟我，对我很不满了。我原来以为只有我这样的一种父亲，不愿意跟儿女交流，希望保持一种距离，但是后来我发现有很多我这样的父亲。

问：跟女儿，可能您是有限的沟通，可能有一些障碍。但是跟读者的沟通，你肯定是非常通畅的，去表达你内心的一些感觉。你觉得文学可以拯救灵魂吗，能起到这种作用吗？

答：起码起到一定的作用，不可能完全起到一种拯救的作用，但是起码对自己来讲是一个宣泄的渠道。一个人是应该有一种把自己内心深处的东西全部袒露出来这样一种机会。我想就像一个人需要，经常会需要去洗澡一样，你不可能穿着那么厚的衣服去洗澡吧，还是应该有两次赤裸裸的机会。写小说，小说就提供了这种机会，就是作家可以把他心里的东西，用小说的方式坦率地全部地袒露出来。我到底是什么样的人，我到底怎么想的，小说的人物当然并不一定完全是我，但是我想一个作家的真实的自传，一个作家内心深处全部的奥秘，都会在他的作品里面最终全部地暴露无遗。

问：就算是密码，其实用心的人也能破解出来。

答：就是你可以不相信作家的自传，作家真正的自传肯定在他所谓的作品里面，读完他所有的作品，你会对这个作家有一个完整的了解。

问：那你怕不怕，真的让所有的人对你一览无遗，有没有什么你顾忌的？

答：我不怕，我一点没有顾忌，因为我想读者对我一览无遗，也等于对他有了一个自身的了解。每一个人当然是有一些不一样的地方，基本感情还是一样的，感情方式也是一样的，它确实有很多细微的一些差别。

问：感受上有差别，但大的基础还是能建立共鸣。

答：他标准是一样的，好人和坏人的标准，西方和中方，古代和现代。好人和坏人，即便是坏人，但是他在要求别人的时候，他也是按照好人的标准来要求的，他自己可以不这样做，但是他希望别人也要这样做。

问：坏人也不希望别人对他坏。

答：对，坏人要求别人对他的时候，也是按照这种传统的好人的标准来要求别人的。

希望下辈子能转世变成猪

问：如果我们现在要向世界范围的读者只推荐您的一部作品，您推荐什么？

答：前几年我会说是请看我的《丰乳肥臀》，但是从2006年以后，我会改口了，我说你看一看我的《生死疲劳》，因为那里面我把我很多的个人的奥秘，内心深处的一些东西全部写出来了。

问：希望世界上有更多的读者能够从那里面解读你。

答：更多的可以读到一些自我，每一本书里面都有我，但是《生死疲劳》里面相对多一点。

问：那如果说到《生死疲劳》，里面其实也说到转世。

答：对，对。

问：如果让你选，比如说里面转世的几种动物，有猪，有牛什么的，一定要选转世成一种动物，你会选哪一种？

答：那我会选猪。

问：为什么啊？

答：《生死疲劳》的猪是非常潇洒的一个猪，它拿得起放得下。

问：我也希望下辈子能转世变成猪，但是我跟您不一样，我可能是喜欢猪，觉得它胖胖乎乎很可爱，而您是真正养过猪的。

答：养过，养过。跟猪的交流比较少，我觉得我跟牛的交流实际上非常多了，因为小时候放过牛，放过羊，而且放牛的时间是最长了。放牛的时候，而且是童年时期，那个时候有时候一天出去不回来，中午在外边一待两个时辰，见不到人，跟牛的交流很多，感觉到牛实际上是可以听懂我的话的。

问：我上次采访阿来的时候，他也是从小放羊放牛，他说他会跟它们对话，你小的时候，肯定也跟它们交流。现在还会有这样的习惯吗？

答：回家现在也见不到牛了，看到动物，我还感觉到特别亲切，看到各种各样的植物，我想也比一般的城里人对植物的感情要深，好奇。就说在国外，突然看到一种我家乡有的植物，我会感到很兴奋。

家乡，从来都是作家取之不尽用之不竭的创作源泉。莫言对故乡做出过一个定义，包含三点：母亲、童年和大自然。下一期节目，我们会继续和莫言聊下去，关于这三点，还能够找到更为深层的解读。我们也会在这段谈话中找到自己，因为莫言的小说是奇幻的，但是里面所反映的问题，在现实里，我们都要面对。

和"黑孩"一样，在孤独里发现世界

在莫言的小说中，最著名的并不是《透明的红萝卜》，但这部作品的确为他树立了在中国文坛的位置。小说中的"黑孩"是一个象征性的人物。

莫言说,孤独的儿童和儿童的孤独也是了解他作品的一个途径。那么下面,我们一起来分享其中一小段文字:

> 黑孩在水边慢慢地走着,眼睛极力想穿透迷雾。他听到河对岸的鸭子,在嘎嘎的乱叫着。他蹲下去,大脑袋放在膝盖上,双手抱住凉森森的小腿。他感觉到太阳出来了,阳光晒着背,像在身后生着一个铁匠炉。夜里他没回家,猫在一个桥洞里睡了,公鸡啼明时,他听到老铁匠在桥洞里很响的说了几句话,后来一切归以沉寂。他再也睡不着,并踏着冰凉的沙土,来到河边。

问:在《透明的红萝卜》里面的小男孩,您写的那个"黑孩",他跟大家都不太说话,但跟环境的交流感时刻都存在。您从小应该也有这种感觉吧?

答:我想一个孤独的孩子,他没有人跟他说话,他就肯定要寻找别的交流的对象。这个时候草木虫鱼,各种动物都会成为他的对象,逼着他的各种感官,除了嘴巴之外,言语说不出来,别的方面感官会更加的发达,是吧?他的听觉,他的嗅觉,他的触觉,他的联想能力,可能都是因为孤独而变得格外的敏锐。

问:人家说草木皆兵,这个就是草木皆是朋友。

答:嗯,草木皆是朋友,而且他会发现一些正常的孩子发现不了的东西。当年曾经在一块红薯地里面就发现了,有一棵红薯下面有一个云雀的巢,里面有4个卵,但是有一天我突然想找它,怎么都发现不了,我记得就是第七棵红薯下面,就没有。

后来我到了以后才认真地发现了两个黑黑的小黑点。我才发现这是云雀的眼睛,原来云雀把它全身的羽毛都乍开,铺在地上的,把那个巢完全给支住了,那么它的颜色跟土地的颜色是一样的,就是仿生学,为了避免天敌。后来我就直对着它看,这个云雀终于发现我发现它了,飞掉了。而且有一次我在房檐下弄了麻雀的一个幼鸟，叫大肉蛋，还没长毛，没睁眼的小麻雀。

问：肉乎乎的。

答：肉乎乎的，我想养，但是我父母亲不允许我养，我就把它偷偷放到了云雀的巢穴里，云雀正在孵卵，后来云雀就把麻雀的小幼鸟一直给养的很大。

问：我看到过像《动物世界》、《人与自然》里，在讲这样的故事，那都是鸟的母亲干的，但是这个是您安排的？

答：这个是人为的，是这个云雀还在养自己小鸟的时候，顺便喂了这个鸟，它可能也感觉到自己会生出这么一个怪胎来，后来养了很大。

问：它以为这是"金发婴儿"呢，可能心里也会觉得挺奇怪的。

答：对，我想这就是童年时期的很多趣事，一个秘密，我也没有任何人可以跟我交流和分享。

问：但是小时候那么饿，树皮可能都会吃，你真的不会想把那个鸟蛋吃了吗？

答：这倒真是没有，从来没有过。但是确实有很多孩子会把这种鸟的卵，尤其是一种大鸟，它们的卵，就拿回家去煮着吃了，包括云雀的蛋也会煮着吃了，很小一点，但我从来不这样做，这是跟家庭教育有关系吧，因为这是生命。

和写作相比，宁愿要一个幸福的童年

我们就说到过，莫言的童年充斥着饥饿，同时孤独也像对待小说中的"黑孩"一样一直缠绕着他。但是，正是这些经历堆积出莫言巨大的语言宝藏。小说《透明的红萝卜》，有这样的描写：

黑孩的眼睛原本大而亮，这时更变得如同电光源，他看到了一幅奇特美丽的图画，光滑的铁砧子泛着青幽幽、蓝幽幽的光，泛着青蓝幽光的铁砧子上有一个金色的红萝卜，红萝卜的形状和大小，都像一个大个洋梨，还拖着一条长尾巴，尾巴上的根根须须都像金色的羊毛，红萝卜晶莹透明，玲珑剔透，透明的金色的外壳里包蕴着活泼的银色液体，红萝卜的线条流畅优美，从美丽的弧线上泛出一圈金色的光芒，光芒有长有短，长的如麦芒，短的如睫毛，全是金色。

问：孤独的时候，可能会有孤独的不幸，但是也有孤独的那种幸运，就是自然给你了更多机会去接近它们。

答：对这个艺术来讲，当你成为了什么作家之后，你回头来想自己童年时期的经历都变得很宝贵，因为孤独我发现了很多这种不孤独的孩子发现不了的新事物，我有了很多属于我自己的秘密，那么这后来都会变成文学的一些，主要的一些素材，我写小说的时候，就感觉这些东西，我写出来，我自己感觉到很正常，别人会看着很新奇，但是当时是体验不到的，当时谁也不愿意要这些东西。

问：有人说过，要培养一个作家最好的方式，是给他一个不幸的童年。那如果现在可以选择，你是喜欢一个幸福的，让自己不是那么敏锐的童年，还是更愿意拥有当作家的这个基础？

答：那我当然还是希望有一个幸福的童年了，是吧。不要有这种不幸福的童年，希望过一个儿童应该享受的一种生活。

问：但是现在应该退不回去了。这种敏锐的感觉，这种敏感一旦来了之后，肯定就不可能再走了。

答：其实定位人的一生，童年时期的各种各样的环境，实际上影响一个人的一辈子。

问：您知道您的这种敏感，给读者的印象是什么样子呢？我经常读一些小说，有看电影的感觉，因为画面就浮现在你眼前。而看您的东西，感觉特别像 3D 的电影，感觉像戴上眼镜，所有立体的细节扑面而来。我就在想，你写作的时候，是不是那些感觉也都是扑面而来的？而且你心里能承受得了那么多东西么？你晚上能睡着觉吗？

答：自然的形成的，而且我前几番做过什么演讲，在法国的时候，有一篇演讲叫什么小说的气味，我觉得写小说的时候，实际上就是要调动自己全部的感官在写，刚开始实际上也是一种下意识的行为，我写的时候，就不自觉地那样做了。我要写一棵树，不仅仅描写他的形状，我会想写到这个树的树叶、树干散发的气味，会看到树在不同的季节，不同的阳光、光线下的变化，色彩的变化，你像它的颜色，我看到的树，我嗅到的，我用鼻子闻到树的气味，我甚至会啃下一块树皮来，摘下一片树叶来尝尝它的味道，是酸的，还是苦的，还是涩的。

从录音间回到童年，回到人民公社时期

作家应该全方位的，立体地去感受外界事物，调动你全部的感受，你全部的联想。

问：你用了一个词，叫调动。调动其实是出于这个职业的需要，但是我不知道你是不是形成习惯了，一个人走在路上，哪怕不写东西，您对周围的感知，会比我们普通人更细。可能这些东西你不用想，它们就蹦进来了。

答：也许会从我自己独特的角度来观察，可能有的人，这就一样的，一个女性她首先会看到街上流行一种什么样服装的样式。我觉得对我来讲，可能首先就会闻到一种什么样的气味，由这种气味会联想到过去的一种生活，突然嗅到了一股非常熟悉的气味，马上会激活了一片过去的记忆。

问：我们这个直播间离您原来工作的《检察日报》很近，在这样一个地方，看到你以前也看到过一些东西，会让你联想到什么？

答：离开快 3 年了，今天一坐到这个地方，马上看到了外边的树，看到了八宝山，马上想起来 80 年代的时候。我在解放军艺术学院的时候，有一次陪着我的一个同学，那是女同学，到八宝山去看她的母亲骨灰的一个记忆。想起那个年代来了，也是一个春天，到了八宝山就闻到了扬花初落的，有一种辣辣的气味。想到了，树上不是结了很多杨树的毛毛虫落到地上，被人脚踩的时候，踩到地上的那个样子。根儿的地方会有一种很粘稠的，沾上的一种油，我踩在地上沾脚，发出一种"咯噔咯噔"的小声音。

问：它可能瞬间就激活了你的记忆？

答：对，对，马上就想到了那个情景了。

问：也没准儿你下次来的时候，还能想起我们窗外的鸟巢。

答：又会想到另外一个事情，想到鸟巢的话，我想起的无数的鸟巢。60 年代的时候，我们村子一个老光棍，他养了一只喜鹊，炎热的夏天，在麦田里面，这个老光棍拿着镰刀跟我们一块割麦子，喜鹊站在他的肩膀上。灼热的烫脚的麦田里面奔跑了很多四脚蛇、蜥蜴，他会用镰刀把蜥蜴砍死，然后提着蜥蜴的尾巴，喂给他的喜鹊，喜鹊会把那个蜥蜴像吞一根面条一样吞下去。

问：那时候你还小吧，你想起的那个场景里？

答：那十几岁的时候。

问：又回到自己小时候了。

答：又像回到童年，回到夏天，回到人民公社时期。

梦里经常爬楼梯，越爬越害怕

1985 年，莫言因为发表短篇小说《透明的红萝卜》，引起文坛注意。此前，他 18 岁时在县棉油厂干过临时工，后来他成了渤海边上的一名军人，站岗之余他的任务还有喂猪、种菜。回到 1981 年，是莫言的处女作《春夜雨霏霏》开始了他的小说创作之路。那么写作对他意味着什么呢？

问：写作给您带来了什么，又带走了什么？

答：写作首先带来了表面的一些东西，带来了名声，带来了稿费，也带来了社会地位的变化，改变了自己的前途，这都是一些好的东西，外表的一些东西。

问：有没有不好的东西？

答：不好的东西，我想带来了永远解脱不了的痛苦，是不是？

问：是写作过程中的痛苦吗？

答：写作实际上它是一个过程，应该是痛苦和欢乐交杂在一起，幸福和痛苦纠缠在一起的过程。它要不断地翻旧账，让你不断地在现在、过去之间跑来跑去，包括夜里做梦，实际上也难以脱离这个境界。

问：你经常会做梦吗？

答：我每天夜里的梦是连篇累牍。过去还经常会半夜跳起来记述一个梦境，而且都非常清楚，就是有非常完整的故事情节。

问：我知道《透明的红萝卜》其实也是源于您的一个梦，是不是很多著作都是从您的梦来呢？

答：有很多小说的情节是在梦里边产生的。

问：很多人觉得你写的东西很有梦境的感觉。不管是不是您真在梦里梦见的，落到笔上，落到纸上，它充满梦境般的感受。

答：实际上从卡夫卡开创了一种仿梦小说。卡夫卡的很多小说，你认真一读，实际上都是一个巨大的梦境，包括他的《乡村医生》，他的《变形记》，你想想都是梦的一种。

问：要不然人怎么可能像甲虫一样。

答：对，包括他的城堡。我们在梦里经常就是说，要进一个城，要爬一个坡，怎么都爬不上去，是吧？在梦里面经常被人追赶，在追赶的过程中，腿沉得几乎跑不快，越着急越跑不动，这实际上在小说里面写出来，就是很好的小说，特殊的一种状态。

问：其实也没有完全脱离现实，所谓魔幻现实，这两个完全是接在一起的。

答：对，我想梦境实际上是很多艺术产生的一种源头吧。

问：昨天晚上你有什么梦？

答：昨天梦里面，我在上楼，上楼，爬一个楼梯，越爬不上去越怕，每爬一个格就觉得自己浑身都哆嗦，梦里经常爬楼梯，越怕越害怕。

问：你会分析这些梦跟你的心态有什么关系吗？

答：爬楼梯，越爬高越怕，但是必须要爬，你想实际上就是在创作的一种描述，创作过程的一种象征。一个作家的创作，我觉得就是像爬楼梯，爬高坡一样，你一直想努力动弹，但是动弹不得，动弹的过程是困难重重，非常的恐怖，但是你必须克服种种的困难，继续往上爬。

作为男人，给自己打60分

问：有个问题是请所有的作家都要来回答的：如果现在你是我，您是一个记者，要采访一个著名作家，这个作家叫莫言，你会想问他什么？

答：因为我想我是一个偷懒的人，我不可能像你做这么多的准备。应该说是接受了很多很多的采访，也碰到了很多好的采访者，你应该是其中非常好的一个。所以我想今天我的谈话，也是我在，起码这两年来，接受采访里面我谈的是最深入的，最愿意说的。你这个采访者的角度是新鲜的，不是说我已经回答了几百遍的问题了。

问：我把这当成对我的要求，以后可以继续努力了。

答：这是真的，真的，非常感谢你。

问：换下面一个问题。作为男人，您给自己打的分数是多少？

答：多少分，60分吧，勉强及格而已。

问：60分，这是您的分数。其实我觉得下个问题好像不用问，我猜一下，您身上哪个特点是最让您觉得痛恨，是开始那3个词儿里面的一个吗？

答：我想是懦弱吧。

问：每一个小说家可能都有自己的精神自传，我们刚才提到《丰乳肥臀》，书皮上有一句话，说您可以不读所有的书，但是要了解莫言，一定要读那部书。

答：是，是，因为《丰乳肥臀》里面，这个男人上官金童一生最大的一个弱点就是懦弱，这真是我的精神自传。我想也是中国，像我这样的一代人的精神方面的一个弱点。武汉一个哲学家，武汉大学的邓小芒曾经写过一本书，里面有评论《丰乳肥臀》的一章，他说了一句话，说我们中国当代知识分子灵魂深处都有一个小小的上官金童，这种话让我很感动。

问：这是他的评价，您从什么时候意识到自己作为一个知识分子，您的灵魂里有上官金童，而且你周围的人身上也有这种东西？

答：这个我想我在写《丰乳肥臀》之前，已经感受到了这个问题，要不然就写不出《丰乳肥臀》这本书来，80年代之后，在创作的过程当中，慢慢地感觉到对一个男人来讲懦弱，是非常可耻的事情，懦弱使我们不敢坚持真理，也不敢坚持自我，这实际上是非常可怕的。

"懦弱"这个词，是莫言对自己的定位之一，但是敢于承认懦弱，也是一种勇气。在小说《丰乳肥臀》的序言中，莫言曾这样写道：

"书中的另一个重要人物，母亲与传教士所生混血儿上官金童，是一个'恋乳癖'，他身高体健，仪表堂堂，但性格懦弱，是一个一辈子离不开母亲乳房的精神侏儒。这样的人物注定了是要被误读和争议的。十几年来，我听到和看到了许多对这个人物的解读，我认为读者的看法都是正确的。文学的魅力之一，也许就是可以被误读。当然，作为著者，我比较同意把上官金童看成当代中国某类知识分子的化身。"

下半段，我们会通过上官金童这样一个人物的缩影，探讨中国知识分子身上的一些共性。

上官金童是我的精神写照

在莫言的小说《丰乳肥臀》中，有一个性格懦弱的人物，上官金童。莫言毫不犹豫地认为，上官金童是他自己的精神写照。

> 懦弱是非常可耻的事情，但是意识到自己的懦弱之后，你还是可以调整，可以改进。

问：你会想方设法去战胜它吗，这种懦弱？

答：那就是经常要受到提示，包括别人的提示，包括自己的提示，但是到了关键时刻，还是要退缩。我想这个东西它有它的正面的一些好处，确实会息事宁人，在很多时候。

问：让你更安全。

答：安全，就是说你受到了一个真是很大的侮辱的时候，要么就是拔刀相向，不懦弱的话，真是到了拔刀相向的这种程度了。因为懦弱，你没有拔刀相向，你退却了，那么也安全了。

问：王安忆在接受我们采访的时候，说其实很多作家在内心蛮软弱的，但是当描写出自己的世界，那些人物会带有一种勇气，是作家的期望。

答：我小说里面之所以写了像《红高粱》，写了像奶奶（这样的形象），像余占鳌这样的一些敢作敢为的男子汉，可能就跟自己身上缺少的这东西有关系，缺什么就写什么，缺什么就梦到什么。

问：让他们去实现作家内心想实现的东西。

答：是，因为你感觉到，认识到自己的懦弱是一个巨大的弱点的时候，不敢坚守自我，所以在我的很多小说里都出现了敢于表达自己内心的，敢于坚持自己内心的人物。

问：每个人物如果都反映了你一种内心的期望，或者说一种符号的话，上官金童是一个混血，我也看过很多评论，说混血这个符号是出于什么样什么样的原因。这都是他们的评价，我想听您自己的一种解释。为什么设定这样一个人物特征？

答：我想上官金童实际上也是一个社会政治符号，按照这种生物学的原理，像这种混血儿一般都是应该比较优秀。

问：对。

答：他身高体大，身材魁梧，肯定是也长得非常英俊，按说应该是非常杰出了，但是由于他生活在一个不正常的家庭和社会环境下，所以这种具有了生理方面的优势的人，在心理方面的发展就是病态的。从外表看这肯定是一个非常优秀的人，一个个体，但由于他家庭里面是那么一种环境，他是在类似贾宝玉一样的环境里长大的，家里有8个姐姐，一直是娇生惯养，受这种家庭和母亲、姐妹们的呵护，吃奶吃到了十几岁。但是社会上他又是那么一种不正常的环境，他的这种家庭出身，在这样的一种不正常的后天的环境里面，结果他非常病态，他就变成了这样。

在我们中国解放以后的这几十年的环境里边，实际上对中国的知识分子，我想，本来看到知识分子就是接收了西方的教育，也都有很好的国学的这种基础，但是他们实际上依然表现出像上官金童这些懦弱的东西，就是因为在后天没有一个供他们良好发展的社会的环境。

问：所以你把这个符号，等于说从生理融入到社会的现象中。

答：是的，是的。

希望春晚小品揭示人性中的普遍弱点

莫言在自己的作品当中不止一次地反思自己，也反思中国人身上的弱点，小说《红高粱》的文字当中，他有过这样的担忧：

秋风苍凉，阳光很旺，瓦蓝的天上游荡着一朵朵丰满的白云。高粱上滑动着一朵朵丰满白云的紫红色影子，一对对暗红色的人在高粱棵子里穿梭拉网，几十年如一日，他们杀人越货，精忠报国，他们演出过一幕幕英勇悲壮的舞剧，使我们这些活着的不肖子孙相形见拙。在进步的同时，我真切感到种的退化。

问：作为一个知识分子，对下一代成长起来，也会成为知识分子的人，您在内心对他们有什么样的期待？

答：内心期待，第一个我想他们应该还是在善良这方面应该是坚守的。

问：继承。

答：继承！己所不欲，勿施于人，就是他一定要继承我们中国国学里面的精髓，国学里面的精髓，实际上就是己所善良。己所不欲，勿施于人，就是孔夫子这一套；但是在另外一方面，我觉得应该也要接受西方的这种抗争的精神，坚守自我的精神。要坚守自我，必定要跟不允许坚守自我的一些力量抗争，要敢于坚守一些自己认为是真理的一些对象，有了这两条，我想一个人基本上就比较完整了。

问：在你的女儿身上，和她同代人身上，你是不是看到了这种变化的可能性？

答：这种变化是一定发生的，但是我觉得他们让我担忧的就是变化过分，由坚持自我，变成了自我中心，变成了极端的自私。不希望这样的己所不欲，勿施他人，就是只要我自己满足了，我管你什么他人不他人。很多知识分子是这样的，当然也是满口仁义道德，但是一旦到了个人利益的时候，那是毫不顾忌别人的。他们批评别人的时候，完全可以是，包括很多小事他们都做不好，别人可以帮他们的忙，但是永远他不会去帮别人的忙，我现在看到了这样一种东西。

问：在您小的时候受的那个教育，就是只有世界，没有自我，现在很多孩子只有自我，没有世界。

答：只有自我，没有他人，所以这就是我们只把那一部分接受了，没把我们孔夫子那一套好的东西接受过来。

问：您的书里大部分触及的是您经历的时段，展现您的心态。以后会关注下一代应该会警惕的这些现象么？会写这类东西吗？

答：会的，会的，肯定会。

问：下面还有几个题，是大家都要回答的，如果没有时空的妨碍您最想去往什么样的时间和地点？随便说。

答：去唐朝。

问：这么多人都想去唐朝。

答：李白那个时代我想真是好。

问：您可以在那儿见到王安忆和二月河。

答：他们两个也这样说。

问：你们到那儿可以聊聊。

答：王安忆会变成谁呢，王安忆会成为李清照吗，那到了宋朝了。

问：如果在唐朝，她会像谁？

答：唐朝还真找不到那样的人。

问：她太瘦了，她不像那儿的人。

答：对，她是一个大才女，是一个大艺术家，唐朝还真找不到。

问：下面还有，如果可以跟这个世界上任何一个活着的，或者死了的，真有的，或者虚构的，但是你没有正式接触过的人约一下去喝茶聊天，喝酒也行，您会找谁？

答：会找一个女人去喝酒吧。

问：是能喝的还是不能喝的？

答：还是不要太能喝了，太能喝了，找什么李清照喝酒去。

问：那您就可以先去唐朝，然后顺势再到宋朝找李清照。

答：找李清照去喝酒去，估计人家也不会陪我喝的，我们这人太俗了。

问：如果要说俗的话，下面这个话题应该是一个比较俗的话题，您平时看春晚吗？

答：看，看。

问：春晚有小品，假如说现在他们请您去给他们创作一个小品，不说具体的题材，您一下子能想到什么类型？

答：我想创造一种能够揭示人性中的一些普遍弱点的这样一个小品，而不是用小品来歌颂什么东西，因为我想小品和相声，它最擅长的应该是讽刺。

问：针砭时弊。

答：应该是针砭时弊，或者揭示人性中的弱点，而不是用它来歌颂，一歌颂就假了。

故乡：辽阔，豪放，粗鲁

问：有一段话，好多人特别熟悉了，我念一下："高密东北乡无疑是地球上最美丽、最丑陋、最超脱、最世俗、最圣洁、最龌龊、最英雄好汉、最王八蛋、最能喝酒、最能爱的地方。"这里面既有弱点，也有优点，都纠缠在一起，我想问一下，如果您用3个词儿来形容你的故乡，不这么多，你会把它总结成哪3个？

答：3个词儿，第一个我想就是它辽阔。第二个它豪放。第三个就是它粗鲁。

问：这是您从小到大形成的一种体会？

答：对，对，当然现在一看，它肯定不如青藏高原辽阔，也不如内蒙古草原辽阔，但是在我的童年印象里面，高密东北乡是非常辽阔的。

问：我知道您春节刚回过高密，是吧？

答：对，对，刚回来。

问：现在您站在那个高粱地里，和小的时候站在那里面感觉是一样的吗？

答：现在没有高粱地了。

问：现在已经没有了？

答：对。

问：那站在那个地里，你还能感觉有什么样的变化？

答：那完全不一样，就感觉这个地方是这么样的狭窄、狭小，过去我童年时期留给我印象的很多高大的、雄伟的、豪放的东西，现在我都感觉到不一样了。

问：是因为你长大了吗？

答：因为见的东西多了。其实我的《透明的红萝卜》里面所描写的涵洞，当时我写这个小说的时候，感觉这个涵洞是高大的，非常的高大一个东西，但后来我回去再钻到那个涵洞去，这么矮啊，怎么我伸手就可以摸到那个顶啊。这都变了，人也变了，视野也变了。

问：对啊，你觉得你的变化大，还是故乡的变化大？

答：那当然是我的变化大。

问：这么多年过去，故乡也有很大的变化。

答：故乡都在变，故乡的地形、地貌、人文都在变，我自己也在变，所以这两个变加起来，就是我这个记忆当中的故乡变得像一个童话一样。

问：所以经常也有人在评价说，您所写下来的故乡是您在印象当中的心理层面的故乡。

答：想象的，发展的，它是个完全的第三空间的，而且我现在小说里描写的是高密东北乡，实际上早期是已经包含了天南海北的许多元素在里面的。

问：但是故乡可能是印象里的，母亲是真实存在，而且确实是一个现实生活中，不是符号的人物。

答：那这个肯定的。

问：母亲如果用3个词儿形容，你会用哪3个词儿？

答：母亲，我想第一个就是善良，第二个就是坚强，另外第三个就是宽容，这是我对我母亲的评价。我母亲的善良，就是她确实是不但善良到人，而且惠及到很多小的动物。我们家有一头猪当年是因为阉猪，我们阉猪导致了破伤风，肯定是牙关紧咬着，脚弓翻掌，马上就要死了。我母亲就是一直（坚持要给它治病），找了一个兽医，找了他一个废弃的针管，然后吸着米汤的水，从牙缝里给它往嘴里注射，最后那猪竟然又活过来了。

问：真就好了？

答：就活过来了。宽容就是对很多的伤害过我们家里人，都是劝我们，不要老想着人家的坏处，要想人家的好处，没有永远不变的仇人。坚强就是她那么一个瘦小的女性，又是裹着小脚，有那么多的病，但还是要坚持着活下去，坚持着劳动，只要一息尚存，手能动，就想干活。这是在生活劳动方面的，因为她性格方面实际上是非常坚强的。像我哥什么在60年代出去上大学的时候，我母亲跟我们告别的时候，从来都是很爽朗的，你走吧。

问：她不会哭？

答：从来不哭的，但是人走了以后，她会哭的，她自己无论有多么样的重病，她不会告诉我们，我们的家庭是一直延续到现在，家里发生了有什么人生病了，有的家庭立刻就报灾报难了，这个我们从来不告诉我们的家人，自己能克服的，绝不牵累他人。

写出完美无缺的小说，是我最大的幸福

在小说《丰乳肥臀》的最后一个章节当中，有这样的场景：

在马洛亚感人肺腑的赞美声中，在马洛亚温存体贴的抚摸下，母亲感到自己的身体像一片天鹅的羽毛一样飘起来，飘在

◎ 说吧，莫言 ◎

高密东北乡湛蓝的天空中，飘在马洛亚牧师湛蓝的眼睛里，红槐花和白槐花的闷香像波涛一样汹涌。……母亲眼睛里溢出感恩戴德的泪水。这一对伤痕累累的情人在窒息呼吸的槐花香气里百感交集地大叫着……

然而，这种美好的瞬间，也许只是写尽中国母亲们的苦难之后，莫言为他们找到的一片羽毛那样的幸福梦想。

问：我有时候会觉得一个坚强的女性，有时候是要付出很大的代价的。像上官吕氏，像《白狗秋千架》里面的暖，都有一种泼辣的性格，她们很坚强，她们不怕事。我看了其实很心疼，您怎么看？

答：中国妇女实际上是最不容易的，尤其在中国一个封建礼教的国家里，重男轻女这么严重的一个国家里。4岁的时候，我外婆就去世了，我母亲跟着她一个姑姑长大的；5岁的时候就开始裹小脚，骨头全部踩到脚底下折断了，那种痛苦，我想真是酷刑啊；16岁就嫁到我们家来了，就要承担全部的家庭劳动，做饭、针线活儿，再加上不断的生育，那会儿也没有计划生育，生了8个孩子，最后只活下4个，晚上生了孩子，夜里面打麦场下雨，抢场。

问：真的像小说里写的那样？

答：对啊，去抢场，她也去啊。小说里面有一些，这些都是真实的，但是小说里面所描写的其他的那些，那就是虚构了。像这样的一种女性，她受什么样的娇养啊，不可能的。大部分女性实际上当时都是这样的，女性的地位在中国农村非常非常低的。到了80年代的时候，山东的妇女是不上桌的，不上席的，男的在炕上吃喝，女人在下面，她们就在下边换壶水。

问：如果现在回到农村，你看到还是这样吗？

答：那现在不一样了。第一过去的孩子是不受教育的。女孩谁教育啊，教育了，也是别人的人了，像我姐姐她们都是轮不到上学的，像男孩上学，女孩下来先干活，现在都一样了，现在基本都是一样了。

问：问了这么多，还有几个问题也是大家都要回答的。我连着问这3个，您可以想想：第一个这个世界上什么最让你恐惧？第二个，什么是幸福？第三个是说我们用您的一句话给这次访谈做一个结尾，哦，不一定是一句话，什么都行。

答：最大的恐惧是饥饿，没有粮食，这是我最大的恐惧。

问：那幸福就是有粮食了？

答：幸福当然是建立在有粮食的基础之上了，现在对我来讲，我觉得，我真的能写出一部我理想的，我认为完美无缺的小说，是我最大的幸福。

问：你有没有定目标，比如说多少年之内，您希望出一个这样的作品？

答：我估计可能这辈子也完成不了这么一部小说了，每部小说在写完之后，都有这样那样的一些遗憾，我想留给这个栏目的话，就是希望观众通过我们讲话的声音，能够想象到这个人，通过声音能够联想到整个的人。

人生故乡与文学

◎ 说吧，莫言 ◎

我写农村是一种命定
——莫言访谈录

刘 颋

与莫言对话，是对自己的一次挑战。大凡熟悉莫言小说的人，莫不在他汪洋恣肆的语言之海中漂浮，并时有晕眩之感。而莫言的叙述，总让人忘不了什么是小说的"纯粹"。按约定的时间找到莫言的家，除了一张醒目的世界地图之外，就是已经摆在桌上的莫言准备好送我的高密东北乡的剪纸和泥塑老虎。于是，访谈就在这种意外的欢喜和绵绵透出的质朴乡土之气中开始了。

胡编乱造是一种考验

刘颋（以下简称"问"）您的创作一直都把视线定格在农村。中间当然也有城市题材的，但只是极小的部分。可以说，一直关注农村表现农村，您是中国作家中为数不多的一个。而您的农村题材的写作，又和一般的作家有很大的区别。能否请您谈谈您的这种写作选择？

莫言（以下简称"答"）：我觉得这好像是一种命定。我想一个作家能写什么能怎样写，大概在他20岁以前就基本决定了。刚开始写作时，一般都是写熟悉的生活。我最熟悉的生活，当然是农村。我21岁时才当兵离开家乡，当了三四年兵后开始学习写作，部队生活也了解了一些，但刻骨铭心的记忆肯定还要回到当兵以前。我在当兵以前唯一的一次出远门是去青岛。1973年的春天，送哥哥和侄子去青岛坐船，那次去青岛是我当时生活中的一次重大事件，也是我们村子里的一件大事。我们村有很多人一辈子都没有到过县城。我开始写作时，虽然四人帮已经粉碎了，但极左思想的影响还是很厉害，很多有名刊物的编辑给我们讲课也说要抓重大题材，要有政治敏感性。当时我就天天看报纸，听说刘少奇要平反了，我就写了一篇《老贫农怀念刘主席》的小说，等消息公开了，我的小说就到了编辑手里了。事实证明这样的小说是不行的。当兵头4年其实我也没有离开过农村，新兵训练没有结束，我就被总参下属一个部队抽调去了，到驻地后，心凉了半截。一个破败的小院子，两三排平房，一边堆着陈年的煤堆，旁边就是露天厕所，半个篮球场，绳上挂着军队家属晾的孩子的尿布，满院子跑的是鸡，前面是老百姓的庄稼地，左边是老百姓晾粉丝的地方，就是后来的龙口粉丝，后面就是制造粉丝的作坊，臭气熏天，根本没有苍蝇和蚊子，估计它们都被熏跑了。右边是老百姓的牛棚，里面拴着人民公社的牛或马。我就在这样的环境中待了4年。这个地方比我的家乡还破烂。过了这个寻找重大题材的阶段后，我考到了解放军艺术学院。接受了各种各样的文学思潮的冲击，冲掉了原来脑子里带有很浓政治色彩的文学观念。这时候我意识到最重要的是借各种外力来冲破我们原有的文学观念，通过这个过程发现自我找到自我，找到自我也就找到了文学。这时候写的《大风》、《石磨》，就开始开启了我的少年记忆和农村记忆，这种状态以《透明的红萝卜》作为标志，它发表以后，我再也不愁没东西可写了。《透明的红萝卜》得到肯定以后，我有了一种强大的自信：我什么都可能缺乏，比如才华等，但就是不会缺乏素材。20多年的农村生活，就像电影连环画一样，一部接一部地纷至沓来。它都可以写成小说，都可以用语言描述出来。这也就是为什么我的城市题材写得比较少的原因。因为农村题材还没有写完，不断地有东西出现。当然客观地说,如果我不当兵离开农村,而且也在那个地方走上了文学道路,我写的肯定也是农村生活,但那样情况下写出的农村生活跟现在写的农村生活肯定是不一样的。因为我进入了城市,接受了城市的文明,受到了职业化的文学教育,对我回顾自己的童年、发现自己的童年非常有作用。没有职业化,以前那些东西都不可能成型。用了这种文明催化剂后,它一下子该凝固的凝固了,该变色的变色了,一切都明朗了。也就是说尽管我写的是农村题材,但城市是对我起作用的。没有城市也就没有现在这样的农村题材的小说。当然后来我的一些小说中也不纯然写农村,像《酒国》那个长篇。

故乡是一条永远流动的河

问:您离开农村已经很长时间了,就算我们常说的童年记忆,也会有用完的时候。像很多从农村出来的作家,他们写了几部之后,可能就没有什么好写的了,转向了别的题材。而且您现在生活在北京,难道北京的生活经验就没有冲击您的农村记忆吗?

答:我是1976年当兵的,尽管当兵头几年还是在农村的环境里,但按照习惯的说法,当兵就是参加革命,只要是吃国库粮就算参加革命了,那我"参加革命"已经28年了。1982年从河北山沟里调到延庆,1984年我考到军艺,延庆是北京的地盘,所以说我到北京已经有20多年了。为什么我的小说中始终没有出现北京呢,因为我觉得我的农村题材还没有写完,还经常冒出一些让我激动的觉得有意义的东西想写。另外一个,有些作家的个人经历一两本书写完后没有可写的了,或转向写别的东西了,我觉得我大概能知道其中的原因。比如20世纪50年代的一些老作家,他们写的是亲身的经历,比如剿匪,当武工队员,小说中很多是照搬了生活,无非是加了点文学工而已。但为什么这些小说出来后那么感人?因为生活中确实包含了很多超出人想象的东西,比如《林海雪原》。东北森林里的剿匪本来就很传奇很惊险，如实记录下来就会很好看。所以他们第一部作品一般是很轰动的，尤其是50年代，小说比较少，每一部小说的出版都是一件大事。但写完这些后就没什么东西可写了，再写就编造了。我看过曲波后来写的《山呼海啸》、《桥隆飙》，还看过那个写过《野火春风斗古城》的李英儒重获解放后写的一部长篇，编造得太过虚假，令人啼笑皆非，跟他们的成名作无法相比。小说家要不要编造？当然要。不编造不是小说家，胡编乱造甚至不是一个贬义词。但怎样编得真实有说服力，这就是对一个作家的考验。这个能力就是用自己的情感来同化生活的能力。为什么我们这代作家可以持续不断地写，就是因为我们掌握了一种同化生活的能力。同化就是可以把听来的看来的别人的生活当作自己的生活来写。可以把从某个角度生发想象出来的东西当作真实来写。这种用自己的情感经历同化别人生活的能力，说穿了也就是一种想象力。当编辑的大概都有这样的经历：有的作者说我写的都是真的，是真的发生过的事，是我家里的事，但你一看还是觉得虚假。有的人就是编，但读来却感觉逼真，仿佛写的就是自己身边的事。这就是作家的能力。要达到这个程度，第一就是要有一种煞有介事的具有说服力的语言，当这种具有说服力的语言确立以后，读者马上就会建立起一种对你的信任。比如马尔克斯的《百年孤独》，那肯定是瞎编的，吹得无边无沿，但他就是确定了一种腔调，吸引了你，文本和读者建立了一种信任，达成了默契。有些明明是真的事情，但写出来别人感觉假，那就是语言不过关。再有就是没有深入到人物的内心里去，描写的是事情的过程，这就是你并没有准确地把握到人物的性格。当然鲁迅也说过，你要写刽子手未必真要去杀人，这就是要求作家应该有想象力，这种想象力就是当你写刽子手时你就应该把自己想象成刽子手，深入到刽子手的内心里去。也就是说，当你写一个人物时，这个人物应该在你的头脑里活灵活现，像相处多年一样。《檀香刑》就是这样写的。我现在生活在城市里，每天都有无数的信息。你看我现在好像闲着，其实头脑里一直在忙碌着，哪一个信息有文学价值，头脑里马上就会有一根神经兴奋起来，就像电脑里程序的待命状态一样。发现小说素材，马上就会反应。城市的生活好像是封闭的静止的，但记忆中的故乡是一条河流，在不断地流动着，当然，最根本的还是过去。

我的小说语言来自故乡民间

问：您曾经说过，"故乡和人是有血脉关系的，尤其对小说家。故乡释放了无穷的自由，但对我是一种束缚。""不管将来有多少故事，有什么经历，也还是要把它放回到故乡的情景之中，这样你的故事才能活，哪怕你的故乡是一个马店，但这个道理也是会通用的。"这就涉及到另外一个问题，故乡和童年记忆在一个作家身上的烙印如此深表现如此强烈的，您是突出的一个，无论故乡还是童年记忆，在一般作家身上随着时间的推移会淡化，但在您身上，我的感觉是，随着您离开故乡越远，年头越长，它们没有淡化而是在不断地强化，不断地被突出。从"小黑孩"开始，一直有一条线联系着，从来没断过，虽然他们中间有不同有变化。除了您前面说的原因，还有没有别的原因？为什么所有的东西都放回到故乡里去了？

答：故乡对作家是一种限制。这个限制首先指的是经历上的，当然这种限制我们后来可以突破。比如我离开故乡20多年了，经历会慢慢用完。但当我把这种情感经历变成一种情感经验，就一下和后来的生活接通了。我把在农村训练出来的思想方法感情方式，用来处理后来听到的别人的故事，用我的童年记忆处理器，一下就把故乡生活这个封闭的记忆和现代生活打通了。(问：也就是说，现在您的故乡是开放的。) 对。它是开放的，是一个无边的概念。所谓故乡的限制，我觉得更是一种语言的限制。一个作家的语言有后天训练的因素，但他语言的内核、语言的精气神，恐怕还是更早时候的影响决定的。我觉得我的语言就是继承了民间的，和民间艺术家的口头传说是一脉相承的。第一，这种语言是夸张的流畅的滔滔不绝的；第二，这种语言是生动的有乡土气息的。在农村我们经常看见一个大字都不识的，当你听他讲话时你会觉得他的学问大得无边无沿。他绘声绘色的描述非常打动人，语言本身有着巨大的魅力。炮人炮孩子，尽管你知道他是瞎说八道，但你听得津津有味，因为你会把它当故事听，这是一种听觉的盛宴。我想我的语言最根本的来源就在这。第三，我想，是中华民族的传奇文学的源头，或者是一种文学表达的方式。传奇文学主要是靠口口相传的，越往前推，识字的人越少，当然现在大家都认字了。口头的故事本来就是经过加工的，每一个讲述故事的肯定要添油加醋，所以200年前一件普通事，经过口口相传，到现在肯定了不得了。所以说，第一从语言上第二从经历上，故乡对人是有制约的。尽管后来我看了很多西方的翻译过来的著作，也看了很多我们古典的文学作品和当代的作品，但为什么我的语言没变成和余华的一样，为什么我的语言和苏童叶兆言的不一样，虽然我们后来的基础都差不多。我和余华是鲁院同学，听的东西都是一个老师讲的，看的书也差不多，但我们的语言风格差别是十分鲜明的。王安忆作品中的上海乡下，苏童的苏州，我觉得都是故乡因素的制约在起作用。这一方面是好事，一方面也是坏事，是无可奈何的存在事实。这样更多的作家才有存在的价值。当然大家都试图在突破，试图在变化自己，但深水的鱼到了浅水就难以存活，是一个道理。我们现在能做的是千方百计把这种限制变得有弹性一点，努力地增长它，往里面填充新的材料。我必须把故乡记忆故乡经历的闸门打开，必须把它从死水变成流动的河流，必须要学习学习再学习，任何新鲜东西都要努力地去接受，天南海北发生的事都要过滤接受。这样说，我小说里的故乡高密东北乡完全不是一个地理概念了，真实的高密东北乡和它已经完全不是一回事，它是一种文学的情感的反映。而且我小时候的高密东北乡和记忆里的也不是一回事，比如我现在回老家，就发现哪还有高密东北乡啊，完全不是一回事。但母本还是过去的那点东西，比如说河流，街道，而且还有很多传说中的，并不是现实生活中存在的。清朝的事我不可能知道，凭的是邻居乡亲在茶余饭后或田间地头休息时说的话和典故，那些都变成了我的东西，而且可能长时间保存，突然在某一天被激活。台湾一个作家写的《旱魃》，我看到第三页的时候就猜到了他的结尾，觉得那就是我的故事，我在十二三岁时听过的。

问：您的作品一直没有离开农村的土地，但您和很多作家写农村的方法是不一样的。我们注意到，您的作品如果连贯起来其实就是农村的心灵史，不知道您是否有意在这方面创作一部完整的，比如表现百年农村心灵史的作品？

答：你说的是《静静的顿河》一样的作品吧。其实我们国家20世纪60年代是有人可能完成这样的作品的，但时代限制了他们的才华。从新中国成立到现在，又是50多年，这50多年的乡村生活，其实并没有得到深刻的表现，如果能把这50多年写出来，肯定是了不起的，这50多年发生了多少悲喜剧荒诞剧啊？写出来，很可能成为经典。但我也有些疑问，当今这个时代，这样的书还有人看吗？

问：现在的读者并不拒绝经典，而且目前也没有经典可以期待。

答：读者对经典不要有太大的期望，每个时代，能产生几部经典就行了。即便发动全国的作家来制造经典，即便设上几亿的文学基金，给作家们提供优裕的创作条件，也无济于事。经典恰恰是在油灯下窑洞里写出来的，经典是淡化了经典意识之后写出来的。经典都是作家孤独心灵的产物，轰轰烈烈，标语口号，披红戴花，敲锣打鼓，那是大炼钢铁，不是写作。

有电灯的地方没有童话

问：关于您的作品，我的一个阅读记忆，好像您的小说中所有的动植物都是活的，都是有生命的。《檀香刑》、《四十一炮》、《生死疲劳》……

似乎小说中每一个物件都是活的。在您的作品中，看到的是您对每一个生命每一个个体的灵性的表达和尊重。

答：台湾的出版社刚给我寄来了他们翻译的马尔克斯传，开篇第一句话就是"万物都有生命，问题是怎样唤起它们的灵性"。在我的写作过程中，并没有刻意要表达他们的灵性，那为什么在我的作品中有些动植物仿佛能够通灵呢？我想这还是和我的童年有关系。我11岁辍学，辍学后有过一段大约三五年特别孤独的时候。那时候还是生产队，11岁的孩子连半劳力也算不上，只能放一放牛、割一割草，做一些辅助性的劳动，我的主要工作就是放牛。一天挣3个工分。牵了牛到荒地去，早上去晚上回，中午自己带点干粮，整整一天，太阳冒红就走，直到日落西山才回。一个认得点字的孩子，对外界有点认知能力，也听过一些神话传说故事，也有美好的幻想，这时候无法跟人交流，只能跟牛、跟天上的鸟、地上的草、蚂蚱等动植物交流。牛是非常懂事的，能够看懂我的心灵。这样一直到15岁，成了半劳力，可以参加生产队的集体劳动了。这三五年真的是太孤独了，想说话又没有说话的对象，有时候在田野里大喊大叫，更多的时候是躺在草地上，看天上缓缓飘过的白云，看天上鸣叫的小鸟，胡思乱想。我对鸟也很了解，像云雀。它在天上叫我就能准确地在地上找到它的巢。我曾经把麻雀的幼鸟放到云雀的窝里，看着云雀把它养大了。我就猜测云雀母亲看到自己养大的这个怪物后的心情。1984年我写了一个中篇《球状闪电》，那其中很多动物植物就都有心理活动。听到的故事对我也有影响。农村是泛神论，万物都可以成精，比如一棵大树，百年之后就是老树精了，我们村头就有这样一棵树。还有蛇。我对蛇的恐惧到了无以复加的地步，而且有种心灵感应。村里的一个老坟头上面长了茂密的小树，我感觉里面有蛇，喊一声，果然就有一条小蛇游了出来。小时候为什么我是不受家长喜欢的孩子呢，就是因为我的胆子太小，想象力太丰富。割草的时候胆大的孩子很快就割满一箩筐回家了，我总是很长时间还割不满。有草的地方我就害怕有蛇、有刺猬，但又盼望着草里有小鸟，发现有小鸟就爱不释手，怎么还能割草？发现蛇就不断地摸乱头发，因为传说只要头发的根数被蛇数清，人的魂就被蛇摄去。然后就召唤孩子们来打。只要发现一条蛇，一个上午就过去了，哪里还能割满草筐？小时候我每时每刻都感到怕，至于究竟怕什么，也说不清楚。孤独的童年生活和听了太多这样的故事，导致了我不怎么和人交流。这和城市孩子不一样。所以我想，是不是科技越发达的地方，这种人和自然的交流就越退化。

问：但这种人和自然的交流对文学创作来说是非常重要的。

答：（笑）所以我认为，要训练一个作家的话，小时侯应该把他放到一个没有电的地方。晚上太明亮了，童话就没有了，想象力也就萎缩了。有一年和王安忆一起去瑞典，我就知道了丹麦产生安徒生是和那时侯他们特别落后有关系。因为他们靠近北极，有一个漫长的冬天，白天只有三四个小时，晚上一家人围坐火炉，这不产生童话产生什么？如果到了北京上海，灯火通明，每一个角落都照得纤尘毕现，童话就消失了。所以有电灯以后就没有童话了（笑）。

问：我看过一个材料，说王安忆最喜欢的作家就是您。

答：这是《北京晨报》前几年登的。我想那是王安忆答问话时随口说的。马上被问话者捕捉了，变成了一个标题，显然缺乏深思熟虑。

问：可我感觉王安忆说话是很慎重的，她不会随意说，也不会说违心的话。

答：我觉得她这么说，是因为我和她在创作上反差比较大，离得比较远。如果一个人发现别人的东西写得和自己很相似，他是不会喜欢他的。我写农村，她写上海，她当然也写过农村，她是写苏北的。但是我觉得她是用城市的眼光写的，当然写得也非常地道，但是还是不一样，视角不一样。

问：我感觉您和她之间还是有共通之处。就是作品中对心灵、对世界、对每一个生命体都非常关注，是一种内心的真诚的关注。

答：我想这是任何作家都不能忽视的一个问题，就是对人物内心的关注。我记得文学界20世纪80年代有个讨论，就是文学要向内转，作家应该从人物的内心出发写作。

问：作家要具备一种能力，能深入到人物的内心深处去。

答：或者说在某一瞬间自己的内心完全和人物的内心同化，这和戏剧演员在舞台上的移情还不一样。《檀香刑》中刽子手浸泡檀香木时的心理，完全是一种想象，我相信历史上没有过，杀一个人哪用得着那么费事。

问：那是一种近乎宗教般的情结和举动。

答：它要求写作的时候要自信。而且某个时候，我就是他，我就是这么想的，我认为我应该得到这种荣耀（被太后赏赐）。那么细节紧接着就来了，既然我是把刽子手这个职业看得无比荣耀的，那我就是在替皇帝做事，我就是国家法律物化的表现，国家法律最后就体现在我身上。既然如此神圣如此庄严，那檀香刑每一个步骤每一个刑具的制作都是非常庄严的事情。

问：您给他找到了庄严的依据。

答：对，为了发扬刽子手行当的职业精神。也是一种表演。受刑执刑都是戏。

小说的第一因素是好看

问：《檀香刑》是想象力的大爆发，您的文学创造力也是受到人们承认的。但当代文学的想象力似乎成了一个问题。还有就是现在的作品中表现出的讲故事的能力。比如说，我们就可以说，应有很强的讲故事的能力，但似乎现在的一些作家不屑于讲故事。想象力、讲故事的能力在文学创作中究竟有什么样的位置？

答：讲故事的能力就是想象力。有的人可以讲一个活灵活现的故事，就因为他有想象力。当然想象力比讲故事的能力要宽阔一点。语言方面调动词汇方面，都是需要想象力的。小说的结构，也需要想象力。语言方面，确定叙述的调门就好像电脑里确定了一套程序，它会自动搜索需要的语言。比如写一个省委书记，肯定有一套他的词汇，讲一个老农民，他也有他的一套词汇。但归根到底是需要想象力的。有些比喻，像《围城》里的，婚姻比做鸟笼，像这种精彩的比喻是都需要想象力的。如果对一个文本进行分析，可以看出，比喻用的多少，可以显示出这个作家想象力的强弱。当比喻用得多而贴切有创意时，这个作家的想象力就是比较强大的。当一个作家在他的作品中没有用什么比喻或是一些烂透了的比喻，起码就是他的想象力和创造力不够。再有一个是故事的编撰。编得合情合理又出乎意外，这就是一种想象的能力。现在不少作家编故事的能力都很强，写电视电影剧本时，主要是编撰故事。但有时就是差那么一点点，结果就完全不一样。

问：说到讲故事，现在很多作家似乎不屑于讲故事。

答：有一种认为是，最好的小说是不讲故事或淡化故事的。这种淡化故事的倾向在80年代中期就开始了，它主要受西方的影响。一些人认为传统的讲故事的小说已经耳熟能详了，要进行小说革命，要全面革命。不仅革掉语言，而且要改变小说最基本的要素。有人就淡化故事，但淡化故事并不等于没有故事，没有故事短篇可以，像马尔克斯的《伊丽莎白在马孔多时的观雨独白》，就写一个女人看着窗外的暴雨胡思乱想。但如果是长篇，或是一个中篇小说，没有故事，那怎么读？而且在现在，它拿什么去吸引读者？我一直强调小说的第一个因素是小说应该好看，小说要让读者读得下去。什么样的小说好看？小说应该有一个很好的故事精彩的故事。因为所谓思想、人物性格的塑造、时代精神的开掘，所有的微言大义，都是通过故事表现出来的。而且做评论文章，单纯从结构和文体，也是没有多少话好讲的。所以我认为还是应该有故事，而且应该有精彩的故事。尤其是在长篇小说里，更应该有让人看了难以忘记的故事，这样才有可能产生让人难以忘记的可以进入文学画廊的典型人物，那些美丽的语言才有可能附丽。皮之不存，毛将焉附？这样故事淡化的短篇存在，像孙甘露的一些小说，《信使之函》等，但后来的第三、第四、第五篇还有人读吗？我觉得作为一种实验是可以存在的，如果所有的长篇所有的小说都这样了，那将是小说的末日。

问：您刚才说电视剧都在讲故事。但我的感觉是在滥讲故事，讲烂故事，模式化了。一方面现在的电视剧不好看，很多导演也把目光投向了作家，另一方面，小说家现在的写作也有小说剧本化的问题。您是比较早触电的作家，不知道您关注过这些问题没有？

答：这是个老问题了。一是电视剧好看的不多，这也不能勉强，因为电视剧就是一种商业性的操作。很多导演在拍电视剧时不把它当艺术作品来拍。有很多时候是一种捞钱的手段。因此不要指望所有的电视剧好看。但每年还是有那么几部值得看的。为什么不好看，同类题材克隆的太多。还有就是现有的限制制约了电视剧的精彩。比如现在一些现实题材的，没办法深入。我在《检察日报》工作，了解了很多贪污反贪之类的事情。我也写过，也和别的作者写的差不多。比如涉及到公检法自身的腐败黑暗，怎么把握尺度？还有一些影视化的小说，作家创作时就希望自己的作品受到导演的注意，这完全是一种功利行为。这样做是无可厚非的。但我的经验是不能这样做。如果一开始就考虑我的小说要改编影视剧，那小说写得肯定就变了。我觉得写小说就是写小说，绝对不要去考虑影视。而且，真正的好导演，他不需要你向他靠拢，他会向你靠拢。这个我有亲身经历。写《红高粱》时，谁想到要改编电影啊？而且那时候我觉得我离电影非常遥远，但张艺谋看了后很激动。后来大概是1990年时，张艺谋找到我，说想要我写一个农村题材的场面宏大的有意义的故事。我给他写了一个。他说，你千万不要想张艺谋改编电影的事，你就按你的小说写。但事实上做不到。我写的时候，加强了故事性加强了悬念，注意到哪个细节可能在电影里会有用，写出来的这个中篇《白棉花》，我认为是我的中篇里不成功的，简直就是把有意思的东西给糟蹋了。张艺谋看了，他认为也很难拍。他看了以后没被我打动。为什么我千方百计想向他靠拢的时候打动不了他，而在我根本不知道他的时候他反而被我的小说吸引来了呢？所以我认为，不要向什么靠拢，好的小说自然会吸引好的导演。千方百计的靠拢也许反而背离了影视。或者说，如果真的想搞影视，就不要经过小说这个环节。从一开始就按影视剧本来构思。还有，好的影视作品，都是有很强的文学性的，尤其体现在它们的台词上。给我留下印象的像《大明宫词》，虽然它的台词过于优美了，像话剧，但毫无疑问它充分考虑了台词的文学性，而这也恰恰是它的特点。《走向共和》台词也很精到，人物的台词让人觉得塑造出来的人物形象让人信服。

语言就是一种说服力

问：您的小说语言，有评论家用"汁液横流"来评价，而您在《四十一炮》后记中也说是"语言的浊流冲决了堤坝"，可以想象，需要什么样的语言的洪流才能冲决一个堤坝，小溪流是不可能冲决一座堤坝的。您自己认为，《四十一炮》的语言有点转，转到了有点优雅上，但我还是感觉到了您语言上一以贯之的"狠"，而且您的语言还被称为"动物语言"，这个动物，一是指没有羁绊和规范的野性，二是动物性。您一直强调小说是语言的艺术，这些来自读者和评论界的概括，您怎么理解？

答：我觉得语言就是一种说服力。对语言的技术化的量化的分析是很困难的，有一些可以量化，比如常用的词汇；但作家的语感是无法量化的，语感是有独特性的，我们读鲁迅读沈从文，差别是很明显的。我相信让鲁迅和沈从文讲同一个故事，两篇小说都会是好小说。在这个意义上，故事不重要了。他们的语言本身就已经变成了艺术，成了小说。故事情节是附在语言之上的。80年代中期一批年轻作家要消灭故事，可能就从这来的。所以它也是有道理的。

真正写到那种泥沙俱下的时候,是一种下意识。所有的词汇都不是想出来的,是它自己涌出来的。再有就是你对笔下写的东西的认知深度。至于为什么会进入这种状态,我觉得作家自己是很难进行条分缕析的。有时候过了十年八年后再读原来的作品,还会纳闷:这词从哪来的,我怎么现在想不出来。我的语言的形成,主要还是和童年的关系,和原野乡村文化有关系。当然后来的学习丰富了我的语言。

问:对您的创作,陈思和认为,是革命性和破坏性相结合。

答:我的确没有想到过要革谁的命。但这种感受这种情绪是有的。现在回忆80年代在军艺学习时,就是感觉到不服气。我就觉得你们写的东西不是我心目中最好的东西,为此当然得罪了很多人,说了很多刻薄的话。好小说是什么样的,你让我说,我真说不出来,但我就是觉得当时文坛走红的给了很高声誉的作品不好,我觉得这不是我要写的小说。当然只能用作品来说话。我觉得作家的气是很重要的。当你处在胸怀大志急于想表现又表现不出来的时候,那时候可能就把你的很多潜能都调动起来了。一旦稳定下来有评论家这样那样指点后,我的创作反而进入了比较难的时候。现在我就进入了一种创作要特别小心的时候。

问:这个小心是什么意思?

答:这个小心就是千方百计地减少对自己的重复,但是是非常困难的。比如说《四十一炮》,我尽量想写得语言和《檀香刑》不一样,但读者可能还是感受到一以贯之。可能语言内核的东西还没有变掉。故事变化很容易,比如我可以写一个《师傅越来越幽默》这样的作品,但它为什么会有不像的感觉呢?就是因为语言没有说服力。这个不像就产生于我写这个人物时没有像其他人物一样,我在某一时刻可以变成他。因为我毕竟对这么一个老工人的心态不是特别熟悉。当然我也接触过这样一些老工人。他放在县城里我还是很熟悉的,但放在大城市里就不熟悉了。《师傅越来越幽默》的故事如果放在县城放在乡镇可能就好一些。第一我有自信啊,我一有自信我的语言就有说服力。当然《师傅越来越幽默》你看了也挑不出什么毛病，但可以感受到它缺少说服力。

问：您自己认为，《檀香刑》是您创作的一个分野，此前多少还是受的魔幻现实主义影响，此后完全转到了本土的乡土文化。但就像您刚才说的，我感觉您的创作从始至终是有口气贯穿下来的。对民间传说、民间文化的继承一直没有变，只是在表现方式、结构或叙述方式上发生了一些变化。内核是以一贯之的。

答：我觉得是这样的。地方小戏是民间文化中对我产生影响的很重要的艺术样式。这些东西在我过去的小说里肯定已经发生作用，《透明的红萝卜》、《檀香刑》里都有，后者用小说的方式来写乡村的戏剧，这个时候作家的主观意图就比较明确了。这也很难说好还是不好。

小说家应该有强烈的批判精神

问：韩少功的丙崽，阿来的土司二儿子，您的炮孩子和肉神，都是有种通灵色彩的形象。如果用正常人的标准来衡量，他们都是非正常的。但恰恰是这样的形象，往往使作品内涵更丰富。为什么塑造这样形象的作品往往更吸引人或更容易成功？

答：这确实是世界文学中的一个普遍现象。回想一下，这样的主人公是太多太多了。格拉斯的《铁皮鼓》、伦兹的《德语课》，拉什迪的《午夜的孩子》，欧·本茨《饥饿的道路》，这种傻孩子或超常孩子，为什么会有说服力呢？我想，这样的小说反映的都是打破了平庸的非正常的奇特生活，通过这样的孩子的眼睛看来是不是更准确一点。再有，我的小说为什么要确定罗小通的炮腔炮调，就是考虑到这种生活的说服力。我怕读者难以相信这种生活的说服力，所以我就先框定这是一个炮孩子的炮言炮语。他在讲述的时候就是一种创造，不要用现实的条框来框定。这是可以从创作心理学上来研究的一个课题。很多世界的国内的著作都有这种超常的小孩在里面，一群傻瓜。傻孩子现在太多了(笑)。也可能傻作家太多了，很多题材雷同。我刚给《小说选刊》原创版写那个《火烧花篮阁》的结尾：接下来的故事，无论他怎样努力地想不落俗套，都会变成对时下流行小说的拙劣摹仿。

时下一些作者挖空心思搞一个创新，回头一看，又落入另一个圈套了。怎么办？只能尽量做到不重复自己也不重复别人，但实际上你以为没有，其实还是在重复。

问：《四十一炮》的后记您有一句话，说"我不谈思想"。在您和大江健三郎的对话中，也有一句话："作为一个农民的儿子，我有一颗农民的良心，不管农民采取了什么方式，但我和农民的观点是一致的。"这是谈到《天堂蒜薹之歌》时说的。"我是从乡村出发的，我也坚持写乡村农村，这看起来离中国当今的现实比较远，如何把我在乡村小说中描写的感受延续到新的题材中来，这是我思考的问题。因为我写的是小说，而不是大批判的文章。""经过了一段创作以后，我发现作家是不能脱离社会的。一个作家可以千方百计地逃避现实对你的影响，但现实会过来找你。"前面谈到的这些作品，看上去好像离现实有一段距离，但是否从这样的角度反而更利于切入我们生活的本质？表现生活的力度更大更直接一些？就像您离开高密东北乡后，因为距离反而获得了更好的表达？

答：作家写的时候未必会考虑这个问题。但现实的影响还是有的，我读《爸爸爸》，这个小说对"文革"的批判的意图是非常明确的。《尘埃落定》中，可以看到阿来的藏人立场。《四十一炮》，我尽量地把这个故事变成童话或寓言，但罗小通讲到90年代的农村时，我对农村的看法也是掩盖不了的。我没有批判老兰，没有骂老兰，但实际上我对他的态度是明显的。作家应该尽量往后藏，不谈思想不代表没有思想，我对老兰这样的人物肯定是持一种批判的态度的。但是不是这个小说就完全把他掩盖住了呢？我并不知道。当然有些作家可以在作品里直接表达爱憎表达思想。我的意思是，我不代替人物说话。既然是罗小通这个炮孩子在讲话，那么所有的思想都是罗小通的，现实生活中，我对老兰这种人物深恶痛绝，但罗小通对他很赞赏；我对父亲这样的人物有同情，但罗小通是瞧不起的。这也是文学作品的批评方法的问题。究竟怎样看待作家和小说人物之间的关系，究竟怎样把作家的思想和作品中人物的思想区分开来？当然，作家的思想最终也制约他对小说素材的选择，也制约了他作品水平的高低，但完全把作家思想和小说人物的思想划等号，这种批评方法非常的陈旧。

问：在这个作品中，无论罗小通最后怎样，读者是能读到一种非常尖锐的批判的。

答：写作时，我在里面也表达了很多的讽喻。起码我觉得是对现在社会人的变态的夸大的欲望的一种批判，罗小通在吃肉上表现出的病态和夸大，以及肉神庙、肉神节，就是人的非正常欲望的表现。和尚的性史，就是对现在泛性的讽刺。写《酒国》时，这个主题也是非常鲜明的：对酒文化的反讽和批判。但我没必要自己跳出来骂，这就是我说的不谈思想的意思。作家的思想没有直接表现而读者能感受到，这是一种最好的境界。

问：现在有一些作家，不谈批评，不谈思想，这个不谈和您说的不一样。您觉得，小说家要不要批判精神？小说应不应该有批判精神？

答：小说家应该有强烈的批判精神。实际上每个人都在批判，作家不能简单跳出来，像骂大街的，但这种批判精神应该是支撑小说的时代精神。你选择了作家这个职业，你就选择了一个反叛者的行当。扮演了一个反叛的批判的角色。任何一个时代的好作家都是扮演了一个批评者的角色。像铁凝、王安忆、张平，他们的作品中都有着批判的精神，但表现方式却是大不相同。

问：这也正是为什么读者老百姓喜欢他们的作品的原因。

答：如果真是要歌功颂德，看《人民日报》就行了，还要看什么小说。

问：您现在在山大文学院带研究生。原来是作家纷纷到学院去充电，现在是作家纷纷到学院去讲课、任教，对此您有什么体会？

答：我觉得我是不称职的。作家有两种，一种是学者型，还有一种，像台湾说的，叫素人作家。我更多地还应该是素人作家，靠灵性、直觉、感性和生活写作，不是靠理论、知识写作。当然，有一种作家是完全可以到大学里去当博导的，像叶兆言、格非，他们都是读书破万卷的，又家学渊博。而且他们掌握了做学问的全套的方法，我觉得我是滥竽充数。再有一种，像王蒙、梁晓声，他们也可以当教授。他们经验很丰富，理论的能力很强，口才也好。

问：您不觉得作家介入到当代文学的教学，对这个学科的发展对文学的发展来说是有利的吗？

答：总体上说，我觉得这个现象是好现象。但乱套了也不好。如果每个大学里掺杂这么一两个作家，起码可以消灭学生对作家行当的神秘感。

说明：

外表温和、不善言谈的莫言一旦说起小说来，你能感觉到他周身每一个细胞都在往外迸出的激情，还有对于语言的强大的控制力。的确像他后来说的，在他的文学王国里，他就是国王。这次对话中，由《丰乳肥臀》引出的一番对话也让我明白了，莫言对于自己中国作家的身份、定位和职责有着异常清醒的认识，正像他自己说的，故乡对于他的创作而言是财富更是限制，正是这种被认知了的限制，成就了莫言的文学叙事。

（这个对话完成于莫言小说《四十一炮》出版以后，应该是 7 年前了。最早发表于《钟山》，后收入山东文艺出版社当代作家研究资料丛书《莫言卷》中，原题为《我写农村是一种命定——莫言访谈录》。）

○ 说吧，莫言 ○

记忆被一种声音激活
——莫言谈《檀香刑》的写作

夏　榆

　　莫言写作了 5 年时间的新长篇小说《檀香刑》面世了。这是一部什么样的小说？有人说刚读了一个开头就觉得毛骨悚然；有人说心脏病患者不宜读此书；还有人说小说的情节太残忍……不论说者站在怎样的角度言说自己的内心感受，小说毕竟是惊心动魄的——1900 年德国人在山东修建胶济铁路，猫腔戏班的班主孙丙的妻子被洋人侮辱，孙丙借助义和团的力量反抗洋人。孙丙有个美丽的女儿叫眉娘，是县令钱丁的情人。在袁世凯的压力下，钱丁被迫将孙丙关入大牢，并给他施以类似西方木桩刑的一种残酷死刑——檀香刑。行刑者是大清朝头号刽子手、眉娘的公爹赵甲。赵甲把这次死刑视为他生涯中至高的荣誉，一心想让亲家死得轰轰烈烈。这个听上去大义凛然的故事，在莫言的笔下却成了一场华美的大戏。清末的屈辱历史退为全书的大背景，在这背景里呼啸着火车的锐叫，回响着温暖的、荡气回肠的猫腔。

写作：返回与超越

　　夏榆（以下简称"问"）：《檀香刑》出版以后，读者和评论界反响挺大。时隔几年你的写作又回到高密乡，重让读者看到你鲜活的创造激情和力量。请问你通过这部书的写作想表达什么？

莫言（以下简称"答"）：我想写一种声音。在我变成一个成年人以后，回到故乡，偶然会在车站或广场听到猫腔的声调，听到火车的鸣叫，这些声音让我百感交集，我童年和少年的记忆全部因为这种声音被激活。十几年前，我在听到猫腔和火车的声音时就感觉猫腔这种戏和火车走动的声音最终会在我的内心成长为一部小说。到1996年的时候，我想到胶济铁路修建过程中，在我的故乡有一个戏班的班主，也就是小说中描写的孙丙，他领导老百姓自发地与入侵中国的德国人抗争。当然他们的抗争用现代的观念看很愚昧。孙丙这个人在近代史和地方志都有记载，但被拔高得很厉害，他被塑造成一个不亚于李自成式的英雄人物。后来我作了大量的调查，走访了幸存的老人，发现孙丙作为一个农民，作为一个乡村戏班的班主，还没有意识到反帝反侵略那样重要的问题，实际上他的想法很简单，就是修胶济铁路要穿过祖先的坟茔，迁坟肯定就会破坏风水。村里祖祖辈辈沿袭下来的生活会因此而改变，他们不愿意，就抗拒。然后就引发一场轰轰烈烈的暴动。我就写了这么一部书。

问：我注意到你的写作，好像当你回到故乡高密的时候，就跟你天赋中的气质、激情、灵感甚至血脉相吻合，达到一种合一的状态。《透明的红萝卜》、《红高粱》、《红蝗》、《欢乐》、《丰乳肥臀》都如此，这样的写作饱满而酣畅，具有神性。你怎么看自己的故乡，高密是你的精神故乡吗？

答：故乡对一个作家是至关重要的，即便是一个城市出生的作家也有自己的故乡。对我这样的成长经历或写作类型的作家，故乡在生活和写作中所占的位置更加重要。20年前我刚开始写作的时候，文学还有很多的清规戒律，还有很多禁区，我们那时还要从报纸和中央文件里寻找所谓的创作信息。我当时还在部队，做过一段代理保密员的工作，有条件比一般人通过新闻媒体更早知道一些国家、政治、政策的变化，报纸可能会两个月才知道，而我们通过中央内部文件及时就可以获知信息，比如关于刘少奇的平反，别人都还不知道刘少奇要平反的消息，我知道了就可以创作一部老贫农怀念刘少奇的小说。1984年，我从部队基层到解放军艺术学院，环境的改变和视野的扩展突然之间让我开窍了，那时我写了一篇小说《白狗秋千架》，第一次出现高密乡这个地理概念。从此就像打开了一道闸门，关于故乡的记忆故乡的生活故乡的体验就全部复活了。此后关于故乡的小说就接二连三地滚滚而出，就像喷发一样，那时候对故乡记忆的激活使我的创造力非常充沛。

问：那时读者和评论界对你的出现感到吃惊。

答：到80年代末我有意识地作了一下调整，我感到一味地写故乡写高密是不是会重复？读者会不会厌倦？后来写《十三步》和《九歌》这些小说就模糊了故乡的特征，代替的是小城或小镇，但依靠的还是那些很熟悉的记忆和体验。直到写《丰乳肥臀》的时候，再一次明确地以高密乡作背景，写它怎样从一个蛮荒的状态，经过100年的变迁发展成一个繁荣的城市，反映了一个地区一个民族的变迁。当时这部书因为一些写法、思想、观念的差异引起争议，甚至被无限上纲批判。我在写《红蝗》的时候，在后记写了一个补缀，我说故乡是文学的概念，不是地理的概念，我写的高密乡是文学性的，实际并不存在，其中写到的地理环境、风土民情包括植物等，在实际的高密乡是不存在的，包括那种红高粱也并不存在。有好多外国读者看到《红高粱》后就想去当地寻找那些植物。肯定找不到。那是我内心的产物。高密乡实际上是作家的一个精神故乡。我记得美国作家托马斯·沃尔夫在写《天使，望故乡》时，故乡的人都攻击他，指责他诋毁故乡，但实际上他写的故乡是他自己的精神故乡。所以我提醒读者不要对我笔下的高密乡对号入座，尤其高密的老乡们不要对号入座。我认为作家在开始创作的时候是寻找故乡，然后是回到故乡，最后是超越故乡——超越故乡是一个非常艰难的写作过程。

写作：抵抗与不可抵抗

问：那么你现在身处一座城市，城市生活影响你的写作吗？

答：作为一个农民出身的人，我在农村逐渐生活了20年，最后进入中国最大的城市。实际上我现在在城市生活的时间比在乡村生活的时间要长，可为什么我在写到城市生活时就感觉笔下无神呢？好像读者或评论界也有这个看法。我觉得长期以来读者或评论界形成一个先入为主的定势，就是他们划定一个界限：这个人写城市题材的，那个人写农村题材的，写农村题材的人写城市生活是不可信的。包括贾平凹，有评论家曾经在一个讨论会上提出贾平凹写作城市生活的作品是失败的。我不同意这个说法，不能因为作家不是出身城市就断定他们写作城市的作品不成功不可信。比如格非，也是一个农民出身的人，为什么就没有人觉得他的城市题材的写作不成功呢？而王安忆、李锐，他们也都是城市出生，但写农村就写得很好。为什么我和贾平凹写城市人们就有看法呢？我觉得每个人心目中都有一个自己的城市，即使我们写的城市跟大家写的城市不一样。我就是用我自己的眼光看我生活的这个城市，有什么不可以呢？贾平凹写的西安难道不是一个很独特的视角吗？有什么不可以呢？我写的故乡是我的一个精神故乡，而我写的城市也是我的一个精神的城市。

问：你在写《檀香刑》的时候就没有了这些约束。

答：写《檀香刑》的时候就不管了，该怎么写就怎么写，自由无忌，我没法再把我的故乡虚幻掉，不管别人喜欢还是不喜欢。因为这涉及到我成年记忆中最深刻的东西：火车和猫腔。如果我把它换成江南腔或东北腔我会感到特别别扭，历史上高密乡也确实出现过在当时可谓是惊天动地的农民起义，在当时的情况下不管那些农民的动机是多么朴素，甚至带有愚昧色彩，但他们的行为现在看确实有非凡的意义，他们利用戏剧的方法，甚至借助岳飞这样的英雄人物作依托，跟掌握着最先进武器的德国入侵者抗争。把猫腔、火车跟孙丙抗德的故事连在一起，我就必须回到故乡，回到高密，我要非常鲜明地把高密乡的这个旗帜高高举起来。因为这些跟童年跟故乡跟历史紧密联系的一切是我的写作资源，我写《檀香刑》时确实是得心应手痛快淋漓。准确地说，我的写作是对优雅的中产阶级情调写作的抵抗。

问：这几年你经历过很多变迁，人生际遇文学环境都发生了变化，社会环境公众心态和以往也极不相同，现在你怎么看自己的写作，怎么看当下的时尚化写作。

答：文学发展到现在有了这样一个共识：每一个作家都有他自己的独特价值；每一个作家都有他自己的独特世界；每一个作家都要发出属于他自己的声音。在这种情况下所谓的时尚化写作就都有各自存在的价值。你当然可以反感可以拒绝，但他们还是有自己存在的理由和价值，他们会一步步走下去，他们有喜欢他们的读者。反过来他们对我们也可能不以为然，我觉得这些都需要以平常心看待。一个作家的突破很可能会在边缘，而一旦突破他马上会进入中心，变成一个流行话语作家，会逐渐走到自己的反面。我觉得现在真正可怕的是一些已经取得了写作话语权力的作家，他们用一种伪装的很悠闲很典雅的中产阶级的情调写作，这些人充斥出版和传媒界。这当然不只是一个孤立的文学现象，它还是一个社会现象。社会上确实有一些人发了财，不管通过什么手段，他们对西方一些中产阶级一言一行进行模仿，包括他们的情调。大概在90年代中期的时候，北大的一些学者提出在下一个世纪谁决定一部书的命运，究竟是什么人在读书，他们提出一个"中产阶级"的概念，声称要为中产阶级写作。他们说你要想自己的书卖得好的话你就得讨中产阶级的欢心。我当时就说：在中国，中产阶级的提法还为时过早。我觉得一个中产阶级的审美情趣并不是有了钱就能培养起来的，而当今的中国有几个人能有超出普通中国人的意识呢？写作《檀香刑》如果有什么是有抵抗性的话，我觉得就是和这种中产阶级的写作抵抗。

写作：虚伪与诚实

问：你刚才说你的写作是一种抵抗性的写作。几年前你就被看成是先锋作家，你怎么看当初的先锋或反叛的姿态？

答：我觉得先锋并不仅仅是一种姿态，也不仅仅是一种写作态度，实际上是一种人生态度。你敢于跟流行的东西对抗，你敢于为天下先，这就是先锋的态度。甚至在很多人都不敢说心里话的时候你敢说就是一种先锋的态度。"文革"期间敢跟流行话语对抗的地下文学就是一种先锋，巴金在80年代写《随想录》的时候就是先锋。在我看来实际上"文革"时期对作家的写作禁锢，有的是意识形态的控制，有的就是作家头脑本身就有的，你从小生长的环境和所受的教育，你的阅读等等决定了你不能那样写只能这样写。我当时的写作就是带着对这种禁锢的突破意识而写作的。

我写《欢乐》和《红蝗》的时候是一种抵抗式的写作，现在回头看都是一种表面化的抵抗。当时引人注目，让很多人咋舌。90年代以后，随着年龄的增长，创作量的累积，那种有意识的抵抗越来越少，到了《丰乳肥臀》之后又掀起一个高潮。到1998和1999年以后的写作我变得低调，很多的锋芒被藏起来了，当时往后退了一步，有意识地压低写作的调门。我觉得评论家喜欢的那种东西我知道怎么写，比如我写的《三十年代的长跑比赛》、《牛》、《我们的七叔》、《拇指铐》等等。当我突然变成我从前的调子的时候，很多人又不喜欢了，《檀香刑》就是这种写作。我已经压了3年了，用那种低调的比较优雅的态度写作。开始写《檀香刑》的时候也想写得不那么剑拔弩张，但压着压着就不想再压了。

问：像这种《檀香刑》的写作是不是更符合你的写作天性呢？

答：当然，如果从写作的痛快淋漓来说更符合我的天性。

问：通常人们把先锋的姿态归结到青年，但是我们看到世界很多优秀的作家，随着他们年龄和阅历的增长，他们对人世的洞察更加敏锐，写作的态度也更加激进和彻底。

答：一个18岁的孩子可能是非常保守的，一个80岁的老人可能是非常先锋的。我觉得衡量一个作家是否先锋就看他是不是虚伪，他是不是在用一种虚伪的态度写作。当然，小说是虚构的，用余华的话说"作品是虚伪的"，但你注入到写作中的情感不能虚伪，必须诚实。我觉得我们生活中最让人切齿的就是虚伪的话语。这甚至不仅仅是一个文学的话题。

写作：前进与撤退

问：你怎么看世界文学呢？中国的文学在世界文学格局中的位置会不会影响你的写作，你想过自己的文学抱负吗？

答：实际上外国文学对中国文学包括对中国作家的影响是至关重要的。现在我们回首80年代的时候，任何一个坦率的作家都不能否认外国文学对他的影响，1984和1985年的时候拉美的爆炸文学在中国风行一时，很多作家都受到影响。没有80年代铺天盖地地对西方作家和西方文学思潮的翻译和引进，可以说就没有现在的这种文学格局。80年代中国作家就意识到对异域文学的借鉴是不可缺少的，但如果过分地借鉴甚至模仿就没出息了。实际上后来出现的"新写实"、"新乡土"的文学潮流也都是为了抵抗对西方文学的简单模仿。对于作家个体来说，要写出跟别人不一样的作品来，然后再写出跟自己已经写出的作品不一样的作品，这就足够了。我想如果有众多的作家实现了这个愿望，那么集合起来我们的整个中国文学就会非常丰富非常有个性。只要有这么一批作家出现，那么我们的文学自然在世界文学的格局中就会取得不可替代的作用。我觉得现在我们基本实现了这个愿望，我们没有必要妄自菲薄。我相信用不了多久，西方的年轻作家就会说他受到了中国的某个作家的影响。交流是双向的。我们一旦进入这种交流的正常态势的话，我们在接受别人的东西的同时，别人也会接受我们的东西。落差很大的两个湖泊之间，一旦闸门开放，只有水位高的向水位低的方向倾泻，你只有接受；但到了平衡的时候，两个水位一样高的时候，就互换了。

问：现在很多作家开始关注国际视野，希望能走出国门参与到更广泛的国际间的交流中去，你有这种愿望吗？

答：我觉得在今天信息如此发达，互联网普遍风行的时代，出不出去已经没有什么区别，在以前一个人出过一次国是一件很大的事。但你要是长期的到一个国家，你在法国或美国住3年或5年，你自然会获得很多东西，反过来如果你仅仅是在巴黎待了7天，在纽约待了两周，就觉得获得了一种国际视野，那也太简单了，这跟旅游没什么区别，这对文学创作没有任何帮助，不如静下心来，读一些书，看一些音像资料或许更有用。回过头来讲，如果一个天赋很好的人从80年代就在一种封闭状态中写作，根本不知道这个世界发生了什么，只按照他自己的想法写作，未必写不出好的作品。我觉得现在太多的信息让人无所适从。我有时候真想放下一切躲回高密乡，在对西方文学的借鉴压倒了对民间文学继承的今天，《檀香刑》的写作大概是一种不合时尚的写作，是对魔幻现实主义和西方现代派小说的反动，或者说它是我写作过程中的一次有意识的大踏步撤退。我认为一个作家独立自由地写作，不为外部所惑，那会是很美好很理想的状态。我希望这样的状态一直跟随我。

《生死疲劳》和中国古典文学

张　英

在《檀香刑》以后，莫言告别了"我爷爷"、"我奶奶"的英雄传奇和《十三步》、《酒国》的文体试验，把目光投向现实农村，以自身成长经历，用《四十一炮》和《生死疲劳》两部长篇小说描述近半个世纪以来中国大地上发生的惊天动地的巨变。

2006年初出版的长篇小说新作《生死疲劳》叙述了1950年到2000年中国农村50年的历史，围绕着土地这个沉重的话题，阐释了农民与土地的种种关系，并透过生死轮回的艺术图像，展示了新中国成立以来中国农民的生活变化。

除了对宏大主题的眷顾和对典型人物塑造的醉心，《生死疲劳》在艺术探索上也有奇特创新。莫言在小说结构上借鉴了中国佛教里"六道轮回"的概念，在形式上采取了传统小说章回体说书人的叙述方式，小说叙述者在50年里不断地经历着轮回，而视野却一直未离开他的家族和土地。

从1985年《透明的红萝卜》一举成名，至今20多年，莫言一直是中国文坛坚实的存在和争议的焦点，他在艺术上保持着令人惊奇的原创力和胆大妄为的探索精神，用一部接一部厚重大气但又不乏瑕疵的作品，在一个商业化的时代，维护着作家的形象和文学的尊严。

2005年2月初，记者在北京莫言家中，对莫言进行了长篇专访。

农村问题：就是农民和土地的关系问题

张英（以下简称"问"）：差不多在同一时期，贾平凹写了《秦腔》，你写了《四十一炮》和《生死疲劳》，你们为什么都会把目光投向巨变中的农村？

莫言（以下简称"答"）：我和贾平凹差不多同时写了有关乡村历史与现实的小说，这种写作的不约而同是偶然的。如果非要从中找到一点必然性，只能说进入21世纪以来，乡村所发生的巨大变化使我们触目惊心。在我们的故乡，传统意义上的乡村和农民实际上已经不存在了，或者即将不存在了。有些地方政府甚至提出几年内"消灭农民"的口号，当然不是在肉体上消灭，是用工业化、城镇化的方式把农民这个阶层变成市民，变成打工崽。在这样的时代背景下，对传统乡村、经典农民的眷恋、回顾，可能对作家产生强烈的吸引力，也是巨大的创作原动力。

从这个意义上来讲，我在《生死疲劳》里塑造了和土地相依存、同生死共命运的农民，也隐含着对以工业化、城市化的方式"消灭农民"，对肥沃土地的大量毁坏，以及农民大量的逃离土地、农民工创造的剩余价值被无情剥夺等现象的一种批评。

问：《四十一炮》写的是上世纪90年代到新世纪之间十年里农村发生的让人目瞪口呆的现实变化；《生死疲劳》则把目光投向更远的50年，从新中国成立一直写到新世纪来临。在这些作品里你想表达些什么呢？

答：经过20几年改革，农村发生了巨大的变化。在市场经济大潮的冲击下，农村原有的价值观崩溃了，人们在精神面貌、伦理道德上都有很大变化，欲望横流，甚至没有是非标准了，而新的价值观尚未建立起来。我写《四十一炮》就是想表现这些问题。人类的欲望保持在一个合理的尺度上，会使社会有节律的、有节制的、健康的发展，但如果欲望疯狂扩张，那将会导致许多轰轰烈烈的闹剧和悲剧，将会给后代儿孙留下无穷的麻烦。

《生死疲劳》里的 50 年是我们国家农村发展历史上变化最剧烈的时期。中国的农村经历了许多次改朝换代,都是大同小异的循环。新朝创立,均分土地,耕者有其田,然后贪污横行,豪强兼并,兼并到一定程度,朝廷有时候可能出面干预,但是不解决问题,最终导致农民起义,然后推出一个新的皇朝,进入又一次循环。

共产党来了,进行土地改革,均分了土地,使获得土地的人民沉浸在狂喜之中。但只有几年的时间,就开始搞互助组、合作社、初级社、高级社、人民公社,就是为了跳出这个历史循环。

这真是一场富有浪漫精神的伟大试验,也是一场狂欢的悲剧、闹剧,发生了无数匪夷所思的集体狂欢,确实创造了人类历史上的劳动奇观。谁见过几十万农民在一块劳动的场面?我见过我参加过,我们是 4 个县的几百万民工在一条河上,红旗招展,高音喇叭震耳欲聋,拖拉机、牛车、小推车,肩挑人抬,最先进的和最原始的,一起劳动,劳动的间隙里还要开批判会。

事实证明这是巨大的闹剧,是对生产力的严重破坏,到了 1980 年代农村改革,先是联产计酬,生产责任制,最后干脆分田到户,实际上就是单干。看上去回到了原点,实际上是马克思讲的螺旋式发展。看去是一个循环,实际上已经比原来高一级,是在原来的基础上上升了。所以我觉得这 50 年可能是中国几千年农村历史中最值得人们回味的一段。

所谓的农村问题、农民问题,最根本的就是农民和土地的关系问题,农民和土地的关系,决定了农民对于土地的态度和认识。新时期以来,我们有那么多关于乡村的小说,写了农民的苦难、抗争、改革之后生活的好转,写到了农民的恩怨情仇很多方面,但是都没有从根上来挖。

我想,要写农民,不可回避的就是土地和农民的关系。《生死疲劳》就想表达我对这个问题的思考。这也是对柳青先生的《创业史》、浩然先生的《金光大道》这些红色经典的呼应。

柳青的《创业史》和浩然的《金光大道》,那样写也有他们的道理。

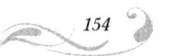

我们当年读的时候也感觉到这是历史发展的必然的进程，从私有制向公有制过渡是社会发展的必然规律，如果你违抗了这个规律，就是逆历史潮流而动必将被历史淘汰的可怜虫。这是大家当时的共识。但历史发展证明了这种形式是不成功的。我们从理论上来推论，社会主义、共产主义肯定比资本主义要高级要美好，但结果是我们都饿肚皮。

原因何在？我们忽略了共产体制是建立在物质极大丰富、人民的道德水平无限高的基础上。我们忽略了人的私有欲望，忽视了人都是有感情的、本性自私的动物性一面。所谓的改革开放，实际上就是羞羞答答地宣告公有制的失败，而所谓的深入改革，实际上就是更加全面的推行私有制。

问：你怎么看待今天农村发生的变化？

答：80年代农村改革土地重新分配，形式上是单干，但本质上还有是区别的，农民只有对土地的使用权，和土地改革之初，土地是完全的私人财产不一样的。但仅仅是土地的使用权归属农民，也让我们欢欣鼓舞。大家都从一个严密地控制着自己的集体中解放了出来，不但获得了身体的自由，而且获得了精神的自由。所以在改革开放之初，农民对土地是非常热爱的。农民热爱土地，土地也慷慨回报。

但这样的情况到了90年代后又发生变化，农村改革到了一个关头，一方面，许多地方疯狂地建设各样名目的开发区，城市不断扩展，钢筋水泥把土地覆盖住，使可耕地面积不断减少。

再一个就是农产品的价格越来越不稳定，种植成本越来越高，水、化肥、农药、种子，都在涨价，辛苦劳动一年，劳动力不算钱，还是赔本。这样农民对土地又疏离了。而且可耕地越来越少，农村的剩余劳动力越来越多，亿万农民进城打工，一是种地不赚钱，二是地不够种。当然也有的地方良田荒芜。从这个意义上来讲，农民这次逃离土地有很深的悲剧性。我是被饿怕了的人，我总感觉到饥饿岁月会重新出现。但是问题怎么解决，谁也不知道。农民跟土地这种深厚感情的丧失是一个凶兆，如果没有热爱土地的农民,我觉得国家的发展是没有稳固基础的。

我觉得人类总有一天要受到逃离土地的惩罚。60年代70年代的时候,恨不得把房顶上都种上庄稼,但就是没粮食吃。现在这么多的土地给撂荒了,大量的粮食浪费了,大吃大喝、贪污腐败,但是我们依然有吃的,60年代粮食珍贵得像金子一样,现在突然粮食不值钱了,好像大家都不吃粮食了。我觉得粮食是一种神奇的东西,说没有会突然没有了,说有,仿佛取之不尽,用之不竭。

问:科学进步,农业生产力提高了嘛。

答:现代科学发展已经违背了科学发展的原动力,是一种商业利润的鞭子抽打着的病态发展,科学发展违背了科学的目的,科学发展的最终目的是为了人类生活得更好,但是现在科学发展是为了金钱,各种电器产品,手机,电脑,迅速地更新换代有什么意义?这是利润的鞭子在抽打,制造了无数不可消解的垃圾。

与此相对的是人疯狂膨胀的病态欲望,我在《四十一炮》里就是批判人们这种膨胀的欲望。自然经济下的农业生产观念,和商品经济下的农业生产观念是不一样的,商品经济下追求的最终目的是利润和金钱,而自然经济追求的就是满足自我需要,满足了吃的穿的就够了。

问:你怎么看中国这样一个农业大国的工业化、城市化进程?

答:我认为这种几近疯狂的工业化进程会受到历史的惩罚,我觉得应该慢一点,没有必要这么快。为什么要这么快的速度呢?我这两年去了很多地方,发现当年改革开放步伐比较慢的地方,反而吸取了很多教训,避免很多错误,我给他们题字,"春潮带雨晚来急",慢就是快,你为什么要那么快呢,你盖了这么多水泥钢筋怪物,拆掉就是永不消解的垃圾。当时所谓的引进,外来的投资,国外的垃圾产品、高污染产品,利用我们的廉价劳动力,把我们的土地破坏掉,把我们地下水污染,代价太大了。

但是我们也回不了头了,一条河的河水你可以闸住不让他流,但是你不可能让他回流,而一开闸它更加速地往前奔涌。中国现在有9亿农民,你不可能把他们全部变成城里人，这么多人，怎么转过来，过来吃什么，住哪里呢？干什么工作呢？以前的农民，躺在自己的土地上用自己的粮食把自己掩埋了；背离土地的人进入城市，最终怎么办？何处是归程？

再回到以前去，回到生产队、人民公社完全是不可能了。因为这种集体化是建立在共产党的巨大威望上，建立在毛主席那种被神化的崇高的威信和号召力之上，毛主席一句话，相当于现在一万个警察的力量都不止，现在再也不可能有那么一个领导人挥手一招，群起响应，要怎么着就怎么着。

问：你看到了问题，却没有答案。

答：我不可能有答案。如果找到答案的话，就该做政治家了。我只能把看到的想到的用文学的方式写出来，不是问题小说，不是纪实文学，我还是写人，写人的命运和感情。现实纷纭复杂，我的观察只是一孔之见，反映出一点点现实，把自己的忧虑和彷徨在作品里表达出来。

《生死疲劳》：向中国古典文学致敬

问：在《檀香刑》的后记里你说，要在写作上"大踏步撤退、要写有中国风格的小说"。《生死疲劳》在小说结构上用"六道轮回"、"章回体"是这样的考虑吗？

答：对，那次"撤退"并不彻底，所以我又继续撤退。我刚开始创作的时候，外国文学作品对我影响巨大。但我们不能永远跟随在别人后面，模仿翻译语言、克隆人家的故事，对人生、对社会、对世界我们有自己的看法，西方作家的看法不能代表我们的观点，我们有自己的语言和讲故事的方式。

在写《檀香刑》的时候，我开始借鉴中国传统小说的结构：有一个漂亮的开头，一个丰满的中段和一个有力的结尾，即《檀香刑》的凤头——猪肚——豹尾。在《四十一炮》的写作中，我也试图用一种新的、起码跟《檀香刑》不一样的语言来叙述，在结构上也应该跟我过去的长篇有所区别。

有一次去承德，在庙里看到了关于六道轮回的雕塑，我那时候就想，六道轮回可以变成一种小说结构。六道轮回是佛教里的观念，佛教是从印度传过来的，天长日久，佛教的一些观念被老百姓所接受，成为人生哲学、道德规范的一部分，影响人们的生活。老百姓在生活中遇到了困难和问题，借助于这种轮回转世来生报应的观念，来鼓励自己说服自己、消解仇恨、增强信心，继续生活下去。我想借助这样的形式，使这部小说的结构上有新意，也使做为第一叙事人的作者，获得一个相对高超的俯瞰视角。纷纷攘攘，争权夺势，死去活来，其实都在生死疲劳中，当然，我自己也在生死疲劳中。

《生死疲劳》采用的章回体，是我这几年来考虑的结果。我们这代作家在写作上曾经大量向西方小说学习，反而对我们本国小说学习不够。用章回体不仅仅是一种形式，而是表现了向我们中国传统的小说传统致敬的一种态度。当然，这样的尝试，早在"文革"前，就有好几个作家做过。

中国古典小说的章回体绝对不仅仅是一种形式，而是一种叙述节奏。说书人的传统，通过章回的顿挫表现出来。

一个作家应该在创作过程中追求变化。一个作家如果认为他可以用过去的语言、过去的结构来写新的故事那是没有出息的。能不能变好是另外一回事，但应该有这种求变之心，这是一个作家还有可能进步的起点。

问：小说的叙事很有意思，每一个不同的部分都有一个不同的叙述者，小说中的叙述者莫言也是一个作家，但又并不直接等同于现实中的莫言。你这样做的目的何在？

答：如果按照传统的写法，顶多是写出一部类似现实主义的小说来。怎么样把古老的故事写得富有新意，怎么样让人看到小说的内容是出奇、出新，同时在小说的语言、结构上也有新意，这就是我长期思考的问题。

一部小说如果只有一个叙述者势必单调，必然会出现很多的漏洞。

为了让叙述变得生动活泼,就采取了不同的叙述者来讲述不同的或者是共同的故事。莫言在这部小说里仿佛是在舞台中串戏的小丑,不断的用他的小说来弥补双重叙事所形成的漏洞。莫言在小说里出现了很多次,也用了他的很多的作品,从而造成虚虚实实、真真假假的艺术效果,使这部小说的多义性、活泼性有所增强。他直接进入小说,既是我又不是我。

问:也有人说,你笔下的农村不真实,充满了魔幻离奇色彩。你怎么看待那些以现实主义方式创作的农村文学作品?

答:每个人都有自己的现实,许多所谓现实主义的作品,在我看来是虚假的。我们回头看上世纪50年代60年代包括70年代那些所谓的现实主义代表作,用我的眼光来看带着很多虚构和偏见。当你深入到一个乡村,把历史具体化感情化以后,你发现过去的经典作品里面描写的历史,实际上带着强烈的偏见,实际上是非常主观的,根本不客观,从写历史小说的角度来说,每个人都有自己的历史,实际上每个人都有每个人的现实观。

用小说客观地再现现实、再现历史,基本是一个谎言,哪怕是高喊着"我是现实主义的作家",高举着完全忠于现实的大旗,由于个人的主观视角,由于个人狭窄的目光,不可能真实地再现一个历史事件真相,完全的现实主义写作是不存在的。

问:《生死疲劳》为什么写得这么快? 43天时间写了一部50万字的小说,有媒体说你的写作速度应该去申请吉尼斯记录了。

答:(笑)我们不应该注意作家写作的速度和时间,这有什么意义呢?写了一百年写的东西不好也是白费,写了一天写出来好也是很好,过程并不重要,质量才是唯一标准。像曹雪芹写《红楼梦》用的时间非常长,修改比较充分,考虑比较周到,这是一种写法。但也有一气呵成用很短的时间写完一部伟大小说的作家,比如歌德的《少年维特之烦恼》,也是一气呵成。我的意思并不是说《生死疲劳》是一部"伟大作品",我还没有蠢到这种程度。

《生死疲劳》刚出版时，采访我的记者老是问，"你写了多少年？"我实事求是说写了43天。为什么写得这样快？因为我抛弃了电脑，重新拿起了笔，用43天写了43万字（稿纸字数），版面字数是49万。当我结束一天的工作，放下笔清点稿纸的页数时，那种快感是实实在在的。这样的状态，和写《透明的红萝卜》、《红高粱家族》、《丰乳肥臀》时很相似，没有任何小说之外的功利得失的考虑，也没有考虑读者评论家会怎么说。

在当前大家批判文学创作粗制滥造、急功近利的大气候下，我这么说有点自找难堪，但事实确实如此。

当然我也可以说，虽然写了43天，但这个小说在我心里积累了43年，因为小说中的主人公蓝脸的原型，我第一次见到他的时候，还是上个世纪60年代的初期。

问：主人公蓝脸让我想起了《白鹿原》里的白嘉轩，这个令人难忘的农民形象有原型吗？

答：我不敢拿自己的小说跟《白鹿原》相比。我在写作时会努力避免和那些著名作品中已经有了的人物形象雷同。蓝脸这个人物的确有原型。1964年我上小学的时候，"四清运动"期间，每当我们上午第二节课上完做广播体操的时候，我们家旁边村庄里的一个单干户，就推着一辆吱吱作响的木轮车，他的小脚老婆赶着一头毛驴，从我们面前经过。他们走过去后，路中间留下一道深深的车辙印。这个人在"文化大革命"被打的实在难以忍受自杀了。

有一点乡村经验的人都知道，在中国上世纪50年代、60年代、70年代这30年间，能够坚持单干不加入人民公社，那种压力是常人无法想象的，是活不下去的，单干户所受到的歧视，甚至比地主富农还要重。

在小说里，蓝脸在漫长的岁月里，怀着对土地的爱，用朴素的感情支撑自己的信念，一直坚持到底，像海洋中顽固的礁石一样不动摇，终于坚持到了80年代初的改革开放，土地重新分配给农民，完成了一个血泪斑斑的轮回。

蓝脸的对立面——党支部书记洪泰岳，他和蓝脸斗争了一辈子，在改革开放以后，反而变成了单干户的难兄难弟。洪泰岳是社会主义大集体、人民公社化的坚决捍卫者，他捍卫集体化的忠诚和热情，和他的对立面蓝脸捍卫他的土地、私有制、单干是一样的，但是蓝脸笑到最后，洪泰岳却悲壮而荒唐地牺牲。

蓝脸是经典的农民，他跟土地之间的感情就是中国几千年来农民的感情，土地是和他血肉相连的，农民离开土地就是无根的植物，就是浮萍，就是柳絮，被一阵风刮得无影无踪。农民只有扎根在土地上，只有自己有了土地才是一个完整意义上的农民，土地是他的安身立命之本。就像我在小说里写的，"只有我们拥有了土地，我们才是土地的主人。"

在我们的历史上，在我们的记忆中，曾经有蓝脸这样真正的农民、经典的农民存在过，他的存在在社会发展的滔滔江河浪潮冲击之下可能会慢慢地变成记忆，但是这种记忆会闪闪发光，它有价值。这个人物是我写作这部书的动力之一。

问：《生死疲劳》为什么没有后记？好像你写了没有收进去。

答：原来有一个后记，后来我觉得没有必要了，任何后记都是对阅读的一种障碍，或者是一种限定，就像我在写《檀香刑》的时候写了一个大踏步撤退，结果就变成了一个巨大的限定。我自己画地为牢，读者沿着我这个方向思想，完全是对读者阅读的干扰。这次出版社要在书上登作者照片我也不同意，面目可憎，登什么？小说就是小说，纯粹一点比较好，作者简介，罗列过去的所谓成绩，更没有必要。

问：你在写"我爷爷"、"我奶奶"这代人的故事的时候，那时的乡村是诗意、传奇、浪漫、自由的，但你一写到你这代人和自身生活经历，这时候乡村就变得现实、残酷、尖锐、愤怒、悲伤。为什么会有这么大的一个落差？

答：《红高粱家族》、《丰乳肥臀》其实是带有浪漫主义精神、游侠精神的小说，这些小说里的人物实际上不是真正意义上的农民，他们是战

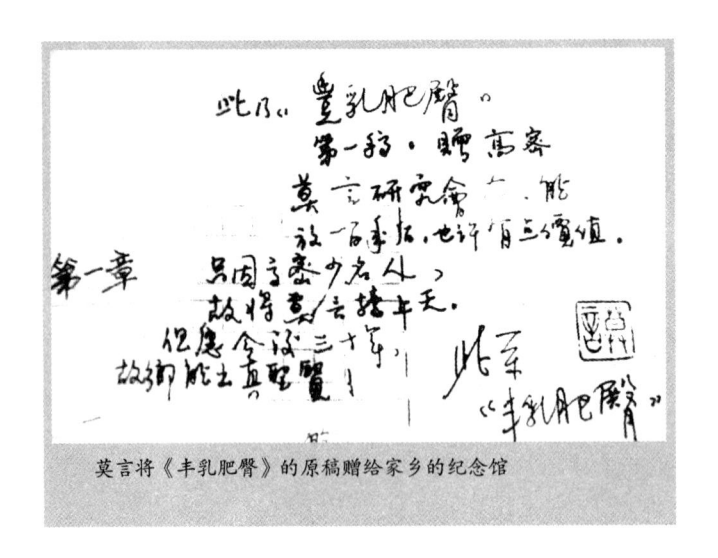

莫言将《丰乳肥臀》的原稿赠给家乡的纪念馆

乱年代里农村广大土地上的流民和一帮土匪，或者说是社会制度的挑战者和破坏者，不是真正意义上的农民阶级。他们不要付出任何艰苦的劳动就能获得赖以生存的粮食，土地对他们来说是供他们藏身的青纱帐，只是他们人生的舞台而已，和那种真正的农民对土地的感觉是不一样的。

我爷爷那一代农民，地是自己的地，不但今年要种，明年还要种，把地当作宠物一样，像养一个自己的亲人一样，好好保养它爱护它，让它永远贡献粮食，这种感情是很真的。就像艾青讲的一样，为什么我们泪流满面，因为爱这土地爱得深沉。到了我们这一代，对土地恨得要命，一方面因为偷奸使滑的行为使得它产出的粮食越来越少，另一方面土地把我们牢牢牵制住，使我们不能离开它，使我们不能施展个人的才能，无法保持个人的个性。我们这一代不是土地的主人，我们是土地的奴隶。

我是在人民公社这个大环境下长大的，当时我作为一个社员，我恨土地，我们面朝黄土背朝天，每年劳动360天，得到的是难以维持温饱的贫困生活。我们被强制地拴在土地上，失去人身自由。

问：你现在通过什么渠道和你的老家保持联系？

答：我父亲还在乡下，我的哥哥、嫂子、姐姐、侄子们，几十口人住在乡下。现在农村各家都有电话，我可以第一时间知道村里发生的事情，比如说我的叔叔家的一头猪生了16头小猪，就马上打电话给我，一头牛生了3个小牛犊，也会当作喜事告诉我。这些联系是次要的，关键是我心理上从来没有离开过的故乡。

问：农村曾经是一批作家的精神家园，但这个精神家园在今天已经粉碎了，桃源梦醒，对以农村为主要写作对象的你来说，会不会是一个问题？

答：精神家园不会像空气一样蒸发掉，土地依然是疮痍满目地在那里摆着，荒芜的土地上长出了很多过去已经绝迹的植物，很多已经绝迹的飞禽走兽又出现了，这是一种新的现实，具有更大的文学性。

每个小说家都有自己的小说仓库，有成品，还有半成品。农村生活也是非常广阔的，它也有各行各业，我的小说表现的是一点点，其他的很多东西都可以写，比如历史的、战争的、女性的，关于山东人几百年来怎样背井离乡下关东，沿着黑龙江，一直到了阿穆尔河入海处，怎样在白雪皑皑之下返回故乡，这些题材都可以写成小说。我不担心没东西写，只担心写不好，糟蹋了素材。

创作：写什么东西自己也做不了主

问：在很多人看来，你们这一代作家都是受西方文学影响，喝狼奶长大的，但你的作品一直很传统化，很少有人把你放在先锋作家里。但你又是一个最成功的混血儿，把西方文学的影响和中国文学传统结合得最好。在写作上你这种自觉是什么时候形成的？

答：我是喝高粱面糊糊长大的（笑）。我们受西方的影响，真正要化成中国的东西，化成你个人的东西，必须你头脑中有这个东西。原来的生活中本来就有这个东西，受到他们的启发，一下就发展起来了。我们向西方的现代派小说学习，魔幻现实主义、结构现实主义、印象派种种许多的东西，假如你原来头脑里没有，你的禀赋里面没有这些因素，你只能是形式上简单地模仿。假如你原来就有这个基因，原来就有这个素质，看了这个会触类旁通，激活了你心中原有的东西，这样写出来，就是属于你个人的。假如你头脑里面没有这些素质，它激活不了你的内因，激发不出你的个性，那就只能是简单的模仿。

我觉得我是比较难归类的，我就是我。我1988年出版的长篇小说《十三步》，在形式探索上，应该是相当前卫的。1987年的《天堂蒜薹之歌》，然后又是《酒国》那么一个荒诞的政治小说，带着黑色幽默、反讽、变形、夸张，应该很"先锋"啊。

我早期的中短篇小说，比较重视语言，重视感觉，到了写长篇时，比较重视结构。我最近在一篇文章里说，结构就是政治，如果你不懂我这个话的意思，你去看看《天堂蒜薹之歌》和《酒国》。这样的小说结构是逼出来的，题材尖锐，不写不快，那只有在结构上挖空心思。

我们都强调作家的想象力，故事需要想象力，语言需要想象力，结构更需要想象力。

问：你和贾平凹比较相似，在写作上有很完整的规划。这个写作规划实现了多少？

答：计划有，但变化更大。许多原来计划好的东西都推到后面去了，有的放了几年之后，就丧失了写作的热情。

比如我前年在东北的刊物上发表了一个《扫帚星》的中篇小说，其实它是一部长篇的开头，但后来我发现意义不大，就彻底放弃了。再比如当年我写过胶济铁路记事，也有3万字，开始构思时也是满腔热情，因为胶济铁路是中国最老的铁路之一，在它周围是留着辫子的男人、裹着小脚的女人，还有完全的自然经济。在那么封闭落后的环境里，这么一个钢铁怪物来回跑，不仅仅是一个机器、一种经济的侵略，而是带有文化的象征。当时我觉得这个题材是个大题材，是个好故事，有了《檀香刑》这个小说之后，我就搁下了。

问：你在创作上是不是经常有这样的调整？甚至是"南辕北辙"背道而驰。

答：有时候，要写什么东西自己也做不了主。按照我原来的写作计划，《红高粱家族》第一部写的是"我爷爷奶奶"这一代，第二部应该写"我父亲"这一代，到了第三部应该写我们这一代人。没想到刚写完《红高粱家族》第一部，因为现实生活中出现的"蒜薹"事件，一下子激发了我创作的强烈欲望，写了一部《天堂蒜苔之歌》把《红高粱家族》下面两部计划搁浅了。《酒国》、《十三步》也是这样，都是突然冒出来的，不在我的创作计划中。

到了上世纪90年代中期，应该是长篇小说重新焕发生命力的时候，有个著名的"陕军东征"嘛，那时候作家好像也没像现在这么焦灼，都闷在自己家里写自己的小说。那一年，我在写《丰乳肥臀》，我把《红高粱家族》第二部的一些想法融合进去。计划中的《红高粱家族》第三部我们这一代人的故事，已经在《生死疲劳》里得到了展现。

问：在写作上你现在还会与其他作家交流吗？

答：在写作这个事情上，每个人都在孤军奋战，谁也帮不了谁的忙。

我一直有意识地跟文学界保持一定距离，不是我讨厌他们，是怕他们讨厌我，我自己应该知趣。我坚持我的个性，坚持我自己的方向，反而具有一定的价值。凤凰就是凤凰，乌鸦就是乌鸦，我当然是乌鸦。

问：如果说在小说结构、语言上你受西方文学的影响，从小说的内在精神来看，你的趣味是中国传统的，受聊斋和魏晋小品的影响，因此，小说传奇，豪放，生猛有野性。

答：《聊斋志异》是我的经典。我有一部家传的《聊斋志异》，光绪年间的版本，上边我题了许多歪诗，什么"经天纬地大贤才，无奈名落孙山外。满腹牢骚何处泄，独坐南窗著聊斋"，"幸亏名落孙山外，龌龊官场少一人。一部奇书传千古，万千进士化尘埃"。还有什么"一灯如豆读聊斋，暗夜鬼哭动地哀。风吹门响惊抬头，疑是狐女入室来。"非常肤浅，有污书卷，但也表达了我对蒲老祖师的无限敬仰之情。

魏晋传奇也非常喜欢，也是我重要的艺术源头。

问：从回归传统来说，你怎么理解80年代初期韩少功、阿城那个时期提出的"文化寻根"？

答：那个时候像阿城提出的"文化制约人类"、韩少功提出的"文化寻根"，我猜想他们的本意是回归到典籍，回归到我们书面传统、古典文化里去，不是回到偏僻乡村里沉淀下来的奇风异俗。当时有人错误地把寻根理解为寻找穷乡僻壤，荒山野岭，奇风异俗，原始落后，闭塞愚昧，把寻根引到了一条错误的道路上去。我们20多年来探索、实践，实际上一直在寻根。寻根就是向传统学习。寻根与面对现实关注现实并不矛盾。

写人生，写人的命运，塑造在文学画廊里面有一席或者半席侧身之地的典型人物形象，这是小说家的最高追求。你的关注点不应该是某一个具体的事件，关注点还是人的命运，还是小说艺术本身，语言、结构、典型人物，这是我们应该关注的。

问：从这个意义上来看，《天堂蒜薹之歌》应该是你第一部最早描写现实的作品。

答：应该是，如果说所谓的反腐败小说，那我的《天堂蒜薹之歌》就是。如果说官场小说，那我的《酒国》就是。但实际上它也有不现实的一面，如果让官员来读，他可能满腹怨恨，鸣冤叫屈：我们不是这样的。我想这是因为作为一个出身下层的农民作家，我写作的时候感情倾向非常明确，选择表现事物的侧面和视角，是主观的，没有办法。换一个作家写可能又是另外一个小说。

不是我要关注现实问题，而是无法逃离它，在屋子里面蒙头大睡，现实依然存在，现实时刻都在纠正你前进的方向，它在拉着你走。

问：在创作上你越来越自信了。什么时候开始有的自信？

答：我到了50岁这个年龄，才多少有了点自信。过去都是不自信的。写《红高粱》的时候，写完了我想这是不是小说？是不是文学作品，是好还是坏,可不可以这样写,都要通过别人的判断,来给自己定位。到了写《酒国》的时候有一点点自信,写完了之后感觉到就是应该这样,不要管别人怎么说了,到了《丰乳肥臀》,还是有点犹豫。到了写《生死疲劳》的时候,就比较自信了。

问:你去年发表一篇文章《捍卫长篇小说的尊严》,怎么理解你说的"重"和"轻"?

答:长篇小说有一个重要的特征就是笨重,不能轻灵,好长篇肯定是沉重的不可能是轻的,这是我的一己浅见。卡尔维诺在诺顿演讲上讲过小说的快与慢,轻与重,当然有轻的小说,快的小说,但是肯定要有重的小说,慢的小说。我个人理解长篇应该是厚重的下沉的,不应该是能够飘起来的东西,但是不排除在沉重的大地上依然可以长出能够飘起来的植物。

问:很多发生在作家身上的经历在你身上也发生过,比如你也曾经为张艺谋写过几次电影剧本,还写过话剧,但是你没有像其他人那样被废掉。

答:如果一个人长期写剧本,再回头写小说时会感到手生,但写几个小说就能够把状态调整过来。

命题作文很难写,我也写过,但事实证明很难成功,而且永远也不会满意。《白棉花》是一个半命题作文,当时我和张艺谋一块讨论,他希望写农村大场面故事。在我们农村,和平年代里的大场面就是修水利,开山挖河,但这样的大场面在电影里很难表现,你现在没法组织几万人去挖一条大河。另外一个农村的大场面就是收购棉花,当时我们老家一个县就一个棉花加工厂,到了棉花收购的旺季,成千上万的棉农赶着车挑着担子,无数的棉花集中到一个地方,而且那个地方不像现在的仓库房子,是露天的,棉花堆的像山一样高,这个场面特别壮观。

那时候张艺谋刚拍了《红高粱》,那个电影一出来,反响非常好。我对他说,你刚拍完《红高粱》,再拍一个白棉花,首先视觉上就有很强烈的反差。因为有事先商定的东西，写的时候就不知不觉地向故事性、影视性靠拢，结果出来的小说不伦不类。

问：国内所有导演挑本子的时候都会看你有没有一个好的故事和人物。

答：这不是真正高明的导演，真正高明的导演能把《资本论》拍成电影，好的导演是要氛围，要你的语言，要你的小说技术，然后他从这里受到启发。关键你的小说就是要把导演强烈的创作艺术感觉刺激起来，这样这个故事用电影语言讲述的时候，才可能和别的电影不一样。如果要单纯编一个故事，对专业的小说家、专业导演来讲都不是难事。

真正的好导演，他并不需要你来帮他想故事，真正的好导演是非常高明的读者，恰恰是具备小说的元素，完全为了小说而创作的小说，这种带有丰富的小说元素和小说技巧性的东西，会把好的导演吸引过来。如果你想有意识向导演靠拢，反而是靠不拢的，如果你想逃离的时候，他反而被你吸引过来，我觉得应该是这样一个状态。

文学奖和批评：平常心待之

问：在《檀香刑》出现以后，在创作上你越来越回归于民族传统，有评论家说，你现在越来越看起来像一个中国作家了。

答：《檀香刑》之后的写作，我想实际上更多地是针对盲目地模仿西方，一味地取悦读者，把翻译腔调作为文学语言的最高水准的一种反动。我觉得我们小说的语言应该和翻译小说不一样的。翻译小说的语言严格讲也是中国的一种语言，我们所谓的马尔克斯的语言、福克纳的语言其实都是翻译家的语言，起码95%的作家都读不了原文。有的人说我受了马尔克斯语言的影响，那我要懂西班牙语啊，懂西班牙语才可以说受他的语言影响。现在很多报刊上的文章，那种翻译腔调很舒服，很典雅很漂亮，但是我觉得大家都这样写不行。所以我在《檀香刑》之后首先从语言上向民间回归，向我们的民间口头文学来学习，这实际上是任何一门艺术发展到一个顶点以后，继续往前发展的必由之路。这是汪曾祺老先生的意见，我非常认同。他讲京剧到了今天，山穷水尽、面临危机。当一门艺术面临这样的困境时怎么解救它？一是向外边的东西学习，向其他的艺术门类学习，在一个就是回归民间，向民间艺术学习，向生活学习。小说也是这样，我们的小说，从上世纪80年代到现在20多年，好作品应该是出了很多，有各种不同的形式，进行了大量的探索，达到了一个相当的高度，也可以说面临困境，在这种背景下，怎样继续往前走？

像汪先生讲的一样，一个还是要敞开大门，这个大门不单单是国外的艺术，还包括其他的艺术品类，舞蹈、戏剧、美术、音乐；第二个就是要回到民间，向现实生活，口头的、民族的、传奇的、包括老百姓日常生活方面，有深刻意味的细节学习。只有这两个方向。

任何想象力都要借助物质性的东西，都要借助语言的材料，或者思想的物质材料，在这样的基础上才可能展开你想象的翅膀，没有物质做基础的想象是不存在的。

至于说我"看起来越来越像一个中国作家"，这是一个美妙的讽刺。很好，那就让我继续"像"下去吧。

问：有报纸在评选2005年年度作家排行榜，把你是排在第一的位置上。

答：这只代表操作这个活动的几个人的看法，甚至是搞笑、恶作剧，谁也不要认真，文坛老大老二是永远排不出来的。

问：有媒体评价你是离诺贝尔距离最近的第一人，你在意这个奖吗？

答：这是瞎扯。关于这个问题，已经令人厌烦。很多媒体每年都在骂作家，骂作家关心这事。实际上是作家关心还是媒体关心？媒体自己在那里找话说，他们先挑起来的，然后把罪名加到作家头上去。媒体记者采访，如果采访王蒙，就会说：王蒙先生，您是被公认为最有希望获得诺贝尔奖的作家。明天采访莫言，又说莫言先生你是被公认为最什么什么的作家，后天采访余华，大后天采访李锐，全都是一套话，都是媒体说的。这个和作家没有关系，我认为中国作家没有功利到这个程度。

对一个文学奖在意不在意和创作应该是严格分开的两种概念。我们干脆直接说，莫言想不想得诺贝尔奖啊，想啊，如果我说不想，那我太装孙子了！这个奖多好啊，一百多万元呢，在这个货赂公行、贪污成风的年代里，能正大光明的获得百万奖金有什么不好？这个奖不管怎么说，得了就是世界性的承认，你不管它有几个评委，不管它有多大的偏见，得了以后还是一种肯定。我是想得，但我怎么得啊？难道我知道怎样写才可以得奖吗？难道我会为了这个奖来改变自己的创作吗？难道我会为了不被人非议而使自己不"看上去越来越像个中国作家"吗？

问：还有人指责你是在适应诺贝尔奖评委对中国文学的想象，你在作品里有意识在贴中国标签。

答：那是他们用君子之心度小人之腹。注意，他们是君子，我是小人。什么是中国标签？我不知道。

我在《檀香刑》后记里面说，我想在语言上有我自己的特色，根本不是想写给外国翻译家看。《檀香刑》出来后，有些外国藉中国人批评我是"国家主义"，中国有些人却说我丑化义和团运动，你看，多么荒诞。

我80年代的几个作品带着很浓重的模仿外国文学的痕迹，譬如《金发婴儿》和《球状闪电》。到了《红高粱》这个阶段，我就明确地意识到了必须逃离西方文学的影响，1987年我写了一篇文章《远离马尔克斯和福克纳这两座灼热的高炉》，在《世界文学》杂志上发表。我意识到不能跟在人家后面亦步亦趋，一定要写自己的东西，自己熟悉的东西，发自自己内心的东西，跟自己生命息息相关的东西，然后一步一步地往前发展，一步一步地向这个方向努力，才有了《檀香刑》和《生死疲劳》，这是从一条河流跳到另一条河流，长期积累的必然结果。

我一直在努力摆脱西方文学对我的影响，比如有某个细节非常好，完全来自我的生活，甚至是我的家乡的真实事件，但假如它和西方某一部小说里的细节有类似性，我就宁愿舍弃。在这个过程中，随着我经验的增加，创作个性慢慢地形成，才一步步走到现在。

总之，一个作家不可能把自己的写作追求限定在一个什么奖上，也没听说哪一个作家为了得什么奖调整了自己写作的方向，改变了自己写作的方法。而且，即便你想改变，变得了吗？

但他们要这样说谁也没有办法，我也不想理睬。该怎么写，还怎么写；想怎么写，就怎么写。在日常生活中，我可以是孙子，是懦夫，是可怜虫，但在写小说时，老子是贼胆包天、色胆包天、狗胆包天。

在当今这个时代做任何一件事情都会有不同的看法，即便是跳到河里去救上来一个落水儿童，依然会有人冷嘲热讽。

问：去年的茅盾文学奖，《檀香刑》以高票入选，在终评时却被拒之门外，这个结果被很多人认为不公平。

答：没有不公平这一说，体育比赛可以喊不公平，文学评奖能喊不公平吗？体育比赛，刘翔跑得快，在前面一步远，如果刘翔后面那个得了奖，那叫不公平。如果比赛跳高，跳过一米八的得了金牌，跳过一米九的反而没得，这是不公平。当然，服了兴奋剂另当别论。每个奖都有自己的规则，都有一套自己的运作程序。茅盾文学奖的初评和终评是两拨人，一拨是初评委，一拨是终评委。这两拨人怎么可能一个看法？我也当过几次文学奖的评委，知道评奖是怎么一回事。评奖结果出来后，我收到了一些邮件、短信，都煞有介事地对我说个中黑幕，什么某人花了多少万运动了，某人大摆宴席了，我都没有回应。因为这些评委我大多数认识，其中许多是我尊重的前辈和我不错的朋友，我对他们的人格有个基本估计，他们不至于下作到那种程度。

其实，最重要的，是我还能继续创作，还有出版社愿意出我的书，还有读者喜欢看我的书，我还能在写作的过程中，体验到创造的痛苦和欢乐。写《生死疲劳》时，我有时鼻子发酸，有时乐不可支，在屋子里转圈笑，我老婆骂我：笑什么？喝了猴子尿了吗？

问：去年媒介爆炒你和评论家李建军之争，究竟是怎么回事？你怎么看待他对你的批评?

答：去年在武夷山，与李建军短兵相接，我事先没有心理准备，仓促应答。他实际上批评了几个事件，第一个就是说，美国有一个教授M·Yhomas Inge 在一篇文章《史诗般的小说，一流的中国作家》中说："莫言是世界级的作家，可能是鲁迅、老舍以来最有前途的中国作家。"李建军批评我把它印到散文集的后面。我解释这个事情，第一外国人怎么说我无法封住人家的嘴巴，第二我对我自己的创作还是有自知之明，再怎么狂妄我也不敢说比鲁迅、老舍才华大，这不是痴人说梦吗?

书商要引用这段话的时候，我就持反对意见。我觉得抬得太高了。鲁迅、老舍是两座难以逾越的高峰。我认为衡量一个作家才华最重要的标准，就是看一个作家有没有创造一种独特的文体，而鲁迅、老舍都是创造了一种独特文体的作家。鲁迅的文体再放50年依然不会过时，老舍的文体中对北京方言、土语的改造运用，依然是了不起的。他们的才华是难以超越的。

如果别人那么说，我自己也认为我比鲁迅和老舍还有才华，那不应该在这里开会，我应该去精神病院了。但是为什么这样一段话会出现在我的书封底上呢?这是出版商的操作，而且还有比这段话更过分的话又被别的书商印到封底上去了，我也很不满意。去质问他们，他们说要卖书。

李建军还批评了我们四个作家去北大参加瑞典文学院和北大合办的斯特林堡讨论会的事，这事又涉及到了诺贝尔。他的批评相当尖刻，我记不住他的原话，也就不必再说，免得出错。我说会总是要有人去开，关键是要看我们在会上说了什么。

总之，这场争论是令我深思的一件事。小说家和批评家应该保持什么样的关系?什么是正常的批评和反批评?

如今，在批评和文学之间，批评家和作家之间掺着一个媒体，掺着一个市场经济，掺着一群书商，掺着一个败坏的社会风气，就把很多简单的事情变得非常复杂，就会让任何一个人批评别人的时候经常批评到自己。

当你在批评一种现象的时候,别人很可能从你以往的行为当中找到类似的事件,比如李建军批评我,但同样有一些人把一些很令人吃惊的称号加到他的头上,什么"文坛清道夫"、"文坛的良心",这些称号他也担当不起啊。你是"文坛的良心",那别人都没有良心了?你是"文坛清道夫",那被你清除的是什么?当然,我们也没有必要让李建军自己表态说他不是"文坛的良心"和"文坛清道夫",我相信他也不会把这些高帽当真。

在当今这个时代,媒体唯恐天下不乱,媒体有很多的情况下,完全是望风捕影,完全是捏造,现在有些"莫言采访录",我根本不认识这人,有些话断章取义。我过去接受某些人的采访,包括我的散文、杂文、小说里的话,他东一段西一段,拼凑一个采访录出来,不了解真相的人一看,莫言在骂谁啊,但我也没有必要去追究,越抹越黑。

问:你怎么看待他那种言必"真善美",还有像警察一样的"考证"式的批评方法?

答:李建军这种"考证"式的批评方法也有它的道理,起码他是读了作品的,总比那些不读作品而批评的人负责。他觉得作品里要有美,要有善,要有爱,我不反对,这是正确的,但是对善、爱、美的理解,应该是非常宽泛的。爱、善、美本身并没有错误,很高尚的,谁不崇尚爱、善、美啊,谁不爱真、善、美啊,但是怎么样解读爱、善、美?这需要讨论,需要针对具体的文本具体讨论,不能泛泛而论。道德这个东西是一个历史的范畴,不是一个永恒的范畴,在50年前不道德的在今天变成了很道德,在50年前大逆不道得可以掉脑袋的事情今天变成了司空见惯。这种历史性的东西是很不可靠的,我们现在认为道德的东西50年以后大家也许会认为是一种道德耻辱。

如果我们一味地坚守传统的、古典的、批判现实主义时期的那种文学当中的真、善、美和道德,显然已经远远不能满足当今作家的心理需要,我觉得真、善、美应该是一个不断变化和扩展的概念，对真、善、美的理解不应该局限在古典的真、善、美的狭隘的理解中。什么叫真，什么叫善，什么叫美，每个人都有自己的解释，当然也不能变成无边的概念，杀了一个人，说这是真善美，我不是这个意思。我觉得善和恶，真和假，美和丑、爱和恨之间有一个模糊地带，有一个朦胧地带，而这个真假之间，善恶之间，美丑之间、爱恨之间朦胧的模糊的地带，恰好是小说家施展自己才华的广阔的天地。

我觉得李建军是一个有学问的人，是一个有个性的批评家，他的地位已经确立，他的名声还会继续提升，这点绝对不应该否认。但我觉得他应该稍微拓展一下他的审美趣味。另外，我们谈文学应该从文本出发，批评更要从文本出发，不要关心文本之外的作家的私生活，这没有意义，因为每个人的私生活都不是白璧无瑕。

说到这里，我觉得我在那次争论中犯了两个愚蠢的错误，相当弱智。我在发言中也脱离了李建军的批评文本，这是让我感到非常后悔的。我在当场就对他表示了道歉。另外一个愚蠢的错误，就是在争论中涉及到了不在场的人，在此我也向他们遥致歉意。

这件事是一个深刻教训，我认识到，一个写小说的，应该尽量不去参加这样那样的笔会，即使去了，也要装哑巴。对文坛上所有人，都应该敬而远之，你的最重要的工作是写小说，写小说，写小说。

问：作家写作应该存在道德禁区吗？

答：这种道德自律是下意识，不可能每个人写作的时候写一个道德戒条，贴到墙上提醒自己，它是一种下意识，像生物钟一样的自律的控制。

在写《生死疲劳》的时候我特别注意"的"、"地"、"得"的使用，我让我带的研究生专门看我用的"的地得"对不对，我对出版社的编辑说，别的错误都可以存在，"的地得"的错误一定要消灭掉！这是李建军的批评发挥作用了，因此我说这种批评有他的道理，我应该感谢他。

但是这种批评如果脱离开整个文本、语境也没有道理，比如说我小说里面有大量的戏文。戏文按照语文教师的规范来看,真的是狗屁不通的,你看我们那些著名的经典京剧,里面的唱词,"一马落在地流平","一枪戳下马鞍桥",什么叫地流平?什么马鞍桥?戏曲唱词里面有很多救命词,他们为了押韵,为了字数,不得不生造一些词,不得不把一些成语拆得四分五裂,颠三倒四,这在戏曲里面是约定俗成的,谁也不认为他们犯了语言错误。我在农村唱过小戏,"生产队长一声嚎,社员下地把动劳",通吗?狗屁不通,但大家就这么唱。《檀香刑》里面,有这种东西。因为这是一个戏曲化的小说,或者说小说化的戏曲,很多救命词,同义词重复,这在戏曲里面不是问题,不是毛病,但是脱离了文本,用语文教师的方法分析,那肯定是一塌糊涂。

问:怎么看现在的媒体批评呢?

答:媒体批评,主流是严肃的,是不可缺少的。但也有无聊的东西,这种东西读了哈哈一乐,不要当真。如果认真,只会越弄越黑。尤其是小报上的花边新闻,这种东西如果和它较上真了,它巴不得呢,就随它过眼云烟拉倒。

《蛙》的虚构和姑姑的真实故事

张 英

夸张点说,从我出生的那天起,《蛙》这个小说就开始萌芽了。

1955年2月17日,莫言在山东省高密县大栏乡的一个农民家庭出生。他来到这个世界上睁眼见到的第一个人,不是他母亲,也不是父亲,而是他的姑姑。1981年,他的女儿管笑笑出生,她见到的第一个人,同样是父亲的姑姑。

在莫言老家山东高密东北乡,姑姑在过去几十年里一直是当地家喻户晓的接生婆。经她手上来到这个世界的婴儿,既有像莫言和哥哥姐姐这样在60岁左右的人,也有比莫言女儿更小在20岁左右的年轻人。

"姑姑是新中国培养的第一批基层的妇科医生,从18岁开始一直干到70岁,由她接下来的孩子差不多有一万个。姑姑走到哪里,人们都像迎接菩萨一样。"然而,在上世纪70年代末期实施计划生育政策后的30年里,姑姑在东北乡成为了不受欢迎的人,"走到哪里像瘟神一样谁见了都骂,夜里不敢一个人出门,走路有人从背后用砖头砸。"莫言对《南方周末》记者回忆说。

作为莫言少年时代最喜欢的人,姑姑的人生故事一直存留在莫言的记忆里。但莫言在过去的30年里迟迟没有动笔,原因是写姑姑的故事势必会写到计划生育政策。"当时计划生育政策说是要管30年嘛,这个政策的时间期限过后,这几年学术界有很多人开始对计划生育政策进行了研究和反思,广播、电视和报纸上出现许多讨论,我觉得这个故事可以写了。"

骑自行车下乡的姑姑

这个姑姑是我爷爷的哥哥的女儿,准确地讲是我堂姑。

大爷爷是我们高密东北乡有名的老中医,姑姑从小跟大爷爷爷学医。新中国成立以后,政府非常关心人民的健康,在全国范围内开展了新生育法的培训。当时有文化的人不多,姑姑从小开药方,认识字,因而被当时的县卫生局选中,成为新法接生培训班的首批学员。

在姑姑这样的医生出现前,民间的接生婆都是用民间的"土法":把马路上的尘土垫在孕妇身下,用带铁锈的剪刀剪掉婴儿的脐带,然后用破布、棉花来包扎,造成了大量的婴儿患破伤风死亡。新法接生首先就是对婴儿脐带进行消毒,再用纱布包裹好。

农村人刚开始对新法接生很不接受,他们认为生孩子就是很自然的一个过程,就像树上的苹果熟了要落下一样,瓜熟蒂落,没有必要要医生来干预生育过程。在乡下任何一种变化都很艰难,即使是科学的变化。即使有政府的强制执行,姑姑当时的工作也很艰巨,在大量的实践和事实面前,慢慢把用土法接生那批接生婆们给淘汰掉了。

新法接生很快就代替了旧法接生,姑姑成为东北乡唯一的接生员。我姑姑工作表现非常出色,因为她父亲(我大爷爷)是地主成分,在当时很受歧视。如果不是因为人才缺乏,一个地主的女儿,是不可能从事这样的工作的。这个工作虽然辛苦,天天在农村跑来跑去,但这是个铁饭碗,国家的正式医生,每个月拿固定的工资,退休了还有退休金,一辈子有生活保障。所以,姑姑工作为什么那样积极,执行党的命令那样坚决,是有这个背景条件的。

在《蛙》这部小说里，我做了一些技术处理，把姑姑写成烈士的女儿，父亲曾经是八路军医院的院长，因为革命而牺牲。她是在党的关怀下长大的，出于自己的政治觉悟，在执行党的计划生育政策时是不折不扣，贯彻到底的。因为在以往的小说里，我们写家庭出身不好的这种人物写得太多了。

我姑姑接生了一万多个孩子，在当地妇女心中威望很高。我母亲跟我讲一个嫂子生孩子难产，村子里的接生员已经束手无策，只好跑到公社医院把我姑姑找过来，她来了就骂产妇："你想死还是想活？想活就听我的，想死我就不管我走了。"产妇一看她来了，立刻信心大增，10来分钟就生出来了。

我和哥哥、姐姐这批50年代出生人，比我小的60年代出生的一代人，包括我女儿这批80年代出生的人，都是姑姑接生的。我母亲说我姑姑艺高胆大，说我侄女出生时，姑姑拽着个婴儿的脑袋，"啪"地就拔出来了，出来之后提起来就拍屁股，小孩哇地就哭出来了，姑姑就说"行了"……手艺熟练到似乎随意的程度。

在姑姑刚刚工作的上世纪50年代，政府用物质奖励生育，每生一个孩子都可以奖励油票、布票。那时候是姑姑在高密东北乡声誉最高的时候，因为她带来了生命带来了喜悦。每到一个村庄，所有的人见了她都要笑脸相迎，对她非常尊重。当时乡下很少有自行车，她骑着一辆德国产的自行车，一进村庄按铃声，所有孩子都跟着她跑。

到了60年代初期，因为三年自然灾害，出生率几乎为零。1962年秋天，高密东北乡地瓜丰收，饥饿的村民们，吃了足够的地瓜，恢复了身体的健康，也恢复了生育的能力。1963年春天，诞生了一大批小孩，这批小孩被姑姑就戏称为"地瓜小孩"。这时候国家依然对生育大加鼓励。

一直到"文化大革命"后期，政府才开始控制人口生育，"三个多了、两个正好、一个不少"。计划生育开始推广的时候，阻力很大。当时农村的老人都坚决反对这个政策，他们说从来没有哪个朝代不让人生孩子的。

我爷爷经常说，周文王的时候，路上行人肩并肩、摩肩接踵，于是"马下双驹,麦秀双穗"。老天让孩子生下来就会让他活，人口竟然也可以控制？这在那些老人们的心中，简直是大逆不道。

因为计划生育，姑姑的命运发生了巨大的逆转，到70年代后期，计划生育政策慢慢越来越严格，尤其是到了80年代改革开放初期，计划生育变成一项国家铁打的政策。作为妇科大夫，我姑姑开始由原来的单纯接生到开始承担计划生育工作，这让她成为了一个不被乡亲们欢迎的人。

当然，小说中的"姑姑"，与现实中的姑姑，差别很大。基本上不是一回事。

农民为什么拒绝计划生育

我老家高密从上世纪70年代末就开始实施计划生育。我当时就听村里人骂，历朝历代听说过阉猪阉狗，没听过"阉人"的。他们将"男扎"成为"阉人"。

最早的时候是政府号召工作干部带头做结扎手术，要求他们起带头作用。我们老家是公社书记带头先扎，那下面的干部没办法，他们一结扎，普通农民只好也跟着进医院了。第一批人手术做完，有部分人结扎以后腰疼，身体乏力，不能从事原来的体力劳动。后来政府根据这个情况调整，开始主要以妇女为结扎对象。

我见过计划生育工作人员在农村免费发放避孕药具，有的妇女当面吞下药，转身就吐出来了，因为避孕药对身体有副作用。还有些调皮的小孩，把避孕套吹得像气球一样，拿着满大街地玩。

1980年，党中央发给全国共产党员和共青团员的一封公开信，说我们的人口到了非控制不可的地步了，党员和团员要带头，每对夫妻只生一胎。

当时的政策对城市和农村是分开对待，城市户口只许生一个，不论男女；农村户口，如果第一胎是女孩，可以生两胎，但第一胎和第二胎的生育时间必须间隔6年。

农村的计划生育最严格的时候，是80年代初期。因为当时还是人民公社，土地是集体所有制。农民出门要"革委会"的介绍信，吃饭需要粮票，晚上住旅店需要村子里的证明。否则就会把你当"盲流"收拾起来。如果违反计划生育政策，除了对你进行经济处罚外，生产队取消你的劳动资格，就没有粮食吃。

农民不接受计划生育，有各种各样的原因。首先是传宗接代的传统思想根深蒂固，你没有儿子，属于"无后"孤老，断子绝孙，被人看不起。女儿是嫁给别家的人，不像城市工人有退休工资，农村老人没有人养你，必须养子防老。从生产角度来看，农村的体力劳动繁重，基本上靠男性。

在人民公社时期，集体劳动还稍微好一点，重活都是男人干，妇女干一些轻松活，反正大家都是挣工分。土地承包到户，一家一户，劳动生产全靠自己干，男劳力就更加重要了。

中国的农村都是宗族社会，每个村子都有几个家族，斗争很厉害，如果家里没有男人，发生矛盾的时候往往会被人欺负。一个家族男人多，有这个作后盾，才有可能当上大队书记、村委主任。如果没有家族做后盾，根本不行。所以计划生育的实施实际触犯到这些问题，在农村推行就特别困难。

计划生育刚开始能够在农村落实下来，主要依靠的是人民公社这个计划经济体制对人的管理、控制，另外是靠《蛙》小说里描写的"姑姑"这样一批铁杆的计划生育的贯彻者，她们真的是执行党的政策，不折不扣的执行，如果没有她们，根本落实不下去。"姑姑"实际上也非常委屈，本来她接生过这么多孩子的人，到哪里都受人欢迎，因为计划生育，后来谁见了她都骂，夜里不敢出门走路——有人从背后用砖头砸她。

加上国家在计划生育政策上最开始的时候，实行的是一票否决制，不管农村还是城市，任何单位出现计划外超生现象的，当年的成绩全部不算。如果是城市，整个单位的工作测评都会受影响，全体职工的奖金肯定就没戏了。所以,在计划生育上,不管农村还是城市,都是一把手当计划生育工作领导小组组长,亲自抓计划生育,用尽各种办法,确保不出现超生现象。

为了达到控制人口的目的,基层的工作人员使用了很多手段。首先是罚款,如果家里没有钱,搬走家里的家具物品,用拖拉机拉着钢丝绳拉倒房子。这些都是发生过的事实,不是我虚构的。有的人家害怕这样的结果,偷偷跑到远方的亲戚家去生,是女儿就送给别人了,儿子就抱着回家了,你怎么罚都行,反正我儿子已经生出来了。

农村的计划生育出现转折是在改革开放以后,土地包产到户,人民公社解体,没有控制能力了。农民可以自由流动了。为了生儿子,他带着老婆跑到城市去打工,没地方住就立交桥下支个棚子,白天弹棉花晚上生孩子,如果生的是女儿,他也不回老家落户口。

2006年的时候,我在云南碰到一个四川籍的卖茶的小姑娘,她外号叫"三千八",当时她妈怀了孕躲到一个叫鸳鸯桥的地方,当地乡政府把她爷爷奶奶她爹全抓到乡里关着,因为算命先生告诉她爹是个男胎,结果生出来是个女儿,她爹很失望,交了3800元罚款,从此叫她"三千八"。我小说中那个陈眉的原型就是这个小姑娘。

上世纪90年代,国家进行了一次人口普查。我二哥参加过这项工作,我听他说,每个村庄都有许多家找不到人,门上一把锁,有的人家十几年没回村子了。找到他的邻居问"老张家去哪了?"回答好像去青岛了吧。青岛那么大上哪找去?

即使是这样,也查出来一批没有报户口的孩子,他们都是家里缴不起计划生育超生罚款,户口一直没有落下来,全部是"黑人"。考虑到他们的未来,后来政府集中给他们解决了户口,他们才能够上学。

最近这10来年中国又出现了一批没有户口的"黑孩",尤其我到南方去看到一些地方,生了女孩就不报户口,生到第二胎还是女儿不报,一直生了儿子再一起报户口。还有一种逃避方法是,不结婚先生孩子,因为去领结婚证时政府会给你生育指标,他一定要生了儿子再去领结婚证。

我去年回老家,有一户人家生到第三胎,村子里的干部叫他交罚款,他说"没有钱,你们借给我吧"。然后又说"你看家里什么值钱你拿走吧。"他家里什么都没有,只有一铺土炕,一条破被子,管计划生育的干部根本拿他没办法。

某些地方计划生育政策已变成只是罚款的依据,个别特别恶劣的基层干部,知道你超计划怀孩子我不理你,生完孩子就来罚款。谁能够把罚款要上来,奖励百分之十。

我其实也想有个儿子

2002年春节期间,日本作家大江健三郎跟着我回高密老家过年。在那段时间里,我带了他去见我的姑姑,我姑姑告诉他中国乡村生育的历史,大江先生对这个很感兴趣,后来在很多次演讲中都有提到姑姑。但他对中国人的关系分不清楚,总是把姑姑说成我姨妈。

我们家4个孩子,兄弟3个,还有个姐姐。我是最小的孩子。我大哥比我大12岁;我二哥比我大5岁,他们结婚生子的时候,还没搞计划生育,我大哥两个儿子,我二哥一男一女;我姐姐前面连续生了3个女儿,第四胎生了个双胞胎,一男一女;我结婚正好赶上了计划生育。我女儿是1981出生,按照计划生育政策,我妻子是农村户口,可以生二胎。

但那个时候,我刚刚从山东调到北京不久,在解放军总部机关工作,刚刚提干,刚刚入党,天天上课受教育,作为共产党员、革命军人应该带头响应党和国家的号召,只生一个孩子。我应该为国家分忧,因为国家要发展,人口成为一个沉重负担。当时我女儿一出生,我们单位的计划生育主任马上找我谈话,让我办个独生子女证,一个月领7块钱奖励。

当时我老婆还没有随军,她是农村户口,按道理等6年可以再生一个孩子。如果是普通战士,是志愿兵,完全可以生第二个孩子,但我们总部机关特别严，我是干部，绝对不能生第二个孩子，几千个干部都没有第二胎，就你敢生了个第二胎？不能因为你影响了整个单位的荣誉，领导当时找我谈话，我根本没有任何理由反驳。那时候，我刚刚提干，领导也那么器重你，后来我只好答应不生了。

我答应了领导，还要去做我老婆的工作，只能告诉她要识大体、顾大局，跟我老婆举例子：我同学在当地县里工

莫言与日本作家大江健三郎在山东高密

作的，无论是工人、教师，还是局长、处长，大家都是一个孩子，很多人也是女儿，这是一个时代，不是我一个人的问题。老婆其实内心有意见的，但迫于形势，她也考虑到，如果生了第二胎，我复员回老家变成农民，只能种地；如果我不生第二胎的话，过两年可以随军，女儿也变成城里人，否则生两个孩子三个孩子都在农村呆着没前途。

当时县里的政策是独生子女，奖励一台洗衣机，敲锣打鼓送到家。我老婆从来不用它，心里不高兴，看到洗衣机心里就很痛苦。后来我写作出了名，高密县政府把她和女儿的户口破例转到县城，成了非农业户口，还给安排了工作。1995年的时候，我老婆和女儿办理随军，调到北京。

随着年龄的增长，我对于孩子和计划生育，也有一些跟过去不一样的想法。过去40多年里，我没有感觉到少生几个孩子是多么大的遗憾，现在回头一想挺遗憾的，如果现在我有两个孩子多好，一男一女或者两个女儿。为什么说人隔代亲，人老了才越来越爱小孩、越亲小孩，尤其当他的生命越来越往尽头走的时候，他才意识到生命的真正的价值。所以老人看到小孩的那种爱真是发自内心的，是对自己剩下时光的珍惜，这一点年轻人很难体会到的。

在农村，50岁已经算老人了，所剩岁月无多，我现在50岁，一晃就

是 60，再一晃就 70，时间太快了。我人生的三分之二的路程已经走完了。这个时候对生命的感悟应该比年轻的时候要深刻多了，当某种东西你要失去的时候才知道，最宝贵的就是生命，哪怕这个生命长大后变成地痞、流氓、罪犯也是可贵的。当然到现在说什么都晚了。现在只能是等着给女儿抱孩子了，隔代亲。

我小时候，家里人生了病，就会把我姑姑搬来，她一般是在很多家看完病以后再来。看完了病就开始讲她当天遇到的事，特别健谈，我们就瞪着眼听。而且她医药箱里有那种给人打针的那种小纸盒，那就是给我们最好的玩具，她一来我们就特别兴奋。我写小说以后，一直想以姑姑为原型写一部小说。

我很多小说都是由一个人物慢慢引出来的，像《生死疲劳》里的蓝脸是有真实的原型的；《红高粱》里的土匪也是有人物原型的。为什么拖到现在来写姑姑，也是因为到这几年来，计划生育这个政策的好和坏已经可以开始允许争论了，在很多媒体上，一些大学者、大干部都在公开发表文章，讨论计划生育问题，讨论是否应该修改目前的计划生育政策的问题，我觉得这时候可以写姑姑的故事了。

南方周末（以下简称"问"）：取名《蛙》有什么含义？你为什么放那么长时间才写？

莫言（以下简称"答"）：它是娃娃的"娃"，"女娲"的"娲"的同音字，"蛙"在民间也是一种生殖崇拜的图腾。很多的民间艺术上都有"蛙"这个图案，因为蛙是多子多育的繁衍不息的象征。

要以写姑姑为人物原型写小说，必然要涉及到计划生育这个敏感问题。这本书主要围绕着"生育"，从 50 年代一直写到当下。生育满足的是人类最基本的需要，是人类社会得以延续的根本保证。计划生育是我们社会现实的一部分，它影响十几亿中国人的生活几十年，作家要有勇气去关注这个现实，既然它是客观存在的事实，作家就有权利把它表现出来。之所以拖了这么长时间才写，是因为很多问题，我一直想不清楚。

问：《蛙》前面四章主人公蝌蚪致日本作家杉谷义人的4封信，让人想起你和大江健三郎；小说里蝌蚪的姑姑是你的的堂姑，蝌蚪是在北京当兵的军人，和你的经历相同。你这样做是出于什么考虑？

答：大江先生2002年春节期间到过我们老家，他问我下一步大概会写什么，我说也许会以我姑姑作为原型写一部跟生育有关的小说，他很感兴趣。后来我带他去姑姑家聊天，姑姑给他留下了很深的印象，他后来几次讲话时也讲到"莫言的'姨妈'是一个很了不起的乡村妇科医生，经常深更半夜骑着自行车越过冰封的大河去给别人接生"。

我写这个小说的时候自然想到这件事情，后来想到给一个日本作家通信的方式作为结构的一部分。小说里的那个杉谷义人是日军司令的后代，完全虚构的一个人物，跟大江不是一回事。我也从来没有跟大江通过信，更别说通信讨论小说的问题。把我当兵的经历放在蝌蚪身上，也是为了增加阅读的真实感。

问：你怎么理解姑姑这样的一个人？

答：姑姑这个人物很丰富，我的哥哥姐姐和我，我还有我的女儿，包括我的女儿的下一代人，整个高密东北乡十八处村庄里的三代人，上万个孩子都是姑姑接生下来的，是一个"圣母"级的人物。后来政府搞计划生育，她没有办法，只能执行。基层最难干的就是计划生育工作，谁要是干你就等着倒霉吧，门窗的玻璃就等着换吧，你家的玉米等着人用镰刀砍掉吧。姑姑给那么多妇女做引产流产手术，她内心深处到底怎么想？我没有跟她直接交流过这个问题，不愿意触动她内心深处的痛楚。但是设身处地地想：如果是我到了晚年，夜里睡不着觉的时候就会反复考虑这个问题，看到那些婴儿一代代地长大是什么感觉，又想到许多的胎儿被毁掉，还有死在手术床上的那些孕妇，心里肯定是非常地痛。我怎么样安慰自己，用什么理由解脱自己，我知道自己有罪，那要怎样来赎罪？我猜想这些应该都是她反复考虑的问题，我也是从这个角度出发来写这个小说。

问：为什么会采用书信体的结构和自述体的叙述？

答：如果我用编年史的方式把一个妇科医生50年的生活全写出来，那小说篇幅会很长很长，而且事无巨细都不能漏掉，否则不完整。2002年春天写过一个15万字的初稿，后来放弃了，就是因为结构问题没有解决，越写越乱。一直到2007年才开始重新捡起来写。用书信体，这是一种古老的方法，它的好处是非常自由，可以从1958年一下跳到2008年，把姑姑50年从医生涯中最具表现力、最能塑造人物的故事元素给提炼出来。

问：姑姑千方百计去追捕、围堵那些超生户的那些章节，特别是"挖地道"、"潜水逃亡"的场面，特别有想象力。

答：这不完全是编造的。为了躲避计划生育工作人员的围堵，确实有孕妇躲在偷偷挖的地洞里，或者躲在冬天储存白菜、地瓜的地窖里。但像小说里描写的，挖了一条漫长的地道通到河里去，这是夸张了些。但像小说中的耿秀莲那样，为躲避追捕跳水逃跑的孕妇真的有过。

写到王仁美的死我很痛苦：她单纯、傻气、可爱，一个农村普通妇女，她本来是下定决心不流产的，但当酒桌上出现了丈夫单位的高级干部，再加上公社书记，待她若上宾，让她感激涕零，不但同意流产，而且说索性把我的子宫给摘了吧。这是小人物的真实心态。结果出了意外，死在手术床上。她死的时候没说别的，只跟姑姑说"我真的很冷、很冷"。

问：为什么说这本书触及写你内心灵魂深处最真实的部分吗？

答：这本小说确实是触及到了我灵魂深处很痛的地方。80年代的时候我是军队的一名军官，在计划生育问题上我也是想不通的，家里的老人也希望我能有很多小孩，最起码应该有个儿子。但如果我生了第二胎，就像小说里所描写的，那我很可能要被开出党籍，我好不容易提了干也可能要被剥夺，最后赶回家继续做农民。当时我们部队的很多战友，也是因为这样的原因而只生一个孩子。

到了老年我们可能会想，当初为什么要那么听话呢，我不要那个党籍、不要当那个军官又能怎么样呢？我为什么不能让孤单的孩子有一个伴？这个东西肯定是触及到了人内心深处的很多东西。我们实际上在很多时候非常懦弱，像小说中的蝌蚪，他的妻子怀孕怀到了6个月，这时候严格地说是不能再做引产，再过几个月，孩子就要生出来了。蝌蚪这个人物为了个人的所谓前途，而把自己的妻子推上了手术床。结果让他的妻子和妻子腹中的胎儿一起死掉了。他这样做是有冠冕堂皇的理由，为了国家、为了集体的荣誉。用冠冕堂皇的理由遮掩下的内心深处的私欲，这其实不仅仅是触及了我一个人的内心的痛苦，也触及到了我们这一代人、许许多多人的内心深处的痛苦。

我希望读者看了《蛙》这部小说后，认识到生命的可贵。认识到生育——人类最基本的问题、最基本的权力在中国的近代历史上也曾经是这么样的艰难曲折。也可以从中汲取经验，西方为什么就没有强行的限制生育的政策呢？为什么中国某些地方只有用粗暴的手段才能把政策推行下去？这里面可供追问、可供思索的东西非常多。我仅仅给读者提供了这么一些思索的材料，每个读者都应该沿着我所提供的材料思索一些更深的更基本的关于人的生活、人的生命、关于这个世界的一些本质性的问题。

问：你并没有写计划生育30年史，在农村土地改革后，农民可以自由流动的时候就结束了。

答：其实也多少涉及到了一些现实，比如蝌蚪通过牛蛙公司找到陈眉代孕，这么一个美貌的姑娘，因为在南方给资本家打工毁坏了面容，得不到善后处理，爸爸又身受重伤，为了给爸爸付医药费给人代孕。结果陈眉在给蝌蚪代孕的过程中，身上的母性力量迸发，因为怀孕她觉得自己还是个有价值、值得活下去的人，尽管面貌丑陋。当最后孩子也被人拿走了，她疯了。她到处找寻自己的孩子，根本找不着，我在最后的话剧部分虚构了一个电视剧的场景，出现了高梦久这样的"包青天"式的人物，用古老的戏剧断案的方式把她的孩子断给了别人。

问：这本书最让人注目的它以文学形式加入了对计划生育的讨论，你对计划生育这个政策怎么看？

答：我希望读者还是更多地把注意力放在姑姑这个艺术形象和小说的艺术性上头来。当然，我们不可避免地会谈到计划生育。全球那么多国家，只有中国一个国家实行计划生育，这是中国独特的国情决定的。

但是反过来想，如果没有这30多年计划生育，我估计中国现在至少多生三亿人。现在一些学者专家也开始讨论取消独生子女政策，恢复两胎制。其实他们对农村不了解，即使在最严格的时候，农村也没有一刀切，如果第一胎生了女儿，还可以再生一个孩子。而城市只允许生一个孩子。

欧洲许多国家不是怕人多，反而鼓励生育，因为它的人口出生率一直在下降。到了北欧许多国家，有的中国人去了找不到工作就生孩子，只要生两个三个，就可以获得很好的社会福利。

问：你怎么看那些关于计划生育的讨论？

答：我觉得关键是要恢复生育问题上的公正，所有的中华人民共和国的公民都在计划生育这个基本国策的管辖范围之内，每个人都应该遵守它，但现在只变成了对少数人的一个政策，存在着严重的不公平。有钱人可以买生育指标，我记得报纸上曾经登载过，说某地一个富人生了第三胎，罚款80万，头一天给他发了罚款通知，第二天他就扛着一麻袋钱去，数了一百万，说多给20万，你们也辛苦。

穷人可以流荡到他乡生育，生一堆孩子也没人管他们。"大腕"们可以拿了外国绿卡回中国生孩子，想生几个生几个，只有那些城市里循规蹈矩、老老实实的工人、教师、公务员不敢生、不能生。因为生活费、教育费、医疗费太高了，一个独生子女的教育费比过去三个孩子还要高，家长的期望太大了，所有的宝都压在这个孩子身上，从幼儿园开始就要拿高额的赞助费，幼儿园升小学是一场决战，小升初是一场恶战，初升高又是一场恶战，高升大是生死搏斗，大学毕业就业又要费尽移山心力。

所以我觉得首先考虑的是如何避免计划生育领域的不公正，这才应该是学者们讨论和关注的重点。你不要从纯粹理论去推论,按照人口模型、数学模型来推论,首先要了解中国现在的生育到底是什么状况,中国目前的人口到底是多少?把这些情况都调查清楚之后,再来制定一个合理的公正的生育政策。我也听过关于一对夫妇都是独生子女便可生育二胎的说法,但这貌似的公正,其实还是封建的家族观念在起作用。如果一对夫妻,因为一方不是独生子女就只能生一胎,那么就是让这个第三代的独生子女,替他(她)的祖辈承担责任,而忍受无兄弟姐妹的孤独和痛苦。

问:既然追求真实性,为什么第五章会出现一个虚构的话剧?

答:最后的章节变成了一个话剧,彻底的虚构,又推翻了前四章的真实性,是为了跟前面形成一个互相补充,互相完善的互文关系。可以说前面四章的内容,就是为了最后推出这个话剧。这也是小说里面蝌蚪和杉谷义人一直通信不断讨论的东西,他想把姑姑的故事写成一个话剧,他不断的把他姑姑的一切、包括他本人的一切告诉这个杉谷义人。他姑姑的故事讲完了,他自己的故事也差不多讲完了,话剧也就完成了。这个话剧既是从这个小说里生出来的,它是从前面书信体的叙事的土壤里面成长起来的。话剧部分看似说的是假话,但其实里边有很多真话,而书信体那部分,看似都是真话,但其实有许多假话。

我觉得长篇小说结构很重要,每次在构思长篇时都在结构上挖空心思,希望能够以跟以前的小说不一样的结构来讲述一个故事。我有很多精彩的故事,迟迟没有动笔,就是因为在思考结构问题。每一部小说一定有一个最适合它的结构,如果找到了这个形式,那形式本身也会变成内容的一个重要部分,内容和形式就会互相补充、相得益彰。

如果找不到这个形式,写作就会很痛苦,始终不知道该先说哪一部分,后说哪一部分,也找不到讲话的语调。 为什么这个《蛙》写了15万字又放弃?就是因为结构没想好。现在这个结构是不是最完美的我不敢说,但是写着特别顺。电视剧可以这样一年年的往下拍,但是我觉得小说还是要选取精彩的最有戏剧性的部分,书信体就为这种素材的选取和裁剪提供了极大的便利。

问：你在创作上不想重复自己，希望有新的突破。

答：重复自己肯定是一件很不好的事情。但是，再伟大的天才都有限度，何况我这种普通的作家。如果没有自我提醒的话，很容易写得越多，自我重复的可能性就越大，一个是故事可能重复，一个是语言重复，还有一个是结构重复，最可怕的是思想重复。

一个人刚开始写作时可以用别人做假想敌，我一定要写得跟谁不一样，越到后面就要把自己当成假想敌，能够写出跟自己以前的小说不一样的小说肯定是很好的东西，即便有这样那样的缺陷也是有价值的。这就是我反复提醒自己要力避重复。我不敢说《蛙》这部小说完全没有重复，我不敢说这样的狂话，但只要语言上有新的追求，结构上有新的花样，思想上有新的东西那就可以发表出版了。

对话录

○ 说吧，莫言 ○

鲁迅对我的影响
——莫言孙郁对话录

2006年12月19日，在北京鲁迅博物馆会议室，莫言先生与鲁迅博物馆馆长、文学评论家孙郁先生进行了一场对话。对话谈到了莫言的生活和创作经历，对包括鲁迅在内中外作家的阅读感受，也兼及到了一些社会、政治等现实话题。

孙郁（以下简称"问"）：我是从80年代开始关注您的作品的，记得看到《透明的红萝卜》都傻了，我记得刘再复写过一篇评论，谈到与鲁迅传统的关系，80年代文学多少受外国文学和中国现代文学影响，但五四以来的传统，沈从文、张爱玲、甚至茅盾身上的传统似乎都离你要远一些，我感觉你更亲昵的是鲁迅。

莫言（以下简称"答"）：心理上当然是感到鲁迅更亲近。我觉得鲁迅说出了很多我们心里有，但不知该怎么说的话。我阅读外国文学是80年代中期的事。读鲁迅的书是从童年时开始的。我读文学书大概有三个阶段。第一个阶段是七、八岁时，刚刚具备阅读能力，如果哪个老师有一本书，就会去找那个老师借。那个时代是红色经典流行的时代，我看的第一部长篇是马烽、西戎的《吕梁英雄传》。书在老师床头，我偷着看。那时学校条件很差，老师睡在教室里。我每天下课后，就借打扫卫生的机会，偷读这本书。后来被老师发现了，老师说这本书不适合你读，他就把他的一些认为适合我读的书借给我。第一次读鲁迅是上小学三年级的时候。我哥放在家里一本鲁迅的小说集，封面上有鲁迅的侧面像，像雕塑一样的。我那时认识不了多少字，读鲁迅障碍很多。我那时读书都是出声朗读，这是我们老师教的，老师说出声朗读才是真的读书。很多不认识的字，我就以"什么"代替，我母亲在旁边听了就说：你"什么什么什么呀，别'什么'了，给我放羊去吧！"尽管是这样读法，但《狂人日记》和《药》还是给我留下了深刻的印象。童年的印象是难以磨灭的，往往在成年后的某个时刻会一下子跳出来，给人以惊心动魄之感。《药》里有很多隐喻，我当时有一些联想，现在来看，这些联想是正确的。我读《药》时，读到小栓的母亲从灶火里把那个用荷叶包着的馒头层层剥开时，似乎闻到了馒头奇特的香气。我当时希望小栓吃了这馒头，病被治好，但我知道小栓肯定活不了。看到小说的结尾处，两个老妇人，怔怔地看着坟上的花环，心中感到无限的怅惘。那时我自然不懂什么文学理论，但我也感觉到了，鲁迅的小说，和那些"红色经典"是完全不一样的小说。

问：红色经典对我们这代人有很多影响，碰到鲁迅时，这两个传统是不一样的，在你心里更具吸引力的是哪个呢？

答：那时没有选择，碰巧遇到哪本就读哪本，作为毛泽东时代生长起来的少年儿童，读红色经典和革命英雄主义小说，与社会和学校里的教育完全一致，而鲁迅是属于另一个层次的，要难懂，深奥的多，他究竟说什么，探究深思，字面后面似乎还藏着许多东西，这种感觉很神秘，也很诱人。但红色经典浅显、简单，与少年的心理期待完全一致，能够毫无障碍的来理解。《三国演义》、《聊斋志异》、《封神演义》又是另一种东西，我少年时期的阅读的作品大概可分三类，古典的小说、以鲁迅为代表的现代文学（我从我哥的教材中读到过茅盾、老舍等人的早期作品）、还有就是红色经典。

问：俄国作品读过没有？

答：只读过普希金的《渔夫和金鱼的故事》，契诃夫的《万卡》。《钢铁是怎样炼成的》，这算苏联的了。还读过安东诺夫的《信》，讲一个小孩子赶着马车去接一个到集体农庄送一封重要信件的信使。一路经过了许多艰难。那人到了农庄，拿出科学院院士李森科的信，那孩子用牙齿把信撕开，原来这信就是寄给这个热爱农业科学的孩子的。我觉得苏联的小说比我们的红色经典要好一些，好在真实。它们暴露了革命队伍内部的阴暗面，实际上读的时候心里面是抗拒的。当看到描写革命队伍内部阴暗面的时候，心里很不舒服，因为我们的红色经典里是没有这个的。比如看到保尔的哥哥，那个用拳头教训过欺负保尔的恶棍的好汉，后来竟然跟一个带着好几个斜眼小男孩的寡妇结了婚，过着那么平庸的生活，心中很难过。

问：对深层次的东西印象最深刻。

答：《钢铁是怎样炼成的》应该是苏联的红色经典了。他们的红色经典比我们的水平高。我十几岁时到我姥姥家，看过我舅舅的一套连环画，是《静静的顿河》的电影版。浅蓝色那种。看不够啊，每年去都要找出来看一遍。印象非常深刻。

我读鲁迅比较早，要感谢我大哥。他上大学后，读中学时全部的教材都放在家里。我没书可看，只好看他的教材。当时中学课本选了很多鲁迅的作品，小说有《故事新编》里的《铸剑》，杂文有《论费厄泼赖应该缓行》。我最喜欢《铸剑》，喜欢它的古怪。

问：很多人都喜欢《铸剑》，那里有鲁迅的现代意识，和很多重新组合的方式。

答：我觉得《铸剑》里面包含了现代小说的所有因素，黑色幽默、意识流、魔幻现实主义等等都有。1988年我读那个北师大与作协合办的研究生班，老师要交作业，我就写了读《铸剑》的感受，题目是《月光如水照缁衣》。《铸剑》里的黑衣人给我留下特别深的印象。我将其与鲁迅联系在一起，觉得那就鲁迅精神的写照，他超越了愤怒，极度的绝望。

他厌恶敌人，更厌恶自己。他同情弱者，更同情所谓的强者。一个连自己都厌恶的人，才能真正做到无所畏惧。真正的复仇未必是手刃仇敌，而是与仇者同归于尽。睚眦必报，实际上是一种小人心态。当三个头颅煮成一锅汤后，谁是正义谁是非正义的，已经变得非常模糊。它们互相追逐的时候，已经没有了好人坏人的区别。这篇小说太丰富了，它所包含的东西，超过了那个时代的所有小说，我认为也超过了鲁迅自己的其它小说。

问：1912年，鲁迅31岁刚来北京时，就翻译了关于美术研究的文章，他关注到印象派等前卫的东西，后来一直在关注，在创作手法上也借鉴。

答：什么是黑色幽默？我觉得鲁迅的《故事新编》，特别是《铸剑》这篇小说就是真正的黑色幽默，铸剑的颜色就是黑色，你能从中读出一种青铜的感觉来。

问：鲁迅的每一部作品都不重复，我感觉你基本也是不重复的。

答：无法相提并论。我觉得鲁迅的小说里，最重要得是有他自己的看法。有时候是反向思维。比如《采薇》里面的伯夷、叔齐，到首阳山上来，不食周粟，大多数人把他们哥俩当贤士来歌颂，可是，"普天之下，莫非王土，率土之滨，莫非王臣"，薇也是周王的，那就只好饿死。这种转折一下子就显示出鲁迅深刻的洞察力。

问：鲁迅还有一部分写知识分子的作品，比如《孤独者》《在酒楼上》，这些你喜欢吗？

答：蛮喜欢的，还有《伤逝》。

问：刘恒的《虚证》似乎也受到《孤独者》的影响。

答：那个魏连殳好像鲁迅自己的写照，特别是在精神气质上。这类小说，比他的《祝福》《药》似乎更加深刻，用现在时髦的话语说，《药》、《祝福》这类小说是"关注底层"的，而《孤独者》《伤逝》是关注自我的，是审视自己的内心的，有那么点拷问灵魂的意思了。这样的小说，太过沉痛，非有同样的大悲大痛，难以尽解。

我少年时，还是喜欢阅读《朝花夕拾》里那些散文。《社戏》也适合少年读，而且是出声的朗诵。我记得我上小学时的三年级语文课本上，节选了鲁迅的《故乡》，题名《少年闰土》，老师带我们大声朗诵，然后是背诵。眼前便出现了：深蓝的天空中挂着一轮金黄的圆月，下面是海边的沙地，都种着一望无际的碧绿的西瓜，其间有一个十一二岁的少年，项带银圈，手捏一柄钢叉，向一匹猹尽力的刺去，那猹却将身一扭，反从他的胯下逃走了……

谈到鲁迅，只能用天才来解释。尤其是看了他的手稿之后。在如此短暂的创作生涯里，写了这么多作品，还干了那么多了不起的事情，确实不是一般人能够做到的。

问：你注意到罗曼·罗兰和纪德了吗？鲁迅翻译了两篇纪德的东西，追问这些人干了什么。

答：鲁迅是站在世界文学的立场上来写作的，当然他写作时未必会想到"世界文学"这个概念。但对世界上的文学，第一他相当关注，第二他密切追踪，翻译，介绍。

问：巴别尔是世界性作家，鲁迅是中国第一个介绍巴别尔的人。我觉得鲁迅的眼光太棒了。

答：这个眼光太了不起了，去年一家出版社重新出版了《骑兵军》，我又读了一遍，确实是好东西。退回去70多年，鲁迅就看过了我们今天还赞赏不止的东西。毫无疑问鲁迅当时是站在世界文学的高地上，密切地关注，紧密地追踪，非常的了解。鲁迅当时就翻译过尼采的《查拉斯图特拉如是说》，我们是80年代改革开放之后，才把尼采又一次介绍过来，大家才知道什么是酒神精神。另外，我1987年读鲁迅翻译的厨川白村的《苦闷的象征》，读到后来我忘掉了厨川白村，我认为那就是鲁迅的创作。什么非有大苦闷不可能有天马行空的大精神，非有天马行空的大精神，不可能有大艺术……

问：那就是鲁迅的文字，文章翻译的非常之美，鲁迅完全以自己的风格翻译出来的。

答：我认为思想也是鲁迅的思想，或者说正暗合了鲁迅的思想。我是把它当作鲁迅的言论来读的。

问：其中对日本国民性的批判，鲁迅觉得中国人也一样。

答：鲁迅对中国文化的把握是建立在深厚的学养之上。这要童子功，要从经史子集里边沤出来。后来他到日本留学，学医学，学医的人对人的认识与一般人不一样。我觉得学医的人，和学天文的人，似乎应该更超脱一些。学医的人比一般人更明白人是怎么一回事，学天文的人比一般的人更知道人在宇宙中的位置是渺小到几乎可以忽略的。

问：周作人先讲人是生物，然后才讲人。

答：鲁迅对事物看得非常透彻，首先他明白人是一个动物，人的生命非常有限，他是学医出身，眼光不一样。他没有那些神鬼迷信。他有科学头脑。他从中国文化里浸泡出来，知道中国文化的本质是什么。真正的叛徒肯定是从内部出来的。他对中国文化的批评能够一剑封喉，就在于他太了解中国文化，知道死穴、命门在何处。我们读一点四书五经，知道一点皮毛，然后就敢来指点江山、说三道四、指手划脚，那肯定说不到点子上。

问：我感觉鲁迅内化到你的作品里了，你有意无意地受到他的影响，是从哪部作品开始的呢？

答：集中表现是《酒国》《枯河》。小孩被打死的情节，与读鲁迅有关系。《药》与《狂人日记》对《酒国》有影响。《酒国》是 1989 年下半年写作的，对于巨大的社会事件，每个中国人都会受到影响。作为一个小说写作者，我对这一事件不可能漠然视之，也在思考一些问题，尽管肤浅，但也在思考。一个写小说的人还是应该用小说来发言。作为社会的代言人来说话，作家里也有这样的人，比如说，左拉、雨果，但我缺乏这种能力，我从小所接受的教育，使我不愿意跳出来，在大庭广众之下发表空泛的宣言，而是习惯用小说的方式，有了感受就诉诸形象。

问：我开始以为是一种传奇，但越读越觉得不是那么回事，你的叙事技巧和结构都很独特。

答：这部作品里有戏仿，有敬仿，比如对《药》的敬仿。小说里那对夫妻平静地像出卖小猪崽儿一样出卖了自己的孩子。很多国外评论者，喜欢把中国妖魔化，他们宣传这是一部描写吃人的小说。其实我的本意并不是去说中国有食人现象，而是一种象征，用这个极端的意象，来揭露人性中的丑恶和社会的残酷。我每次出去都要纠正这种有意的误解。《酒国》是小说，不是纪实。是虚构的小说。作品中对肉孩和婴儿筵席的描写是继承了先贤鲁迅先生的批判精神，继承得好还是坏那是另外的事情，但主观上是在沿着鲁迅开辟的道路前进。

问：《酒国》是震撼心灵的，是你长篇小说成熟的标志，尤其对百姓生活的描写很逼真，有像鲁迅的一面，残酷、惨烈。

答：拷问灵魂是鲁迅最先提出来的吗？

问：在中国应该是。你对鲁迅与陀思妥耶夫斯基之间有什么感受？陀思妥耶夫斯基对你有影响吗？

答：鲁迅评价陀思妥耶夫斯基"凡是人的灵魂的伟大的审问者，同时也一定是伟大的犯人。审问者在堂上举劾着他的恶，犯人在阶下陈述着他自己的善；审问者在灵魂中揭发污秽，犯人在所揭发的污秽中阐明那埋藏的光耀。"这评价真是精辟之极，看起来是说陀氏，是不是也是在说他自己呢？还有："把小说中的男男女女，放在万难忍受的境遇里，来试炼他，不但剥去了表面的洁白，拷问出藏在底下的罪恶，而且还要拷问出那罪恶之下真正的洁白来，而且还不肯爽利地处死，竭力要放它们活得长久。"鲁迅真可谓是陀氏的知己。"伟大的犯人"的说法真是惊心动魄啊。我读《罪与罚》，读了三分之二，《卡拉玛佐夫兄弟》多少次想读完总是读不完。因为我觉得鲁迅已经把陀斯妥也夫斯基的精神内核提炼出来了。

问：鲁迅写的是看客，《檀香刑》写的是刽子手，这是对鲁迅思想的一个发展。

答：不敢轻言发展，否则会乱箭穿心！但毫无疑问《檀香刑》在构思过程中受到了鲁迅先生的启发。鲁迅对看客心理的剖析，是一个伟大发现，揭示了人类共同的本性。人本有善恶之心，是非观念，但在看杀人的时候，善与恶已经没有意义了。譬如清朝时去菜市口看一个被杀的人，当杀人犯在囚车上沿街示众的时候，根本没有人去关注他犯下了什么罪恶，哪怕这个人犯的是弥天大罪，杀害了很多人，是一个令人恨不得食其肉、寝其皮的坏蛋，但因为他上了囚车，脖子上插着亡命牌，这时候所有的看客都不会关注这个人到底犯了什么罪，纯粹是在看一场演出。这个死刑犯，能在被杀前表现的有种，像个汉子，慷慨激昂，最好唱一段京戏，最好能像鲁迅笔下的阿Q那样喊一句"二十年后又是一条好汉。"这就会让看客们得到极大的满足，获得精神愉悦。

问：鲁迅说阿Q是无师自通地喊了这么一句，"无师自通"这个词用的真好。

答：那说明阿Q也深受看客文化的影响，或者说他也曾经当过看客。死刑犯表现得好，看客心理得到了极大满足，便将罪犯过去的罪恶一笔抹杀，并使之成为被赞美的对象。今天这个犯人真有种，视死如归啊，这个人作为一个罪犯在被追捕的过程当中，所有人都认为一定要对其千刀万剐，但一旦他成了被看的对象后，他的罪恶被消解了。这是一个非常奇怪的现象。但我们难道有理由谴责成千上万个父老乡亲吗？实际上，我们也是看客。

"文化大革命"期间，为了警戒老百姓，汽车会拉着罪犯在全县的村庄游行示众，有的是死刑犯，有的是一般的罪犯，偷盗犯、强奸犯，当然还有杀人犯。罪犯一旦被押赴刑场，罪恶就消解了，就开始进入戏剧表演过程。在那个时代我们也当过看客。为了让老百姓受教育，公审一个人，就开万人大会，大家倾巢而出前去观看。不知东北有没有这种情况？

问：有，有，看杀人的时候，人山人海呀！

答：公审大会，全县的每个生产队要去50%左右的人，是要开工分的，不让你白去看，算你参加劳动，回来记一个劳动力的整日工分，中午还给五毛钱的补助费。我们都抢着去。当时五毛钱是一个很大的数目，可以买一对大无畏牌的电池，当时农村青年手里唯一的现代化用品就是手电筒。我们县在一个叫做五里桥的地方处决犯人，那里是一片沙滩，实际上所谓的万人大会不止一万人，有好几万人，先开会宣布罪行，然后，把这个人拖下去，执行枪决。叫花子一涌而上，那时专门有一批在刑场附近等待的叫花子，好像也是公安局给他们一个特权，上去就把被枪毙的罪犯身上的衣服扒光。这些在劳动间隙休息的时候，会成为谈资，没人去想遵纪守法的问题，只有看热闹，听热闹。我们没有理由批判父老乡亲，我们可以做自我批判，这种看客心理不对。

问：鲁迅说是茶余饭后的谈资。

答：解放以后对死刑犯的处理不像以前了。过去被执行死刑的犯人有一个特权，比如说北京要将犯人押往菜市口时，犯人要酒喝，道路两边的酒店，都必须无偿的端出来，给他喝。

我心里面一直埋藏着的素材，第一是胶济铁路百年历史。胶济铁路从我们村前面经过，阴天时，气压低，能听到火车鸣笛的声音和火车过铁桥的声音，铿铿锵锵，震耳欲聋。第二是地方戏猫腔，我是听这个戏长大的，革命样板戏，红灯记啊，沙家浜啊，都被改编成猫腔。我也演过猫腔，演匪兵甲什么的。1980年在保定当兵时，我写过一个小说叫《闹戏班》。素材有了，但一直找不到切入点。胶济铁路修建过程中，高密地段出现了孙文抗德事件，当时袁世凯任山东巡抚，镇压了。其实民众想的很简单，铁路会占自己的地，毁坏墓地，破坏风水，这应该是给赔偿的。我查了资料，当时德国人给的赔偿金额是蛮高的，但最终到农民手里面的，可能连十分之二三都不到，大部分赔偿银两被官员从中克扣了，层层剥夺，雁过拔毛。二鬼子狗仗人势，在集市上强买强卖，调戏妇女，这成为大规模反抗的导火索。我爷爷奶奶对这段历史都有记忆。德国军队用那种克虏伯大炮,用骡子拉着。那些土圩子,哪里顶得住大炮轰?有一个沙窝村,几乎被德国军队灭绝。胶济铁路修成,这对当地自然经济是个巨大的冲击。台湾有个作家,叫朱西宁,他在上个世纪60年代的时候写过一个短篇小说《铁浆》。他的老家是潍坊地区的临朐县,铁路没有修通前,交通运输很不方便。卖官盐是一个特别肥的缺,为了抢夺官盐的专卖权,几个大家族进行生死争夺,其中一个人把一只手指剁下来,送到竞争者家中,表示自己的志在必得。另一个人为表现一种更大的决心,就把一只手剁下来送过来。为了争夺对官盐的专卖权,他们对自己的身体进行自残,最后两家就在广场上进行角斗。最暴烈的一场,是在铁匠炉边熔化了一炉铁浆,其中一人喝下去一瓢铁浆,把自己烧成了焦炭,为自己的儿子挣来了官盐的专卖权。但刚刚把这个权力拿到手,第二年胶济铁路通车,运输方便了,盐变得非常便宜,他们的争夺就变得毫无意义。2002年,我在台湾看到了朱西宁的《铁浆》,很崇拜,这部两万字的短篇完全可以扩展成一个长篇。我对他的女儿朱天文和朱天心说,如果我在写《檀香刑》之前读过他的《铁浆》,我想我可以写得更加丰富。

西方科技文明来到古老的中国大地,对几千年来的乡村自然经济带来极大破坏。我写猫腔,是写民间文化。我最早的思维就是火车与猫腔这两种意象,这是一种民间文化意义上的对抗。猫腔是观念上的,意识形态上的,象征着古老民族的生命力,铁路代表了西方文明,是有形的,是钢铁,代表了一种无坚不摧的强势的入侵。猫腔是一种声音,男女演员都是血肉之躯,它是软的,调子特别悲悲切切,属老娘们戏,专门演给老太太们看的,唱腔非常的凄凉,很多农村的妇女,一听猫腔,眼泪汪汪,都带着两块手绢,没手绢看一场戏要哭湿两个袄袖子。这样一种软的,悲凉的东西,跟来自西方的火车这种强硬的东西之间的对抗,可以构成一种象征意义,就是东西方文明的文化对抗。

小说构思阶段,我还联想到两个非常不平凡的女性,张志新和林昭。她们被押赴刑场时,张志新被切断喉管,林昭被橡皮球充塞口腔,当张开口大声喊的时候，橡皮球就自动膨胀，越想喊越膨胀，最后把口腔撑到不能再大。可见那时的政府，在对待死刑犯的处置上，比封建王朝还凶残，这些可都是借助了革命的名义堂皇地进行的啊。我觉得对这两个女人的辱杀，是中华民族的耻辱。她们犯了什么罪？她们不过是独立地思想了。我想到鲁迅揭示的看客心理，要往这方面发展，使这部小说具有现实意义。猫腔作为一种叙事方式，就是要重点表现封建王朝维系了几千年的残酷大戏，最高导演实际上是皇帝，或者说是封建制度。

后来我也做了一些别的方面的资料搜集。发现这种看客文化，看客心理，不仅仅在中国独有，西方社会也大量存在。从古罗马时期到希腊的时候，西方有很多酷刑令我们感到毛骨悚然，尤其在法国大革命时期，刽子手发明了断头台。我看过狄更斯的《双城记》，其中有一大段老百姓在广场观看杀人的描写，官场周围楼房阳台，最便于观看杀人的地方，都被重金出租，而且全都被贵族家的太太们小姐们租去。看的过程当中，她们会晕倒，会发出尖叫，但等下一次杀人的时候，她们依然会来看，而且还是要花重金租阳台来看。这说明看客不仅仅属于中国，西方也有。《檀香刑》在法国出版后，我去法国，接受记者采访，他谈到中国人的麻木，我说你们法国人难道不麻木吗？我谈到断头台和看断头的人，我说这是人性当中的阴暗面，鲁迅揭示的也不仅仅是中国人的心理，而是全人类的心理。当被杀的人跟自己的家庭亲人无关的时候，人们就会把它当作戏来看。鲁迅先生非常深刻地揭示了看客心理，揭示了人类灵魂的阴暗面，为我们开拓了非常宽广的创作领域。这就是"不但剥去了表面的洁白，拷问出藏在底下的罪恶，而且还要拷问出那罪恶之下真正的洁白来。"我们一般的作者，能拷问出洁白底下的罪恶就很好了，但鲁迅和托斯妥耶夫斯基能更进一步地拷问出罪恶之下真正的洁白。这就是一般作家与伟大作家的区别。

问：当时你这个小说在参加茅盾文学奖评奖的时候，初评是满票，后来有人投票反对，大概是觉得揭露了中国的阴暗面。其实读一下历史就知道，张献忠、李自成的杀人，那也是很厉害的，中国人的历史有时是吃人的历史，但当时有一部分人在观念上还是接受不了。

答：每个人文学观不一样，这很正常。我看到西方有人批评《檀香刑》是国家主义的，是为义和团称颂的，但我们的批评家却认为我是在丑化义和团，丑化中国人。我曾经开玩笑的对中国作协的人说过，你们天天呼唤主旋律，其实我的《檀香刑》才是真正的"主旋律"啊！

问：但是大部分读者还是喜欢的，应该说刽子手写的好。

答：我想，再写看客，写罪犯，鲁迅先生在前边伫立着。那我就想，鲁迅先生作品中，似乎没有特别多的描写刽子手。《药》里有一个刽子手康大叔，给华家送来人血馒头那个，那么牛气，活灵活现，但似乎没有把这个人物充分展开。我想，如果在一部小说里，把刽子手当作第一主人公来写，会非常有意义。通过鲁迅的作品我们可以知道看客的心理，也可以知道罪犯的心理，但是我们不知道刽子手到底是什么心理。而刽子手在一场杀人大戏里，是不可或缺的角色啊，是铁三角的一个角啊。刽子手这么一个特殊的行当，这样的人，实际上在社会上也是备受歧视的。我在小说里面描写的，当然也是虚构的了，在菜市口附近，刽子手居住地附近有一家肉铺，这个肉铺很快就倒闭了，没人敢去买肉了，因为刽子手老带他的徒弟们到那里练活去，所以人们就会产生一种很不愉快的，很可怕的联想，不敢再去那个肉铺买肉了。他们是真正的"千夫所指"啊，是一种什么样的东西支撑着他们活下去呢？刚开始，他们也是普通人，因为各种各样的原因入了这个行当，肯定要有一个很长时间的心理调适过程。刚开始"干活"时，手肯定是要哆嗦的。毕竟是杀人，不是杀鸡。那种巨大的心理压力，常人难以想象。在很多情况下，罪犯还没有瘫倒，刽子手反而瘫倒了。罪犯没悚，刽子手自己先尿了一裤子。这种现象是有的，在历史上也都存在过，没有种的人是不能干这一个行当的。那么，我想在这个行当里杀人如麻者，坦然自如者，"德高望重"者，必定有精神方面的支柱，他会有他一套独特的思维逻辑。写到了这个时

203

候我只能是推己度人，按照我们的生活经验和常识，站在刽子手的立场上，想象一下，我如果是个刽子手，我会怎么样想？我会怎么样来想，才能使我毫不手软，心安理得的去完成任务？那么，我只能想成不是我在杀人，我是在一部戏剧当中扮演一个角色，这是一个安慰。另外，我是这个国家机器的一个零件，是不由自主地跟着运转。当然他不一定会想到国家机器，但会想我是替皇上干事，真正杀人的是皇上，是国法，我不杀，别人也会来杀；但如果让别人来干，会让罪犯受到更多的痛苦，我干得更漂亮，会表现出残酷的优美。你们可以咒骂我，但我是在为你们表演，你们这些看客，实际上比我这个刽子手还要虚伪，凶残。这跟屠户跟肉食者的关系是一样的。一个满口肉渣的人，有什么资格谴责屠户呢（事实上满口肉渣的谴责者成群结队）？他只能用这样的想法来安慰自己，然后获得一种精神方面的自我解脱，但真正的刽子手是否会这样想，我们现在也无从确认了。

现在，关于死刑的讨论很多，欧洲国家提到死刑问题，谴责的声音非常强烈。中国近20年来关于死刑的问题也是越来越向世界同步的方向发展，第一要减少死刑的数量，第二在执行死刑的过程中也转向文明执行。枪毙比过去是一种进步。实际上腰斩和凌迟都是光绪二十五年才废止的，这只是上边下的命令，在下边县一级这种刑罚一直存在到民国初年。现在开始有电刑、注射，注射的时候为了减轻刑警的心理压力，给一个罪犯注射，会准备五个针管，其中只有一管是致命的毒药，其他都是蒸馏水，每人都打了一针，究竟是谁那一针致命的，大家都不知道，大家都怀着侥幸心理，心想我那一管可能是蒸馏水。这就是减轻刑警精神压力的做法，也说明这个问题确实是一个非常极端的、非常残酷的问题，但又确实是我们生活当中的一个现实，一个存在。所以我想，如果作为一场戏剧，过去在封建王朝时代把这种杀人当戏剧来看，那么作为戏剧，有了看客，有了罪犯，还缺一个演员。只有有了杀人者以后，杀人者、被杀者、看客才构成了一场完整的戏剧，当然上面有导演者，基于这样的考虑，我想就把刽子手作为《檀香刑》的第一主人公来写。

问：在《檀香刑》中可以找到与鲁迅作品相似的主题，当然你的创作是自己的一个艺术世界，有和鲁迅不一样的地方。当代的小说一旦切入到了中国社会的母体、本质的时候，会发现有一种鲁迅的主题在延续。我看了《檀香刑》之后，对民俗的东西印象深刻，猫腔写得实在高妙，几个人的对话、开头很有气势。好像以前没有这么写过吧，第一人称，那样的一种语言，非常非常有意思。

答：这个小说，我自己对它的评价是一部戏剧化的小说，或者是一部小说化的戏剧。在我的个人创作里面应该是有一定特殊性的文本。

问：你进入了中国人智慧表达的方式。

答：正是因为戏剧的小说化和小说的戏剧化，小说中很多人物实际上是脸谱化的，比如，被杀的孙丙，如果在舞台上应该是一个黑头，用裘派唱腔。钱丁肯定是个老生了。女主角眉娘是个花旦，由荀派的演员来演的花旦。刽子手赵甲应该是鲁迅讲过的二花脸，不是小丑，但鼻子上面要抹一块白的，这样一个人物。他的儿子赵小甲肯定是个小丑，他就是个三花脸，所以这些人物实际上是按照戏曲脸谱走的。正是因为这部小说的戏剧化，导致了人物的脸谱化，所以很多情节按照常理是经不起推敲的。按照我们现实主义的小说传统，要准确表现人物的心理，很多细节包括很多情绪的转换，是缺少心理转换的铺垫过程的，突然由一个大悲可能一转脸就变成了大喜，可能有很多没有说服力的细节来决定一个人物的行为和动机。按照经典现实主义文学的批评方式，如果按照托尔斯泰的小说写法，按照左拉那种小说的写法，《檀香刑》肯定有很多地方经不起推敲。包括这个小说的语言，如果按照我们标准的现代白话文的语法来要求也是经不起推敲的，但这些东西，在戏剧中是允许的，不能算毛病。

问：我看后，觉得它的情调、内蕴都很美，小说内有一种声音感，意境非常好，其实我们并没有想哪个人怎么样，只是感觉情境很棒。

答：我在写的时候，耳边确实缭绕着猫腔的旋律，大部分的语言都是能够演唱的。成功不成功确实没有想过。我想我是在搞一种实验，既然是实验，那就允许它失败，当然更允许、欢迎人家批评。允许、欢迎批评并不一定我要接受批评，你说服了我，我才能够心悦诚服啊。

问：这确实是一个有意思的文本，我想到黑衣人对个人的怀疑。鲁迅的一个特点，就是他首先认为自己不行，有一种失败感，鲁迅最讨厌作家和学者装孙子，做导师去指导别人，鲁迅说连自己的路都不知道怎么走，怎么能给你们当老师呢？所以鲁迅一直在摸索，但我看你的《生死疲劳》里面，其实写了人的一种挫败感，那种叙述语态很有意思，特别是你对莫言自身的嘲笑，太有意思了。我觉得一个很有意思的作家他都会拿自己开玩笑的，对自己有限性的审视，包括王小波也是这样，他首先把自己解构掉了，把自己看得很低，然后再去解构别人。这是很有特点的。

接下来的话题是，你提出的"作为老百姓的写作"这个口号反响特别大。我现在想到一个问题，其实作为普通老百姓来写作，这种观点是没问题的，只不过中国的百姓呢，按照鲁迅的观点是有惰性的，创作其实是有反惰性的，是超越了民众，尽管他也是民众的一员，但是有一种智性的创造，是一种独舞，一种高蹈在上面的存在，心里面有一种脱离大众的语境。尽管你的猫腔，还有《生死疲劳》用了民间话语，用了民俗的东西，但其实你像尼采一样，飞扬在里面，像河流一样在流淌，是你自己的，是一种天马行空的东西，在个人的创造性里面，你还是超越了这个东西。

答：实际上我觉得这是作家的立场问题，换句话说，是怎么样来看待自己的职业的问题，严格地来讲，"作为老百姓的写作"这个说法也经不起推敲。因为目前，你不管承认还是不承认，肯定不是一般意义上的老百姓了，跟我家乡的父老，还有城市胡同里的老百姓，还是不一样的。我之所以提出这样一个口号，是基于对我们几十年来对作家地位的过高估计，和某些作家的自我膨胀，这个我觉得也是从苏联来的。

问：称作家是人类灵魂工程师。

答：对，还有人民艺术家、人民演员，动不动就拿出"人民"这个口号来往自己脸上贴金，而且我觉得，我们这个年龄的作家，可能对自我还是有一种比较清醒的认识，知道自己是谁，知道自己吃几碗米的干饭。王朔就说，我就是个码字的，是吧？对作家职业的神圣性进行一种消解。但这种消解是一种矫枉过正，是一种对那些满口神圣满肚子龌龊的写作者的反抗，建立在自嘲基础上的反抗，其实也是一种高级阿Q精神，"我是流氓我怕谁"？潜台词是谁不是流氓？你们还不如我呢。对这种自认为比别人高人一等，自己把自己当救世主，自认为比老百姓高明，自认为肩负着拯救下层人民重担的作家，我很反感，因为我知道他们这些冠冕堂皇的话语背后的真实面孔，所以我提出"作为老百姓写作"这样一个低调的口号，这也是我对自己的要求。

问：你这个思路非常重要，为什么呢？五四以后，其实中国的文化是按照两条路走下来的，一个像鲁迅，始终把自己当作边缘人，自我流放在社会底层，不找导师也不当导师，另一个就是自认为真理在握的人，比如胡适他们，包括一些左翼文化人。

答：他们那个时代自认为真理在握的，可能还不是胡适，而是后来30年代在上海的左翼人士，比如郭沫若、成仿吾、周扬他们。胡适还是很有雅量的。我看到苏雪林写给胡适的信，用泼妇骂街般的语言，咒骂鲁迅，把鲁迅的文学贬得狗屎不如，把鲁迅的人格贬得禽兽不如，胡适很冷静地回应她，肯定了鲁迅的小说创作和小说史研究，这不容易。

问：当认为自己掌握真理的时候，那就是排他主义，最后就是社会的灾难，文化的灾难，这是一种单一的东西。而鲁迅的最基本命题是"人各有己，自他两利"，也就是说每个人都能发展自己，而且是互利的，对个人的潜能可以进行无限的开掘，要尊重每个人的个性。我觉得这个提法很好。你的个性飞扬是一种姿态，作为一种很清醒的自我认识，在你的具体创作里面，是如何表现的呢？

答：在具体创作里边，所谓"作为老百姓的写作"就是从自我出发的一种高度个性化的写作。我的观点就是说，一个人的作品不可能只写给自己看，还要有广大的读者来看，尽管不承认要用作品来教化这个社会，但作品还是在影响着别人。这种东西是一个客观存在，无法避免。一个作家从自我出发写作，如果他个人的痛苦，个人的喜怒哀乐与大多数老百姓的喜怒哀乐是一致的，这种从个性出发的个性化写作客观上就获得了一种普遍意义。比如说，我是一个白领，我就写白领的生活，当然它也会获得白领阶层的认可。甚至某些所谓的下半身写作，我觉得也有它的价值。从这个意义上来讲，还要做一种对自我个性的开拓扩展。如果你本身视野狭隘，个人的体验非常肤浅，那么你这种所谓的个性化写作，出来的成果或作品，它的普遍意义也会非常的有限。

我想，我们几十年来，特别是"文革"前后，很多作家对作家的职位给予了过高的估计，对自己给予了过高的估计，有很多作家对不应该关注的东西给予了特别的关注，比如说社会地位。口口声声为人民来写作，但是真的让你一个正局级身份的作家出差住到马车店里边，你肯定不满意。我在军队时，一个部队的老作家，在火车上跟人家吵架，为什么？因为那些人是做生意的，没有任何级别，竟然也跟他这个有正师职级别的著名作家坐在同一个软卧车厢里，他感到这是不可忍受的。他的逻辑是，江山是我们打下来的，就该我们享受这些高级待遇，你们没有资格——这就是我们的"人民作家"的心理。这些心理在我身上是不会出现的。但将来会不会变？随着年龄的增长，暮气沉重，惰性增大，也可能会不知不觉地沾染很多我过去曾经极力批判的，非常厌恶的东西。

问：现在看你的文章还是非常清醒的。

答：如果有这么一个清醒的认识，有这么一个自我警戒，可能就稍微好一点。

问：我发现写的过程中，你一直试图在向一些极限挑战，比如审美方面，鲁迅认为不美的东西、不能写的，你却去写了，对于那些意象，或者说敏感的东西，你在写的过程当中，是超越性的写，还是从那里获得了一种快乐呢？

答：鲁迅先生讲的毛毛虫不能写，鼻涕、大便不能写，从美学上来讲毫无疑问是对的。但文学创作过程当中，一旦落实到每一个作家的创作上来，落实到某一个特定的创作的社会环境上来，有时候这种东西反而会赋予文学之外的意义，我想这也不是我的发明。我们看拉伯雷的《巨人传》，里面写了很多大便，已经变成了一种创作风格，韩国作家金芝河的"屎诗"，他们以这种方式对社会上所谓的"庄严"进行亵渎，对一些所谓的神圣的东西进行解构。包括我们现在的很多年轻诗人的诗歌，都是一种"小人物"对压迫着他们的东西的反抗。其实在农村也存在了很多这样的现象，报仇时或发泄怒火时，莫过于用人的排泄物，抹到人家的门窗上，这当然很低级。包括俄罗斯也是，当出了一个奸夫奸妇的时候，人们就会往他的门窗上刷柏油，用这种方式，来表现自己这种小人物内心深处的愤怒，实际上已经超出了文学的审美范畴。我想起80年代写的一部分作品，《红蝗》、《欢乐》，实际上是对整个社会上很多看不惯的虚伪的东西的一种挑战，并不是我真的要歌颂大便。这里面所谓的大便，其实像马粪一样，并不脏，我们农民经常可以用手来拣马粪蛋子，特别是要劳动要播种的时候。

问：你在写这些所谓龌龊的意象的时候，与贾平凹是不一样的，你写龌龊的意象是飞扬起来的，是飞动的。说到你向极限挑战这个话题，当我读你的《生死疲劳》时，开始比较担心，关于变驴变马那段，我担心会写不好。但是读完后我完全接受了阴阳两界，因为这种转换是很难的。

莫言：鲁迅对我的人生、文学都产生过巨大的影响

过去《聊斋志异》写那些狐狸等意象的时候，写的很真，一点假的没有，你能做到这点是很难的。其实，中国人一写阴阳两界，特别是阴界的东西，就让人感到一旦和阳界的搞到一块去，会很假。这与你狂欢的笔法有很大关系吗？

答：我觉得是狂欢笔法，是获得了一种说服力。像我们乡下日常生活当中有这样一种人，哪怕一个很平常的事件，被他神采飞扬的一讲，虽然知道是在信口胡编，但你感觉到很有说服力，这种说服力是一种艺术的说服力，不是事实的说服力。他那种夸张，那种对事物的渲染，使你感觉到类似艺术的愉悦。听这种讲话，已经忘掉了事物本身的意义。他的讲述，讲述过程当中的艺术夸张，让你感觉到获得了一种巨大的欣喜。另外，我想《生死疲劳》之所以能够在阴阳两界的转换上，让大家觉得还比较自然，除了整个小说的叙述腔调极度夸张之外，还有一点就是我对这部小说里面所描写的几种动物非常熟悉。小说里的牛啊，驴啊，猪啊，狗啊，我确实是跟它们打了大概有20年的交道，我多次讲过我和牛的关系。我从五年级被赶出校门，就与牛在一起呆了两三年，与牛有一种心灵上的沟通。另外，我从小生活在聊斋氛围之内，那种村庄文化里面充满了浓厚的聊斋气，高密也算是聊斋文化圈吧。高密东北乡处在高密、平度、胶州三县交界之地，也是过去的一个荒凉之地，民国初年还没有多少人烟，县城周围一些日子过得不太好的人，打架打输了，破产了，或是犯下什么事了，就会跑到下面去。三县交界的地方，谁也不愿意管啊，互相推诿，谁也不会去普查这一个村庄，另外这个地段生存比较容易，可以随便盖房子，开发上几亩荒地。在这样一种环境下，我想人与大自然会产生很多很奇妙的关系，人更容易产生幻想，人跟鬼怪文化，动物植物之间的关系，比人烟稠密的城市里密切得多，亲切得多。我从小就是在这样一种聊斋文化的氛围中长大的，谈狐说鬼是我日常生活的重要一部分。而且我小时候也不认为他们说的是假话，是真的认为那是存在的。

问：80年代我看《红高粱》，曾经写过一篇文章，提到中国作家没有宗教背景，色彩比较单一，但在《红高粱》里出现了完全像梵高、塞尚的绘画那样的色彩。我觉得你找到了一种中国人表达乡土世界的底色。这么美，这么漂亮。梵高有一个关于芦苇的画，你记得吗？你认为那种红黄之间的颜色，我觉得是找到了一种底色。20年后，《生死疲劳》转换成中国的鬼魂，像《聊斋志异》的谈狐说鬼，但仍有早期的灵动在里面，应当说，你真正找到了属于你自己的底色，逐渐拥有了一种更适合我们中国人的智慧表达方式。

答：我自己倒没想这么多。讲到《红高粱》那个时期，八五、八六年的时候，当时很多人说我是文化寻根，但我觉得《红高粱》更多是受到了西方画家的影响。我在军艺上学，学校图书馆里面有一套印象派画家的画册，包括梵高的、高更的、塞尚的画，我每天都去看那些东西，我当时想梵高的画里面，树木像火焰一样，星空都是旋转的，他是想象的，但后来我们看到高空中的星云图，星云形状跟梵高的画里的星云几乎是一模一样的。梵高完全凭了天才的直觉破解了宇宙的奥秘，梵高的时代肯定没看到现在的星云图，他怎么会知道星云是那个形状的？我们现在一看这种彩色的星云图，发现梵高多少年以前已经用他的画画出来了。

问：我觉得鲁迅意识到了这一点，但他没有表现出来，他提出来了，但没有尝试。当我看到《红高粱》时，我对同学说，莫言厉害，因为我小时候画过画，了解一些美术知识，我感觉到你是把印象派的画风引入文学了。一次在沈阳召开批评家会议上，我说中国作家从此找到了一种属于自己的底色。在这样一种底色下来写小说，过去很少有的。当时我看你的《生死疲劳》里六道轮回的色彩就更有意思了，这是中国的版画，中国的木刻，中国的乡间音乐，中国的狂欢。

答：你看《红高粱》里面，包括《红蝗》里早期那些小说，我自己实际上并没有意识到在浓墨重彩地写颜色，后来读了陈思和的一篇文章叫作《声色犬马皆有境界》，我才发现自己原来写了这么多的色彩。从此以后反而注意了，后来就不愿有意识地去强化这种描写，本来是应该写颜色的,也不写了。越往后写,颜色写得越来越少了,有意识地回避这种颜色。到了《生死疲劳》里面几乎没有这种颜色的特意渲染了,浓墨重彩,像泼墨一样地写颜色,没有了。

问:但《生死疲劳》是充满了声音的,我读起来感觉到阴阳之间的独白,还是很有意思。你的每一部长篇小说都是不重复的,比如《十三步》写了你想象当中的奇迹。我觉得你每一部长篇小说在结构上总是在试图寻觅新的样式,《酒国》、《十三步》、《天堂蒜薹之歌》的结构都不一样,这是煞费苦心的。

答:《十三步》严格意义上来讲应该是我的第三部长篇小说,现在所谓的第一部长篇小说"红高粱"家族其实是中篇的连缀,第一部是中篇,后来催着约稿,那就继续写吧,写了5篇,实际上是组合起来的系列中篇。《天堂蒜薹之歌》应该是第一部严格意义上的长篇小说。1988年的春节前后,我在高密东北乡的一个供销社仓库里边开始写作《十三步》。当时我突然感觉到,其实人称就是视角,视角就是结构,当人称变化了以后,观察点也就变了。它本身就变成了小说的一种结构,所以《十三步》就把我们现代汉语里所有的人称都试了个遍。我、你、他、我们、你们、他们,还有它们。我今年读土耳其作家帕慕克的《我的名字叫红》,他这部小说的结构方式跟我的《十三步》类似,当然,他比我写的好。

问:我很喜欢《十三步》,它好像是你的第一个城市题材小说吧。

答:这实际上也是一部关于社会问题的小说。我最早的构思,就是想为教师鸣不平。当时我大哥他们刚从湖南调回到县城,在县第一中学当老师,那个时候社会上教师地位比较低,知识分子的收入也很低,当时流行的说法是,"拿手术刀的不如拿剃头刀的,卖茶叶蛋的胜过造导弹的"。而中学教师或者小学教师更是一个弱势群体,收入很低,工资还欠发,我对此深有感触。回家探亲时,看到我大哥大嫂他们读了20多年书,然后又教了20多年书,日子过得还是那么穷哈哈的,真是非常清贫,勉强能够生活,而当时社会上有很多小商小贩,成了万元户,因此我就想写一篇为教师鸣不平的小说。

问：所以我看了《十三步》之后，包括《天堂蒜薹之歌》，当时我觉得你的复杂性在于，你其实有创新性前卫性的一面，但你的现实情怀还是很厉害的，批判精神很厉害。

答：实际上，我觉得这是很多评论家对我的评论中都忽略了的一个重要方面，其实我对弱势群体的关怀是以一贯之的。

问：我看了很感动，有的地方都落泪了。

答：我对弱势群体的关注以一贯之，对腐败群体的批判也是以一贯之的。早期的作品里面，有对极左路线的批判，后来从《天堂蒜薹之歌》开始，有了对当代腐败政治的强烈抨击，甚至有时候尖锐到"危险"的程度。我想大概也不是批评家没有发现我作品里面的这种东西，而是过分尖锐使他们不敢刻意强化这方面的批评。

问：他们强调了你的另一点，而把这个忽略了，你批判现实很强烈。

答：他们更多关注我在小说语言上、形式上、艺术上的离经叛道。对我小说当中对现实的关注，对政治的批判关注的少。

问：《酒国》就很有意识，发出的批判之声是相当深刻的。

答：在我目前所有的创作里面，下刀最狠的是《酒国》。因为它所触及的问题是极其尖锐的，而且是在那么一个时期。1989年春夏之交这一场学生的运动，最早的起因是对社会腐败现象极其强烈的不满。之后，对于反腐败的话题实际上有两年渐渐消沉，被一种强烈地要求"安定压倒一切"所遮蔽，在这种情况下，《酒国》对腐败政治的批评，不仅仅是对腐败官员的批评，而是对弥漫在我们社会当中极其腐败的东西的批评，譬如大吃大喝，穷奢极欲，道德沦丧。

问：看完后我对林建法说，这是当代中国吃人的寓言。

答：这种腐败波及到每个层次，不仅仅是官员的腐败，当权者的腐败，包括下面的每个小人物，他也在用他的方式来进行他力所能及的腐败。

问：你对现实的批判，超越了当下一般的简单道德化，变成了一种寓言。

答：这要感谢鲁迅先生开创了"改造中国国民劣根性"主题的发现，它没有使我把反腐败小说变成一种正义和非正义的文本，没有变成对弱势群体的道德关怀，和对腐败群体的道德义愤，没有停留在这个方面。

问：是超越。我觉得比那种主旋律的作品高超多了。

答："超越"还不太准确，应该是"深入"了一些，他们是附在一个膜上，我是戳到膜下面去了。之所以能戳到膜下面去，我想更大力量是一种同情。这种同情不仅仅是对弱势群体的同情，而更多的是对所谓的强势群体的同情，就像鲁迅在《药》里面刽子手康大叔讲到夏瑜时说，这小子竟然说打他的狱卒阿义可怜，他觉得很奇怪，我是手握屠刀的，是吧，我是可以杀你的，我怎么会可怜呢？这小子竟然说我可怜，这一句给我留下了非常深刻的印象。后来我看了林昭日记，林昭的谈话。林昭对那帮虐待她的罪犯，女牢里面受公安人员指使虐待她的人，她不恨他们，她可怜他们。

问：林昭那时候已经是一个基督徒了。

答：对虐待她的狱卒们，她说，我真同情你们啊，我真可怜你们啊。我想，这样的同情，这样的怜悯，就不是那种对弱势群体廉价的怜悯，哎呀，我看到你小孩没学上啊，我看到你衣食没有保障啊，我想这种对弱势的怜悯，当然也很宝贵，也很高贵，假如我们能够深入到对强势群体的一种可怜上，像鲁迅讲的，夏瑜这个革命者的眼光就太高了，你真可怜，你彪形大汉，你膀大腰圆，你手握屠刀，你声若洪钟，拳头比我脑袋都大，但是你没有灵魂，我可怜你们。我想林昭也是这样，我是一个弱女子，被你们关了十几年，我已经是伤痕累累，百病缠身，但面对你们这种虐待，你们这种酷刑，我不恨你们了，我可怜你们，我同情你们，这个我觉得就上升到一种宗教的高度，不是一般意义上廉价的东西了。所以，我觉得《酒国》稍微让我满意的一点就是包含着对这种所谓强势群体的悲悯。

问：这个是很高的，写作也涉及到一个审美的问题，有一些作家和艺术家，他日常对写作和对自身充满了一种焦虑感，但是他创作的时候，比如说梵高，他在焦虑，在反抗黑暗，但他在用金黄的颜色画的那一刹那之间，是有一种精神上的愉悦感的，很快乐，当然他是一种挣扎的快乐。还有的作家，他生活也是很不愉快的，但他写的也很美啊，他不写不愉快的东西，他自己也很痛苦，但他写很美的东西。那你呢？我想你肯定也是焦虑的，你在写惨烈的现状时，获得的是一种什么样的快感？

答：我想这是发现的快感，是一种"痛快"，既痛又快，因痛而快。我发现了人可以在不正常的环境下，变得如此残酷。这也是鲁迅所说的人类灵魂的实验室。当然，这种极端的写法，本身也包含着狂欢的东西。

问：与巴赫金关于拉伯雷研究中的广场狂欢相似，那就很有意思了。你既有鲁迅那样的一种传统，又有和鲁迅精神不完全一样的传统。鲁迅是从尼采、克尔凯戈尔，叔本华、陀思妥耶夫斯基这样的传统下来的，实际上拉伯雷是另一种传统。

答：其实我那时并不了解这些。

问：但这两种传统在你身上兼而有之，所以就显得你的作品是声调多部的，而且很丰富很复杂。

答：去年，我女儿要用巴赫金复调小说理论研究拉什迪，逼得我没办法，看了巴赫金分析拉伯雷的书。我一看真是感觉相见恨晚，每句话都往我心里送。

问：这是两种完全不搭档的传统，王小波也是走的这个传统的，王蒙他们基本是从苏联的现实主义过来的，那么鲁迅是从尼采、陀思妥耶夫斯基这一脉过来的，鲁迅身上没有巴赫金的这种狂欢，他有黑色幽默。但是鲁迅的传统和你身上的癫狂、戏谑，很奇妙地叠合在一起，有人从这个角度来评论你吗？

答：好像有人谈过吧。最早是80年代时说的酒神精神，还有很多人讲过拉伯雷的传统。

问：那你当时没看关于拉伯雷的研究？

答：他的书没有看，《巨人传》也没看。去年就是因为女儿做论文，读了巴赫金，真是感觉到相见恨晚，精神上产生强烈的共鸣。鲁迅里面有一些调皮的东西和因素，跟狂欢差不多的，《铸剑》里面那三个头在鼎里边追逐撕咬的场面，我觉得就是属于狂欢的。我们读到这一段描写的时候，没有太多愤怒和痛苦，读者也是获得一种狂欢的快感。

问：巴金在写苦难的时候，他写自己的挣扎流泪，就有很大的痛苦，但你完全没有这样，当然你会有痛苦，但你有一种戏谑在里面。

答：刚才你讲到沈从文跟鲁迅是两种不同传统的作家，我觉得鲁迅是用手术刀把遮盖在美丽外表下的东西剥开了。假如有一个疮疤，鲁迅会把疮疤豁开，把脓挤出来。假如是同样的一个疮疤，沈从文会用彩笔把疮疤给遮盖住，涂上一层美丽的颜色。我个人认为沈从文的小说有一种美，但那种描写是一种病态的美，他写沿江两边的妓女啊，水手啊，等等，是一种病态的美。鲁迅的小说就毫不留情，但是他的整个作品里面也有很多非常温馨，伤感的东西。他的《朝花夕拾》，早期的一些短篇，《故乡》等等，跟沈从文确实不是一个审美方向。还有，我觉得巴金的人与文章是很一致的。

问：因为他比较单调，比较简单。

答：后来我也发表过一个谬论，我觉得很多作家的人与作品是一致的，有很多作家的人与作品是不一致的；我觉得还是这种不一致的作家，张力更大一些。有的人，你读他的文章，想象到这个人是个什么样子，见面之后，果然就是这个样子，有的则完全不是这个样子。他的人格、内心、风格反差越大，这个作家的创造力就越大。当然我不是在说自己，但我是这么认为的。

问：应该是这样。

答：鲁迅的文章与人有很大的反差，表现在他作品风格有很多类，他的杂文、小说、散文都属不同的类，但我觉得沈从文小说就一类，无论是《边城》还是《长河》，还是别的早期晚期的作品，都是花开一朵，基本以一贯之的。

问：包括老舍，也没有太大变化。

答：我觉得老舍的作品就是一种色彩，一个腔调一直延续到底，没有花开几朵。

问：中国作家我们谈了很多，那外国作家你读的最多的是谁？

答：我是个不认真的人，这个没有办法。小时候书少，借了要马上还给人家，所以要快速阅读，后来到了80年代，很多书，读的同时自己也开始创作了，一开始创作，时间的分配上就更多地给予了创作。很多外国作家的书看的时候就感觉很冲动，然后就赶快去写，很难把书从头到尾读完。

问：马尔克斯的《百年孤独》读了吗？

答：20年前就开始读《百年孤独》，到现在也没读完。到了目前这个年龄,更很难把一本书从头到尾读完了。我特别佩服评论家读那么多著作，有那么大的阅读量，那么认真地在读书，特别是理论著作，我读了后面就会把前面的东西都忘掉，不会像你们这样专业的评论家从头到尾读那么多理论书，然后一二三四地谈出自己的观点来。

问：你对意大利的卡尔维诺好像很感兴趣？

答：卡尔维诺早期的小说里面，我觉得有与我的个性相符合的东西，最典型的是他的《我们的祖先》三部曲,《看不见的骑士》,《分成两半的子爵》、《树上的男爵》。我觉得他第一个明显特征就是在写寓言，包括他的很多短篇。

问：我当时看到时说，中国作家这样写的时候就会写得很假。卡尔维诺写得不觉得假，而是很真，这很奇怪。

答：问题在叙事者的腔调。后来我看了卡尔维诺整理的意大利童话,他的小说从中汲取了太多的营养,你可以想一想,他的《分成两半的子爵》、《树上的男爵》,都是带有很浓厚的童话色彩。第一，这两部小说都是儿童视角，是一个外甥在叙述他的舅舅的故事，是一个弟弟在叙述他哥哥的故事，另外与意大利民间童话、民间故事的传统之间的血缘关系太明显了。在他整理的意大利童话里，《分成两半的子爵》《树上的男爵》故事的原型都有。童话里面经常讲一个放牛娃由于各种各样的原因突然变成了国王的女婿，一般我们中国的童话到此就结束了，他没有结束，还要加上两句，"这个小子进到皇宫享福去了，可是我，还他妈的在这儿放牛！"哈，讲故事的身份一下子点明了，这里边非常有意思。略萨在写给青年读者的信里面讲到了，一种叙事腔调一旦确立以后，实际上就建立了一种说服力，作家在读者心目当中获得了一种说服力，然后无论你编造的故事离现实多么样的远，也会使读者津津有味地读下去。刚才提到乡村很多口头文学家在讲一个事情的时候，讲得头头是道。比如说，邻村老张家今天发生了一个什么样的事情，你明明知道他这种讲述已经离真实的事件相去甚远了，但是你依然会津津有味地听下去，而且跟着他的讲述，被他的情绪所感染，或者是忧伤，或者是捧腹大笑。讲述者的身份确定了，你已经认可了，这个人就是这样的，你不要去追究这个人讲的这个事件的真假，更重要的是，这个人在讲故事给我们听，然后我们会在他这种讲述的过程当中获得快感。马尔克斯的《百年孤独》，魔幻现实主义的作品都是一样的，包括卡夫卡的小说也是一样的。一开始就确定了讲述者的身份、腔调，无论怎么样去描写，你都不会去质疑这个故事的虚假性。卡夫卡的《变形记》在现实当中不存在，但他用这种腔调来讲述，人变成甲虫事件本身已经无关重要，关键是他变成甲虫的过程，和变成甲虫以后的遭遇，让你感觉到细节方面、心理方面的描写是非常真的。

问：我觉得俄国小说应该推荐巴别尔。

答：巴别尔的《骑兵军》我读完了，我很久没完整地读完一本书了，因为它很薄，随笔一样的短篇，严格意义上来说都不是小说，很多都是真实发生的事情，很像斯坦贝克写的《战地随笔》，应该是真实的报道性的东西。

问：但他写的真是太好了，色彩、结构都很出色，通常是长篇小说的容量，他用一千多字就表现出来了。

答：翻译家太了不起了，语言太好了，把巴别尔的俄语用非常好的汉语，把它对应地翻译过来，巴别尔对人的了解很深刻。真正的作家，太了解人了，才可以写好，不了解人根本就写不好的。我记得有一个短篇是写鹅的故事，讲他作为一个知识分子，进入骑兵军，这是支跟土匪差不多的部队，后来戴上了红军帽子而已。跟这么一帮人混到一块儿，要摆出小资产阶级的臭脾气来，他们会把你当外人，所以他就违心地，咬牙切齿地，把女房东一只鹅的脖子给拧断了，然后被女房东咒骂。骑兵战士就说：哥们，你是我们自己人，你能用这样一种方式，这么残酷地把鹅给拧死。"我们自己人"，这种说法一下子就让他融入到这个群体里去。他在拧死鹅的过程当中那种心理的痛苦，那种心灵的煎熬，激起我们心中许多的联想，它唤醒了我们人性当中普遍性的东西。我们会想在自己的生涯中有没有这样的遭遇，有没有过类似的事件，肯定有的。我马上就想到了"文革"初期的时候，我们批斗一个女老师，这个老师跟我们家很好的。我大哥当时是大学生，回家度暑假，跟老师的女儿是朋友。我觉得人的好坏不完全是后来学的，是遗传的。有的人年龄跟我差不多，我们受的教育，生活的社会环境是差不多的，但他们打起人来，折磨起人来，有一种天分，下手之狠，想象力之丰富，真是匪夷所思。我看到他们挖空心思地想出一些侮辱性的方法折磨这个老师，心中很痛苦。但作为一个中农家庭出身的孩子，你也加入了红小兵，所有人都上来打，很多人是不得已为了表现，最后剩下我打不打？大家都看着我，红小兵的头目也看着我。我也捡起了一块土坷拉，从背后投到了这个老师的背上。这个女教师一下子就回过头来，用那样一种眼神来看我，看的我无地自容，恨不得找个地缝钻进去。为了获得在群体里面生存的权利，你必须这样干。后来这个老师和校长对我成见很深。若干年后，我在路上遇到校长，向他问好，给他敬礼，那时我还当兵，但他把头一歪就过去了。我感到心中痛苦万分，当然我也不希望他能原谅我。所以，巴别尔的小说，一下子让我联想到了自己的童年时期的这个事件，从这个事件一扩展，我又想到了"文革"前，反右和历次运动当中，多数人的粗暴行为，实际上就是为了保留住自己在这个群体里面的地位，或者说不被甩到这个群体之外去，他不得不这样违心地做坏事。我想，巴金《随想录》的精髓就在这个地方。

问：他讲到对胡风投小石头，批判胡风的时候，他也发言了。

答：所以我觉得这带有普遍性，每个人都能从这部小说里发现自己。

问：我发现你好像不写纯粹的知识分子。

答：《十三步》就是写教师的，也算是小知识分子，到了比较高层次的知识分子就没写过了，比如说大学教授之类。

问：但你对这个东西很敏感，对学术对理性也是很敏感的。

答：对知识分子我还是有些肤浅想法的。上个世纪50年代毛泽东有个形象的比喻，就是在阶级社会里面，阶级是皮，知识分子是毛，"皮之不存，毛将焉附"？知识分子你不是附在地主资产阶级的皮上，就是附在无产阶级的皮上，不可能"毛"离开"皮"游离存在，这就把知识分子的依附性一下子就给讲出来了。这个论断虽霸气，但确实是一种现实。在中国社会里面，知识分子能够独立存在吗？我觉得真是不可能存在的。当然，西方有所谓的自由知识分子，但这种"自由"，并不是说他脱离了阶层或者阶级，他跟政治和体制保持了一种独立的姿态，知识分子可以跟体制保持一种对抗姿态。但在中国社会里面，一个知识分子如果与体制保持对抗姿态是很难生存的。大学教授能独立于体制之外吗？当然有很多写作者没有单位，但没有单位难道就能完全与体制剥离关系吗？文章要在国家的报纸刊物发表，在国家的出版社出版，要拿国家的版税。

问：就像鲁迅在《采薇》里写的一样，完全脱离政治是不可能的。

答：由此想到我们的批评家和有关部门倡导的现在比较热门的关注弱势群体的话题，要用小说为弱势群体说话，这个提法我觉得本意、出发点都非常好，而且我多年来也一直在这样做。我本人认为，我从80年代开始写作的时候，就给予了弱势群体巨大的关怀，写的时候是热泪盈眶、热血沸腾。但我们这种写作究竟能够跟弱势群体有多大的关系呢？有时也有人问我，你写这么多小说，想没想过究竟谁是你的读者呢？我写农民，但农民读我的小说吗？这个我是有发言权的，别的我不说，就说我那个村庄。按说这个村庄出了个作家，而且据说很多小说里面都以村里的人作为模特儿来写的，但我的村里面没有人读过我的书啊，我的父亲从来都不读我的书，我们村里的年轻人根本不会想到读一下同一个村里出来的作家莫言的小说。闲了看看电视多好啊，白天他要劳动，要谋生，要糊口，到了晚上回来累得筋疲力尽，能看看电视就不错了，看着电视就睡着了，谁来读我的小说？所谓为弱势群体的写作，到底是写给谁看的？到底能不能用小说改变弱势群体的命运？我们把写作当作一种改变社会、改变某些群体生存状态的工具来使用，这种想法出发点非常可贵，但实际上是一种很虚伪的写作方式。由此我又想到了70年代末80年代初的问题小说，因为某个社会问题我来写一篇小说。不可否认，这也是启发作家创作灵感的一种方式，古已有之。很多人，像司汤达的《红与黑》是因为一个案件，果戈理写《死魂灵》是普希金给他的一个故事。但它们为什么能够成为经典？就是因为它虽然是从问题出发，但最后却突破了、超越了问题，没有停留在对问题的揭露、批判和阐述上。它是从这个问题进入了人生，进入了人的灵魂，最终还是在写人。只有写了人，才可以成为真正意义上的文学作品。我们仅仅关注某一个问题，仅仅停留在描述弱势群体的悲惨的生存现状上，没有对产生弱势群体的社会体制进行批评，没有对弱势群体的心理状况进行分析和揭示，那是不大可能写出好东西的。我们应该给弱势群体以巨大的同情，但也不应忽视对他们的某些方面进行批判。弱势群体也是人，并不因为他弱势，就变成了精神方面的完美无缺的花朵。这跟过去的作品把贫下中农描写的完美无缺，把地主富农丑化的无一是处，有很多类似的地方。弱势群体并不是天生的道德完美者。他灵魂深处的阴暗面,甚至一点都不比强势群体少,一点都不比那些一掷万金的暴富者头脑里的阴暗面少。而且他也未必就满足于弱势群体的现状,他向往着的大概也正是强势群体的生活,向往而不得,于是就转化为仇恨,但这种仇恨经常披着正义和公理的外衣。

蒲松龄在小说里面对科举制度进行了揭露和讽刺,但内心深处,他对科举制度痛恨吗?没有啊,他非常向往,他其实是牢骚满腹。他到了晚年,人家看他这么大年纪都不忍心了,最后给他一个贡生,算是"恩贡"吧,比秀才高一点点。他留下一张珍贵的画像,穿戴着贡生的服装,是专门请人画的。说明他到了晚年,内心深处对功名的迷恋还是非常强烈的,就是因为他对这个有非常强烈的迷恋,怀才不遇,转化成创作,当时的社会又不允许他畅所欲言,只好托词鬼狐,成就了警世文章。我想,我们现在的弱势群体对财富的向往,对城市的向往,对现代物质的向往也是非常强烈的。而且他们内心深处那种阴暗面依然存在,我们不能因为为了给弱势群体说话,就把弱势群体的弱点给忘记了。鲁迅已经为我们提供了很好的榜样,"哀其不幸,怒其不争",既描述他们的悲惨处境,也不忘记揭示他们的劣根性。阿Q算不算底层人物?算不算弱势群体?但他对王胡友爱吗?他不也欺负小尼姑吗?他内心向往的是什么东西?难道是无产阶级革命吗?但你能说《阿Q正传》不是关注底层的小说吗?

问:周作人不同意左翼的思想,他曾经说过一句话,中国的有产阶级与无产阶级其实是一个思想,都是想升官发财,这是一种普遍的国民性。上海左翼那帮人,白天在咖啡屋,晚上在跳舞,然后写左翼文学,问题很多的。

答:杜荃、夏衍这帮人在上海都是西装革履,在物质上甚至比鲁迅还要优越。

问:是的,小布尔乔亚嘛,与底层老百姓的关系不是彻骨的。

答:所以我觉得更多的是一种精神自慰。对弱势群体关注不应该建立在对社会贫富分配不均的道德仇恨上，应该关注对人的灵魂的发现和开掘。好像有人认为我是在反对描写底层，实际上我同意啊，我自己早就是这样写的。我只是认为，我们不应该停留在对问题的关注上，应该超越了这个问题，上升到对人的关注上，从文学的意义上来关注，不是从非文学的政治的角度来关注。实际上，20多年来的小说，绝大多数都是写底层的，作家听从良心的召唤，根本不需要你来号召。

问：宣传还是宣传，艺术还是艺术。

答：西方所谓自由知识分子，独立发言的知识分子实际也没有脱离他们的阶级，他们代表了中产阶级，两头小，中间大，西方自由知识分子从自己的立场出发就是代表了大多数。西方对弱势群体的关注，也不是依靠知识分子的呼吁，我看到很多西方的知识分子，包括前年去世的苏珊·桑塔格，她也没去关注弱势群体。对弱势群体的关注在西方是依靠法律的手段，强制执行的。

问：苏珊·桑塔格对艺术独特创造性是尊敬的，她的小说包括评论写的非常好。

答：西方社会是依法立国治国，不像我们的社会建立在道德基础之上。封建制度肯定是用道德来教化，忽略法制，"礼不下庶人，刑不上大夫"，西方在资产阶级革命之后，是依法治国，严格的法律，胜过知识分子的呼吁。对弱势群体的关注和对暴富群体的限制，都是在法律的范畴之内来运作的。一旦个人财富危害到国家的时候，他就要求你分开财产。他用税收和法律来限制你。不是用道德来限制你。对弱势群体，对失业者的救济，对残疾人的关照，都有严格的法律规定，不管你哪个党派上来执政，这个不会改变。要盖一个楼，你必须考虑到残疾人的通道。中国天天宣传关注残疾人，但你去商场看看，去饭店看看，去那些会堂看看，去那些剧院看看，有几家为残疾人准备了无障碍通道？

问：鲁迅说的知识分子主要参照了俄国历史。

答：西方很多自由知识分子一个重要的职能就是挑政府的毛病，当然我们也有这样的知识分子，对社会上各种不公平的现象，对垄断利益集团发言批评。但这样的发言有一个度，不可能像西方那样百无禁忌。有一些禁区是不能触及的。应该有一大批这样的知识分子存在，应该拓展知识分子发言的空间。

问：很多问题都是知识界提出来的，像金融方面很多问题就是一些研究人员提出来的，一些大学教授发现经济有问题，就不断写文章呼吁，最后政府就接受了。

答：这样的知识分子非常宝贵，千人诺诺，不如一士谔谔。但是不是每一个作家都应该扮演这样的知识分子角色呢？应该因人而异。有的人具备这方面的才华，具备这方面的知识结构，我觉得他当然可以扮演这样的角色。

问：当时李立三找鲁迅谈话，要求鲁迅像法国作家巴比塞那样发表一个声明，公开抗议国民党政府，鲁迅说我不能这样，我这样的话，我就被通缉了，我就没地方住了。后来两个人不欢而散。鲁迅是用杂文，用艺术这样的方式来斗争的，而且化了各种各样的笔名。他也不是说像赤膊上阵那样，他也反对游行，他选择的是那样一种方式，不一定每个人都赤膊上阵。

答：社会的改变确实是一个非常复杂的问题。每个人的知识结构不同，每个人的生存状态不同，应该允许有的作家不做谔谔之士，这并不代表他没有良知和勇气。他没有这方面的知识结构，他说不到点子上，而且搞不好还要说错话，应该允许他用自己最熟悉，最擅长的方式，用文学的方式、艺术的方式，来表达自己的一些思索和看法，我觉得也是可以的。就像《青春之歌》里，应该给余永泽式的人物一线生机。抗战时期，如果西南联大的所有教授都上了战场，那也就没有杨振宁、汪曾祺这些人了吧。

人是感情动物、经济动物。当然现在马克思主义也不流行了,但马克思的很多理论还是正确的,经济基础和社会地位还是决定了人的思想方式。用《中国社会各阶级的分析》来分析文学作品,指导文学创作,毫无疑问是狭隘的,但用这个分析我们社会的结构是有效的。当一个作家的地位改变了以后,住在别墅里,开着豪华轿车,让你去关注底层,这我觉得非常虚伪。你关注不到点子上。不是说这种行为是一种虚假的沽名钓誉的行为,你的动机可能是非常真诚的,但是我觉得你关注不到点子上,为什么呢?你已经体验不到下层劳动者、弱势群体真实的心理想法了。他们的心理状态你已经无法体验到了,即便你改头换面去体验。你根本无法体验到那种处在毫无希望的绝境当中的绝望心理。只能期待着像杰克·伦敦那样的人冒出来,但冒出来之后,花天酒地,盖豪宅"狼舍",最后也是一个"马丁·伊登",彻底完蛋。所以像我们这些50来岁的,80年代出了名的作家,当然可以把口号喊得震天响:我要关注底层,了解底层,为底层人民说话!出发点可能很真诚很美好,但已经写不出真正反映底层人物灵魂状态的作品,这是我的判断。首先是我本人,然后兼顾着猜测别人,也许有伟大的天才可以,那就另当别论。当然你可以说托尔斯泰是贵族,他不也写出伟大作品了吗?他也没有吃了上顿没有下顿,不也写出了了不起的作品来吗?这就是谈到了什么是好的文学的问题,也是最关键的问题,也是我们这样的作家还有没有资格继续写作的问题。是不是只有写了底层的文学才算好的文学?写了贵族的文学难道就不是好的文学了吗?《战争与和平》没有写多少农奴的悲惨的生活啊,普鲁斯特的《追忆似水年华》根本没写弱势群体啊,写的就是贵族生活啊,《西游记》也没有写下岗工人啊。

问:他们表现的是一种智慧。

答:什么应该是好的文学?我还是那句老话:只要写得好,写什么并不重要。不要那么狭隘,批评作家不去关注底层。其实,那些批评别人不了解底层的人，自己了解吗？你不也是生活在大城市里，过着衣食无忧的生活吗？你说某某的作品虚假，那你必然知道真实的生活，但你是怎样了解了真实生活的呢？其实，只有底层最了解底层，别的阶层，都是在想象底层。

问：《南方周末》一篇文章，要求鲁迅必须为社会设计出那么多的方案来，我说这个有很多问题，这是不可能的。

答：这还是80年代之前那套主题先行，政治先行的思路。作家不是救世主，鲁迅不是，我们更不是。我想起俄国作家库普林描写妓女的小说《火坑》，一帮知识分子，慷慨激昂地批评妓女和卖淫制度，但到了最后，那个最慷慨激昂者，又悄悄地溜进了妓院。他们要拯救妓女，其中一个还把妓女接到家中同居，但最后，他制造了一个通奸事实，用冠冕堂皇的理由把那妓女赶走了。其实，我们每个人，处理生活时，跟阅读文学时，都有巨大的差别。你那么赞美林黛玉，但假如贾宝玉是你的儿子，你是赞成他娶林黛玉还是赞成他娶薛宝钗？我当年看《青春之歌》，看到大年之夜，余永泽和林道静小两口正要欢度春节，这时，余家的老长工来了，满身污脏，散发异味，余永泽给他一点钱，让他走。老长工发火，林道静也和余永泽掰了。这是小说，但如果在现实中，我们遇到这种情况，能比余永泽处理得更好吗？

问：不能要求作家承载太多的东西。

答：所以，我认为我现在已经写不了那所谓的"底层文学"，但是不是我就不能写作了？

问：汪曾祺写《大淖记事》和《受戒》，就是回忆早期苦难的生活。

答：他把苦难的生活写得很温馨啊，命运多么悲惨，他这里面是带着欢笑的，他跟他的老师沈从文是一脉相承的。所以我觉得一个写作者不管处在什么地位都可以写作，无论是家产千万，还是不名一文，他都可以写作，写什么并不十分重要，关键是一个写作者必须有一种切肤之痛，有一种刻骨之爱，或者有一种不共戴天之恨（不是狭义的恨），而这些痛、爱、恨都应该转化成一种怜悯。总要有一种强烈的感情在那个地方作为一种支撑，这你就可以写下去。一个贵族，经历了灵魂炼狱的痛苦，当然可以写出深刻的作品来。歌德写《浮士德》时，日子过得很好啊，鲁迅后来也没有过得很苦啊。另外我觉得一个写作者他不应该接帮拉伙，一个写作者最好的处境，应该是众叛亲离、孤军奋战。前呼后拥，门前车盖如云，不是一种好的处境。一个写作者，不管怎么样，只要在灵魂深处有深刻的痛苦，或者深刻的感悟，他就可以写出好的作品，真实的不虚伪的作品。

问：我觉得你身上的特点，第一是对自己特别清楚，第二，你的精神能量是非常旺盛的，这和一般作家不一样，比如《檀香刑》《生死疲劳》你一气写下来。汪曾祺是绝对不能这样写的，他的能量就是一碗，你是一缸。这个能量一下子下来，是很不简单的。

答：可不敢这么说啊，这是风格决定的。汪先生是大才子，我是说书人。说书人要滔滔不绝，每天都要讲的，必须不断讲下去，然后才有饭碗。说书人的传统就是必须要有一种滔滔不绝的气势和叙事的能量，要卖力气。而大才子是风流倜傥，饮酒赋诗，兴趣所至，勾画几笔，即成杰构。

问：你早期与后期语言发生了很大变化。80年代你写《红高粱》的时候，特别是《透明的红萝卜》，语言非常的温润，有一种质感，在青年作家中包括老作家，你的语言是非常特殊的，我特别怀念那个时候的语言，实在是好。后来我估计你是故意放弃了这样的一些东西。

答：越写技术越熟练，越写越注意消灭病句，考虑用规范的汉语。现在回头看《透明的红萝卜》很多句子是不完整的，有的缺谓语，有的缺主语。

问：但是就是那种句子有魅力。鲁迅的句子要完全用"主谓宾定状补"也是说不通的，比如《孔乙己》当中说："大约孔乙己的确死了。"

答：鲁迅那个时候，白话文还在初创时期。

问：所以一个人在不懂规范的时候，那种完全朦胧的表现反而效果更好。你后来的语言也不错，但我觉得变化很大，也可能你故意用一种粗壮的、浑厚的，"咚咚咚"轰炸的东西出来，表达另一种审美态度。

答：前些日子，李静跟我谈起早期作品的语言，希望我能找回来那种东西。

问：不是说你现在的语言不好，现在也是一种风格。我在读《生死疲劳》的时候，有这样的体验，如果这种语言再节制，或者在某些方面再停一下、住一下、再涵泳一下，是不是能够更好？《生死疲劳》不可能要求像知识分子那样温文尔雅，可能你就是这种狂欢的风格。在语言上你还是有各种各样的潜能的，语言天赋很好，看你55岁以后能不能写出另外一种东西。我觉得你在韵律上，在意象上得了中国传统民间很多好的东西，但我觉得在语言本身的表现方法上好像应该能够更好，在语言本身的魅力上再干练一点，这可能有点过多的要求作家了。如果这样的话，文本的意义可能更大。

答：干练的语言，也实验过，比如《酒国》里边《肉孩》那部分，还有一些短篇的语言。

问：《酒国》的语言好。

答：也有很多别的披头散发狂欢式的语言。

问：如果你要是过分的重视语言，走向像某些作家那样矫揉造作的路子，还不如就这样。

答：有个成语叫"得意忘形"，作家进入写作状态，叫"得意忘言"。

问：我觉得你的语言空间还是很大的。不管怎么说，会有更多的人来研究你，而且20年来，你是中国当代小说家中仅有的几个可以让人来不断解释的存在。鲁迅是条河，你也是一条河，当然河有大有小，你的变化和你的丰富性，给我们的记忆，给20年来的文学还是提供了很有价值的文本的。

答：提供了批判的样本。

问：不是。新中国以后，我们的文学怎么样？中国真正的文学转向是从 80 年代，从你们这拨人开始的，我想每一个读者都从其中悟到了些什么，并且是难以忘怀的。

（北京鲁迅博物馆姜异新整理）

"55后"对话"80后"
——张悦然对话莫言

莫言、张悦然做客网易读书《网易阅读客厅》栏目，就莫言的新书《蛙》展开精彩对话。

两代作家在分享彼此创作和阅读体验的同时，也就"文革"、计划生育和代际关系等社会问题交换了看法。对于80后一代写作者，莫言表示了发自内心的欣赏。张悦然则表示，如果回到"文革"，80后一代并不会比他们的父辈做得更好，"因为这一代人没有什么集体记忆"，"如果突然发生一个大事件，他们需要这种东西把他们召唤起来，凝聚在一起。因为这代人觉得自己很孤独。"

做一个叛逆的人很容易，顺从世俗更难

张悦然：先从您的星盘开始说起吧。我主要是从星盘说我对莫言老师性格的了解。

莫言：我看看说得准不准吧。

张悦然：但你的生日说得不是太确切，我当时问你要的是1955年2月17日，你告诉我的时间是下午5点左右。

莫言：对。

张悦然：地理位置肯定没搞错。这就是莫言老师的星盘，您看到这个图形了吗？这个点、这个点和这个点，您觉得这个图形好看吗？

莫言：像钻石。

张悦然：（笑）什么钻石呀，这是一个信封，是一个打开的信封。意思是上帝给了你才华，给了你礼物，把它装在了信封里。你把它从信封里拿出来。这样的人是上帝赐予了礼物（的人），一种恩赐。

从性格方面来说，特别均衡，有些人集中在一个地方，你的比较分散，很多面，你说"钻石"倒是对的，因为有很多切面。这也是我后面要问您的，您不是那种天质癫狂型的作家，还是很均衡的。

莫言：有一种最后的底线，不至于疯了。

张悦然：绝对不可能疯了，您的月亮是射手，还是有一种比较乐观的东西，有一种射手座的乐观。

莫言：我不是水瓶座的吗？

张悦然：月亮是射手座的，一个人有三个上升（音），月亮、太阳等组成，所以是不同面，性格的多重性才构成了一个人的丰富性。

这个宫是主才华、创作的，所以月亮在这里，特别有创新，但也有一种孩子气，有一种孩子的天性，所以不太容易有衰竭感。

莫言：这倒挺准的。老是错于自己没长大，误以为自己很年轻。

张悦然：上面有很多幸运的特质，您的金星在摩羯，摩羯座还是比较讲究实用主义和现实的，有一种规则性，所以您的审美，还是（出于）对自己有实用性的要求，至少要是好看的，是有人欣赏的，您认为的价值标准不太容易不停地变换。不像您的太阳星座水瓶那么具有跳跃性，水瓶是一个比较未来式的星座。

这上面还反映了，您在家里挺孤独的，无论是早年的家庭生活还是（以后），自己的时间比较多。

总之，这上面有很多因素，最重要的是，它构成了一个漂亮的格局。

这个格局让我们觉得很均衡。有格局就会很紧绷，不容易散架。

莫言：有一种相对均衡的结构。

张悦然：我从星盘说起，讲一讲对您的性格的了解。我跟您开了很多次的会，包括和您去韩国，感觉您很多时候都会委屈自己、迁就别人，别人说怎么怎么样，你就不好意思拒绝，说那就去吧。

之后开始跟星座扯上关系了（笑）。挺不容易的，因为我觉得作家还是有比较自我、比较任性的一面，有时候我觉得这对写作也是有好处的，因为会比较集中。从对您性格的了解，包括看您为人处事的方式，我觉得挺累的。

莫言：是挺累的，没办法。

张悦然：这样确实很累，会不会消耗掉很多和写作有关的……

莫言：江山易改，本性难移，这不完全是先天的。成长的环境决定了我会以这样的方式来待人处世，这和我生于中农家庭，父母从事农业有关系。中农这个阶层本身很尴尬，团结对象，稍微表现不好，就推到敌人那边去了，所以一辈子都小心翼翼，所以我们以父母为榜样，几十年来，长大以后也是这样的。

首先骨子里有一种怯懦，生怕让人不高兴。我记得有一年我们在香港参加书展，大厅里好像是严禁抽烟的，我们跟台湾一帮作家跑到里面抽一阵，我胆战心惊的，生怕被人抓住，其他的都是次要，就怕非常尴尬，大家都不抽烟，你们一帮作家，号称有文化的人，公然违反规定。

张悦然：我们这一代人就不管这些（笑）。

莫言：另外有些人的行为我看不惯。前一阵在德国我讲了一个例子，流传着一个关于歌德和贝多芬的故事，歌德和贝多芬一块儿在路边行走，碰到了王室成员的仪仗，歌德按照社会习俗退到路边，恭恭敬敬，垂手而立，而贝多芬迎着国王的仪仗走过去，扬长而去。我们看了之后心里当然觉得贝多芬太牛了，很厉害，歌德太猥琐，太渺小。

但随着年龄的增长，对这个问题的认识越来越不一样，感觉歌德这样做实际上更不容易，歌德这种人，他骨子里的傲气我想一点不会比贝多芬差，甚至有过之而无不及，他内心这么骄傲的一个人却能够顺从世俗，为了不给别人难堪和不高兴，宁愿扮演这样一种角色。

张悦然：您还是有一种顺从世俗的东西？

莫言：首先涉及到对国王这个人本身尊重不尊重的问题。国王本身是一个象征性的符号，在这个符号之后他是一个人，你不尊重这个符号当然可以，但你在不尊重这个符号的同时也伤害了作为人的国王。所以（歌德）退到路边我觉得是很对的。而现在喜欢扮演贝多芬这样叛逆的人太多了，你可以被扮演贝多芬的叛逆，但你扮演不了他内心中真正独立的东西，扮演不了他的才华。所以我后来所看到的，更多是在扮演贝多芬表面的东西。

有时候我也恨自己，很拙劣，很笨，很无能。

张悦然：我只是觉得您很多时候替别人考虑得很多，会很辛苦。

莫言：我觉得这是一个准则，不管我自己多么委屈、多么累，这些都是应该坚守的。

张悦然：而且我觉得您对自己看不惯的人也不会表现出来。

莫言：起码不能伤人伤得太厉害，现在对这些我看不惯的人，我也会反过来想，也许他还看不惯我呢。

我很笨的，有一次我在路边被一个农民工……当然，是不带侮辱性的称呼，就是一个打工的小伙子，他骑着自行车逆行，当时我正在想事情，他逆行，当时就把我撞翻了，把我的手弄得鲜血淋漓。小孩儿吓得呀，首先我想到，太可怜了，小孩儿吓成这个样子。我就说，没事儿没事儿，你走吧。回家后老婆孩子说，你怎么这么笨呢？让他带你去医院包扎一下也可以啊。我说算了吧。

张悦然：那您这么多年肯定被别人利用过？

莫言：这个没关系，良心安稳就行，被别人利用总比利用别人好。自己受一点委屈总比给别人带来委屈好。你伤害过别人这件事情实际上远远比别人伤害你留下的痛苦要大,我的个人经验就是这样。

今年春天的时候,原来我的工作单位,总参局里一个领导让我写一篇我在这个单位工作的回忆,一篇文章。我当时就想写一件事,82年我刚从保定调到北京来,那时候年轻,晚上写小说,很狂妄,刚写了几篇小说,在《小说月报》上转载,这时候我们单位有一个姓叶的副参谋长,进门后说"没人了?"我未加思索,立刻蹦出来一句"我不是人吗?"搞得他非常尴尬,不言不语就退走了。第二天我就后悔得要命,人家根本不是这个意思,"没人吗?"可能是他要找的那个人不在,根本没有蔑视我,把我不当个人的意思。但我就冒出来一句"难道我不是个人吗?"似乎理直气壮,但后来每当提起,我马上就会想起这件事。

张悦然:天哪,如果这样的事情都要忏悔……

莫言:有一次我跟文化部部长去总参局看他们幼儿园排演的节目,一个小男孩儿在跳舞的时候把肚子碰倒了,前面我还在鼓动他,结果这个孩子可能是因为受我们的鼓动跳得过分了,"砰"地一下撞到桌子上,满脸通红,要哭哭不出来,我觉得这也和我们有关系。这是我在总参部做的坏事儿,这种小事儿很刻骨铭心,让你难以忘记。别人伤害我的,我马上就忘记了。

还有小时候,校长的太太是教我们数学的刘老师,"文革"初期,所有人都打她。

张悦然:您扔过石头。

莫言:我很难受的,因为他的女儿跟我大哥在"文革"前有一种朦胧的恋爱关系,所有人都看着我。怎么办?都在打,后来我就捡起了一个小土块,打了她一下。她的脑袋一下抬起来了,就盯着我看。

这个老师也感觉,别人打我还可以,你干嘛也打我?后来他们根本就不谅解我。后来我遇到了校长,校长一扭脖子就走了,我在路边站着,仿佛被当头打了一棍。如果校长说,不怨你们,你们是小孩。10岁左右嘛,懂什么?但校长也不原谅我,这也是永远难以忘却的记忆。

张悦然：回到"文革"，80后一代并不会做得更好。这些年很多人提起了"忏悔"这个话题，大家的意思是，还是那个年代造成的，必须来那么一下，至少必须砸一个小土块吧。像你这么想的，可能不太多。

莫言：伤了很多的人。后来我想，如果要获得良心方面的安宁，被别人伤害、被别人误解（反而）是容易的，很容易忘记，千万不要去伤害别人，因为伤害了别人，无法赎还。

张悦然：在那样的环境下，不砸那个小土块，就很危险？

莫言：很矛盾，如果不砸，就会被这帮学生边缘化，排除在圈子外。当年批判蒋介石的那些知识分子为什么到了50年代都那么顺从，做了那么多伤害朋友的事情，就是怕被排除在时代外。大家都热火朝天，奔着一个光明的前程，一旦你不这样做，马上就被当成另类，被甩出群体外。那时候欧洲的知识分子是生怕被群体同化，一定要跟群体不一样，而我们是一定要跟群体一样，千万不要被群体甩出来，是两种心态。

张悦然：这也是我这代人和您这代人鲜明的不同。

莫言：为什么大家都这么希望有一个单位？单位里的人天天勾心斗角，争名夺利，但心里还是有一种归属，有一种安全感，如果没有一个单位，就很可怕。当时我在军队里，因为我的写作风格和军队要求相差甚远，在里面待着确实感到不伦不类，但一旦我脱下军装离开部队，每天从大门口经过，看到自己过去的战友出出进进，心里还是很难受的。尽管我马上就有了新的单位。

张悦然：需要一个集体。您怎么评价"文革"中那些扔土块，砸向别人的人？

莫言：首先扔土块的人自我要认识到扔土块是不对的，它带给你自己的心灵痛苦远远大于施加给别人的痛苦。有人能把它遗忘掉，我觉得倒是一种幸运，如果你能把扔土块，伤害了别人的这件事情彻底忘干净，这是一种心理上的优势，如果做不到这点，真的会痛苦终生。

张悦然：扔土块也许是要在那个环境下生存的唯一方式。

莫言：我们可以这样开脱自己，如果不这样做，别人也要做，别人来做还不如我做，可能别人做的比我还过分。但如果忘不了，痛苦还是永远存在的。

张悦然：在那样的非常环境下，也许举动必须要做，但程度可以不同。

莫言：对呀，你可以上去拳打脚踢，也可以从背后远远地扔一块小土块，但两件事没有什么区别，无非是做的程度轻重。

张悦然：刚刚讲到中西方知识分子的差别，是和整个社会传统有关吗？

莫言：我不明白，以前关于鲁迅开过一个玩笑，当然也没有证实是真是假。有人问毛主席，鲁迅活着会怎么样？毛主席回答，可能什么都不写，也有可能在监狱里写。到底是真是假也无法考证了。但可以让我们想，鲁迅那样的知识分子，他怕死吗？他不怕的。郭沫若当年和蒋介石公开叫板，蒋介石是委员长，是国家领袖，1927年后他写《请看今日的蒋介石》，对蒋介石简直是鞭尸掘坟。到了50年代以后，郭沫若完全变成另外一个人了。

张悦然：我觉得还是环境影响，我们这代人和您的环境完全不一样，家庭约束没有那么严重，把我们放在这个环境下，会不会扔这块石头，我觉得会的，90%以上的人，从之前很多事件看他们的各种反应，我认为他们都会的。

莫言：多数人是会做的，不做的可能只有极少数人。我们相信在那个时代里也依然有一些不同凡响的人物，比如张志新、北大的林昭（音），都像圣女一样，她们既有知识、理论方面高屋建瓴的东西，能透过当时喧嚣的现象看到事物的本质，能够看到真理。而且最重要的是有坚持真理的勇气。我相信有很多人跟他们一样，能够看到事物的真相，但缺少这种坚持真理的勇气，因为坚持真理在那个时候是要冒着生命危险的。

就像当年的伽利略、布鲁诺一样，是要上火刑架的，你要坚持真理就要被活活烧死。张志新他们就是这样的人。但还有很多人看不到真理，第二是看到了真理也没有勇气坚持。

张悦然：传统文化中的知识分子，古代传下来的所谓"士"的气息，如果他们应对这样的环境，基于您的想象，会是怎样的情况？

莫言：解放以后，"士"这种东西，像"士可杀，不可辱"，"宁为玉碎，不为瓦全"，这样的东西是很少的，一次给荡涤光了，我也不明白，这就是共产党的伟大之处，它可以让一个时代重新开始。就像当年那个诗人讲的"时间开始了"，过去的一切都终止了，我们这是创世纪。包括观念上的很多东西。

张悦然：我就是想不清楚这个问题。前面在探讨，我们是不是也受到了"文革"很多影响，因为我们的父母受到了很多影响。他们的影响会施加到你们身上。如果有那样的环境产生，这代人还是有一哄而上的热情，虽然表面看来他们需要有独特性、个性，要和别人不一样，但还是在媒体呼吁下，有好处的时候，如果反过来，大家也会一哄而上，害怕被孤立。

莫言：现在这个时代依然存在着这种心理基础，拿地震比喻好像显得很不好。但在汶川地震中，那时我看到很多现象一下让我联想到了很多，首先我看到，在我们家附近路边有一个中年妇女训斥一个酒鬼，一个老头儿喝醉了，在路上又说又唱，先上来一个中年妇女上来训斥他，今天是国家哀悼日，你竟然在路边喝醉了。他醉了当然是没有理智的，就上来和她吵，和她骂，又上来一群女的。后来打110报警，来了一个警车把老头儿拉走了。

张悦然：很多人都有一种道德优越感。

莫言：占据道德高地，谴责别人，这是很可怕的。"文革"就是这样。还有一件事发生在学校，一帮孩子在国家哀悼日的时候，排练红五月的节目，这时候来了一个学生处的年轻干部，抓住这帮学生就开始上纲上线，痛加批判，你们什么性质、什么行为？这帮孩子辩解说，我们这不是娱乐，只是排演节目，没去歌厅，我们心里也很悲痛，昨天晚上还搞了烛光晚会，每个人都捐献了。今天我们没有别的事情，之后有演出，做一些排练怎么了？但这个干部不依不饶，要把学生名单报上去，报到校长那里要求严肃处理。

这就是一个很年轻的人，他的真诚我不怀疑，肯定是发自内心的，但这种真诚非常霸道，非常可怕，所有的人都以为自己掌握了真理，不依不饶，不做客观分析。不把别人往好里想，就往坏里想。

还有很多类似的活动，说出来不太好听。在地震期间，让我看到了很多"文革"期间遗留下来的心理状态，在这种特殊环境下突然又迸发了，假如再有"文化大革命"这样的历史契机……

张悦然：并不能做得更好。

莫言：我想参加红卫兵的人并不在少数，而且做得未必好到哪里去。韩寒关于美国风灾的博客我看到了，我很赞赏他这种逆向思维的勇气，当大家多占据道德高地，异口同声纷纷往里扔砖头的时候他能从另外的角度想一想在美国风灾时中国媒体的报道，实际上那些标题都是幸灾乐祸的，而我们是在媒体上公开（发布）的。

包括美国911，表面上都很震惊、很同情，但因为隔得太远了，有多少人能产生美国人那样的心灵剧痛？有没有幸灾乐祸？觉得美国人这次终于倒霉了。而且政治观点会不会影响对这个事件的判断呢？我在意识形态上站在美国的对立方，突然发生这样的灾难，政治观点会不会影响我对这件事情的判断？肯定会影响。所以这涉及到很多批评原则的问题，我反复讲过。

我们不怀疑每一个批评者都是有感情的，感情上允许有偏向，我从感情上就是偏向这一方，恨那一方。但在清醒的时候，还是要以真理为依据，情可偏，礼不能废，这是一个基本准则。

张悦然：您对现在的年轻人怎么看？还是没怎么关注？

莫言：非常关注啊，我很欣赏的。我对80后这一批写作者一直是一种发自内心的欣赏态度，并不是盲目吹捧，我觉得就是应该承认一代一代更替的关系，首先应该建立（一种观点），任何一代作家都有伟大的作家，我们仿佛感觉自己掌握了真理，但这种真理并不是绝对的，尤其是文学上的真理，弹性很大，随着时代变化而不断变化。所以后来我说，每个时代有每个时代的生活，因此每个时代必须有每个时代的作家，每个时代有每个时代的读者。

我们按照我们的标准来衡量80后、90后，感觉他们写的东西我们不能认可，但这是相对而言的。在80后、90后读者的心目中，我们的东西和他们有隔膜，离得很远，只有他们这代人写的东西，他们（读者）才觉得说出了他们的心里话。所以我对80后的肯定和赞赏是建立在这个基础上的。而且我也说过一句话，不管现在如何对80后担忧、希望，再过十年、二十年，毫无疑问，他们在文坛上变成了中坚力量。而且反思一下，当初我们这批作家出道时，老一代作家对我们也很不认同，我们这种写法，比如写《红高粱》这种小说，那些写红色经典的作家觉得，写得这是什么呀？土匪，抗战，跑到高粱地里野合，这是什么东西？但实际上它还是站得住脚的。放在历史上来衡量，文学就是应该慢慢发展。

网易读书：刚才您提到，"文革"如果在现在发生，还是可能（会发生扔土块的事件），这和最新一代人的精神构成也有联系。悦然刚才讲，如果她们这代人回到那个场景，也会干这种事，这代人的精神构成是怎样的？

莫言：应该还是有所区别的。

张悦然：不是的，你把我们高估了。包括地震、反日，现在我的MSN上还是有很多人没把红心CHINA去掉，还是有很不一样的东西，如果现在再掀起反日浪潮，愤青还是很多。因为我们这代人没有什么大记忆，有次我们回忆80后的集体记忆，我们是生于80年代初的人，包括您女儿，最深的、最后一件事情就是申奥成功，01年的时候。那之后人就长大了，没有什么集体记忆。之前的记忆实际上是很单薄的，没有什么共同的、凝聚的记忆，如果突然有一个大事件把他们召唤起来，凝聚在一起，他们需要这种东西。因为这代人觉得自己很孤独。如果现在有这样一个事情，他们会有一种投身大势的感觉，然后他们会义无反顾地进去，觉得终于可以实现自己的价值了，有这样一种空虚，现在是在一种等待的空虚中。

"文革"时体会到很多嘉年华的快乐

网易读书：您刚刚讲"以真理为依据"，问题是"真理"在现在是缺失的，包括您刚才谈到了"文革"，经历过"文革"，中国竟然没地方纪念，没有地方找，"文革"被有意地泯灭掉、销毁掉了，对"文革"的思考都非常简单，这样的年轻一代长大后没有可以反思文革的地方。

张悦然：对，我们这代人试图想一些什么，还是因为上一代人对它谈不出什么。

莫言：媒体也好、文学作品也好，只是描写了"文革"的一个侧面，多数还停留在对"文革"苦难进行控诉的层面上。当然，后来在反思了，像巴金的《随想录》，开始反思自我，（巴金说）我在"文革"期间也伤害过别人。

我想，进一步反思，是不是还存在这样的现象，本来你想去伤害别人，本来想把别人打成右派，结果鬼使神差的，你被别人打成了右派，很多挨整的人都是刚开始整过别人的。尤其到了"文革"期间，当时站在上风头打别人的人，"文革"期间也被人打倒了，这些人开始反思了，包括周扬他们在80年代对自己的反思、对历史的反思，如果没有这种大转折，他也认识不到这点。

"文革"十年的时间，如果一点欢乐都没有，中国人怎么可能活下去，天天像电视里看到的那样，以泪洗面，愁眉苦脸。

张悦然：事实上你们那时候也有很多欢乐。当我阅读上一代人以"文革"为背景的小说时，在那些压抑的,沉痛的叙述中,总想找到一些轻快的、雀跃的东西。比如欢乐。在对于那个时代的叙述中，欢乐是更自我的东西，让我可以感觉到，写的是一个独立的人，有悲有喜，而不是一类人,那些人。

莫言：尤其是一个10岁的孩子，让他天天痛苦，那是不可能的。我上次在北大也讲,在"文革"期间,作为一个儿童,我体会到了很多嘉年华的快乐。但后来我看到也有人批评,"有良心吗?别人在受苦,你们开嘉年华。"我想起了前些年匈牙利的凯尔斯特讲的"集中营里也有欢乐",因为对欢乐的定义不一样,"文革"期间没有娱乐,突然搞群众大会,几万人,感觉是像演戏一样。历朝历代,每次杀人,都是巨大的悲剧,杀的可能是起义的农民领袖。但观看的人成千上万。当年北京杀袁崇焕,当时万人空巷地来看,而且杀掉袁崇焕之后大家一拥而上,把袁崇焕的肉都吃掉了。你能说他们是坏人吗?这些人平时都是善良的,也都是有孩子有妈,有老婆的,但在特殊环境下,他也会变得可怕。

在"文革"期间批斗走资派,戴纸帽子,有些走资派戴上纸帽子之后也不是像我们电视里表达得那样痛不欲生,有些人很幽默,自己戴了帽子还喊口号。我记得我们学校有一个体育老师,他的家庭出身是富农,有些人就是死不交代,最后交代就是"我什么都没有。"他刚好相反,每次开始他都骂自己"我冯某某是最坏的叛徒、内奸!"别人就说"你不是,刘少奇才是。"他说"我是最坏最坏的人,道德败坏,思想肮脏,心地阴暗,干了多少坏事儿,两岁时就把邻居的小鸡扔到池塘,三岁时就把瞎子领到河里,五岁时把小牛推到河里。"完全是编小说嘛,大家听了很高兴,说"继续!他认识问题深刻。"就变成闹剧了,结果每次批斗冯老师就变成我们学校特好玩的事儿,"快去快去,又批冯老师了。"完全就是在演独角戏,一边骂自己,一边煽耳光。当然,是煽不成的,校长低着头就说"没有,这是教育局让我干的。"那就不好玩了,所以他就挨揍,大家就打他。冯老师一上去,大家都笑,都欢迎,很快就解放了,第一批就解放了冯老师。集合"可以教育好的老师",就把他集合进来了。

张悦然:如果您处在那个位置,您会是冯老师还是校长?

莫言:我肯定是校长,第一个自杀的就是我,悬梁或是跳井。

张悦然:您还是脸面很薄的人。

莫言:肯定是心事重重,我家里人都说我胆子特别小,特别怕事,没有承受能力，任何一件小事儿都能吓得胆战心惊。老师本来知道我只偷了一个瓜，但把我叫到办公室我会马上给自己虚构很多罪恶，老师知道的说了，不知道的也全都说了。所以我总是说，如果我是地下党，肯定不行，肯定不会加入，一加入进来，别说上老虎凳了，两个耳光打过去就全招了，不但知道的说了，不知道的也编出来了，所以不能干机密工作（笑）。

张悦然：您觉得这跟山东人的个性有关吗？看您一直在写山东，您觉得自己身上山东人的个性是什么样的？

莫言：山东人的个性实际上也千差万别，整体来讲，感觉山东人比较豪爽，比较仗义，但也不一样，具体到一个村庄里，也是什么样的人都有，多数人还是跟别的地方的人一样。山东有那么多视死如归的英雄好汉，也出了我这样贪生怕死的、懦弱的人。

张悦然：正常的人。

莫言：这也是正常的人，怕事，这跟家庭教育有关系，也跟遗传关系很大。

张悦然：我觉得跟父亲有关系。

莫言：小时候一块儿去偷瓜就能明显感觉到，每次我偷个瓜，心脏的跳动，自己都能看到，好像要把肋骨震断，有些人就很如常，躺在西瓜地就开始吃。每次我跟大孩子干偷瓜摸枣的坏事时，都把自己吓得半死，这和遗传、家庭影响都有关，我觉得更多还是遗传起作用。

张悦然：是父亲的个性吗？

莫言：父亲的个性。我父亲的外表是一个非常刚硬的人，在村子里面是铮铮铁骨，当了30年会计，一分钱都没有贪污过，几乎是很少的，对子女极其严格，完全是儒家那一套，但他特别胆小怕事，另外他对共产党是忠心耿耿，党叫干啥他干啥，党不叫干的事儿他都干，当然是好事儿。党说大队会计可以脱产（音），他从来不，都是夜里工作，白天劳动。

张悦然：您觉得《蛙》里"蝌蚪"的父亲像您的父亲吗？我记得有一段，

王人美死了以后，上面说怎么赔偿，来找他，父亲还是表现出一种对抗的东西。

莫言：我的《天堂蒜薹之歌》里曾经描写过一个人物，当时的乡党委书记无照驾驶，把四叔给撞死了，同时还有一头怀孕的母牛。这是真实的，我的四叔，堂爷爷的儿子。但撞人的这个人是我父亲很熟悉、尊敬的一个人，他托人来说情，同时带了一捆带鱼放在我们家院子里，我父亲就说，算了算了，命该如此。自己家里的人，反正人已经死了，如果非要诉诸法律，把一个公社党委书记的前途断送了，也没有什么好处。

张悦然：还是比较像"蝌蚪"的个性。

莫言：对，算了就算了。后来我的四婶也同意处理方式，四婶甚至说，我就想这个司机来了我看看，我认他做个干儿子吧。这是什么心理啊？仇人啊，无照驾驶造成交通事故，但那个人根本没有出面。通过这个事情让我认识到，我父亲他们真是太善良了，不管多大的痛苦还是苦难，反正已经发生了，宁叫一家寒，不叫两家担了。

张悦然：还是有认命的东西。

莫言：息事宁人，其他考虑也都有。

网易读书：但这样的人在我们的话语体系里是不被赞扬的，我们崇拜的是不流芳百世就遗臭万年，这种极端的东西。

莫言：我们80年代后的电影、小说，总是在塑造"要说"，像《秋菊打官司》的倔强，"一根筋"，认死理，非要弄出个是非来，非要有个结果。我们的文学作品里把这种人作为赞赏的对象在描写。

但在生活里，像我们家族里的人，绝对都不是这样的。

过分商业化导致社会病态发展

张悦然：您说到缺这个，我们或许可以谈一谈乳房的意象，在《蛙》里也是很明显的……肯定有很多评论家也跟您探讨过这个问题，我觉得您对于女性的歌颂、对于生命的歌颂往往是寄托在乳房上的，首先是母亲，再进一步就是乳房。这跟您的现实有什么关系？

莫言：跟童年记忆还是有关系，因为我是我母亲最后一个孩子，我母亲生过 8 个孩子，后来只活了 4 个，我是最小的一个，小时候体弱多病，不管家庭生活多么艰苦、贫困，最小的儿子，作为母亲来讲，还是多了一份溺爱的。像我，是 1955 年出生，接下来的生活就特别艰苦，我母亲宁愿自己忍受着身体的痛苦，也是在尽量延长哺乳期，让我吃奶吃到了四五岁的光景，在城市里肯定是没有的。

张悦然：每个作家都有他的情结，他总是会写到这个，并且写到的时候，总会有一些沉湎的，细微而独特的经验，绕也绕不开。我想，这可以算是您的一个情结。

莫言：这是一个情结。再就是，村里很多孩子比我还过分，我们邻居有一个小孩，真的就像《丰乳肥臀》这部小说里写得一样，到了第二节课课间操，他妈妈该跑到学校门口唤她的儿子，然后坐在操场边给她儿子喂奶，当时都一年级了。当时我们就在旁边"哎呀！太好玩了。"笑他，老师后来也批评，你太不像话了，这么大这么高了还吃奶，不怕被人笑话吗？后来他对他妈妈说，你不要再来喂我吃奶了，老师也批评，同学也笑话，这是乡下的一种文化。

要查最早的根源，跟这个是有关系的。

乳房这个意象是很复杂的，最原始的（功能）就是哺乳，这是繁衍生命最基本的保证，不带任何性的因素。当然，到了《丰乳肥臀》这部小说后半部分，进入 80 年代之后，对乳房的描写就是一种反讽，包括《独角兽商店》里极尽夸张和戏谑的描写，开业那天挂了那么多大标语，做了那么多宣传，这是一种反讽。本来乳房是哺乳功能，但到了 80 年代之后我们把它变成了一种审美，变成了一种暧昧的意向，甚至它最原始、最本质的功能都被排除在外了。

张悦然：也就是您对乳房的意象还停留在一种饥饿阶段？

莫言：之前我想把它当做一个神圣的东西来描写，但到80年代之后我觉得被这个商业化、欲望横流的社会歪曲成一种性的象征了。《丰乳肥臀》这个小说的题目本身就包含着一种反讽的意味在里面，尤其到了后半部，有人说前面就是现实主义的写法，为什么到后面变得那么夸张、魔幻？

张悦然：其实和《蛙》还是有点像，到了《蛙》的第四章中代孕的时候，也有这样一种变化，有一种荒诞的感觉。

莫言：小说《蛙》的前三部分是非常老式的，是用比较现实主义的笔调来写的，到了第四部分一下进入了当下，进入到当下时代，我觉得用那种笔法无法表现现实，当下这个时代就是充满了黑色幽默、充满了反讽现象的复杂、立体的社会。在过去那些年代里，尽管社会的政治生活不正常，但人别的方面还是比较正常的。现在这个社会，尽管自由了、开放了，但社会中存在着很多稀奇古怪、荒诞的现象，比那个时代多得多。

张悦然：所以有了"牛蛙公司"。

莫言：到了第四部分，即便是用写实笔调里写，本身也具备着荒诞、反讽的意味。

张悦然：您怎么看这种不正常？

莫言：这也是时代、社会发展必然的结果，首先是社会物质生活在不断丰富、进步，用一句过去老祖宗讲过的话"饱暖生淫欲,饥寒起盗心"，在物质越来越丰富的情况下，人们有两个走向，一是追求精神生活的健康、高尚，再就是不断纵容自己欲望的膨胀。

我想，向高尚这方面走的人是比较少的，凤毛麟角，但向欲望膨胀这方面走的人，满足人各种各样病态、夸张的欲望，这些越来越夸张，而且这些欲望受到了商业的巨大支持，或者说我们的利润、商业在牢牢盯着人的欲望、刺激人的欲望、满足人的欲望，导致社会病态、不断地往前滚动。

张悦然：这种病态一个有您刚才讲的商业，还有没有其他的因素？

莫言：首先是一种心理的东西，首先是社会存在着欲望膨胀的客观要求，吃饱穿暖了，自然要往满足人们肉体、心理等各方面欲望的方向来发展。紧接着，商业跟上了，商业进一步刺激人的欲望的膨胀。过去没有桑拿，我们就没有桑拿的欲望，有了桑拿，桑拿里又掺杂了各种乱七八糟的东西，有一种共谋的关系。

张悦然：跟人没有信仰、宗教有关？

莫言：任何宗教都是对人的欲望的控制、限制。在中世纪的时候，宗教把人欲全部灭掉了，包括过去理学"存天理，灭人欲"，我想这时任何一种对人的欲望的满足和纵容是带着一种革命、解放的性质。那时描写人的欲望，带着一种解放的因素，和《红高粱》里的东西相合，《红高粱》的东西在今天看来也不值得赞扬，但放在当时的背景下，经过了几十年集体主义、个性被泯灭的历史中，呼吁个性张扬、解放，就带有一种进步的意义。

到了80年代后，在个人解放、欲望解放不是问题的情况下，反过来，如果宗教能对人的欲望给一点限制，就是一种正面的事情。

张悦然：刚刚您讲到"真理"这个词，我觉得很吃惊，因为我们很久没有提这个词汇了，觉得这是那个年代的词汇。

莫言：真理总还是存在的吧，我想，无论这个世界怎样变化，总还有一个最基本的道德内核，不会变。中国社会经过几千年演变，经过漫长的封建社会，发育不完整的资本主义社会，半封建半殖民地社会，一直到前段时间发育不完整的社会主义社会，以至于到今天的社会。公开的被社会大众所认可的道德标准发生了很多变化，60年代的道德标准和现在的道德标准相比（就有很大变化）。但我想，骨子里的东西还是有的，涉及到每个人的交友标准，评价朋友的标准，这个人比较仗义，这个人比较厚道，这个人比较善良……这些东西是几千年都没有变化的，谁也不想交一个刁钻的坏朋友吧？（不会）交一个不厚道、老是害朋友的人，这种交友之道，从封建社会一直到现在，最基本的东西都没有变。

张悦然：宗教在过去扮演着需要被颠覆，人需要寻求解放、自由，现在我们又需要一点宗教的东西来约束人的个性。我觉得莫言老师对自己有很多做人的要求，他还是很有敬畏的，比如"不要亏待别人"，这些都有一个潜台词，他还是相信惩罚，（做坏事）是会得到报应的。像《生死疲劳》里也是有这种轮回的感觉，我觉得这对一个作家来说还是很重要的，心里有一些敬畏，有一些界限。

从你自己出发，退而及你熟悉的同辈人，有没有建立标准？

莫言：每个人都有一些标准，这件事情我不会做，但这个标准很模糊，而且可能不断在改变。就像现在有很多东西在冲击你的欲望一样，你在一点点被改变、被影响，渐渐地你就会忘记原来你建立的标准，因为它不是普世的、牢固的，因为它就是你建立的微弱界限，它被改变时甚至听不到任何声音。

张悦然：我觉得还是因为没有信仰。虽然您这代人比我们这代人更难建立起信仰，但在您自己身上我还是看到一种敬畏，虔诚的宗教感。

网易读书：刚才莫言谈到了商业化，对张悦然这一代人的影响更明显，因为你们直接受到它的滋养、因为它带来便利，当你们逐渐成熟，成为了社会上主要的群体，大家都很关心，这代人的精神构成究竟是什么样的，有些人也研究了很多，比如看日本漫画长大的一代，吃麦当劳的一代……大家都在归纳。

张悦然：觉得这代人肯定更有商业的意识……至少对自己的约束不会那么紧。看莫言老师前面的采访他也会讲，他认为过度放纵自己的欲望是一种罪，他对于"过度放纵自己"的标准，肯定要比我们苛刻得多。我们这一代中很多人的生活，在莫言老师看来，大概已经算得上"骄奢淫逸"了。

网易读书：莫言老师刚刚谈到有些作家因为一些公共话题而触动，然后从自己的经验出发写作，比如《蛙》。悦然觉得呢？

张悦然：我觉得有两点，第一点，这一代人倾向于只表达自己的个人看法，不去思考这些看法是否也是其他人的。也就是说，这一代人，对周围的人和环境，没有足够的观察和思考。我自己也有这样的体会。我会花很多时间去明确自己对事物，对世界的看法。所以，我认为，我对自己的看法足够清晰和明确。但很多时候，我对于周围的人怎么样想，他们是否和我一样，他们为什么和我不一样，我们应该怎样想等等这样一些问题，似乎并不是特别关心。

另外一点，也有一种不自信，还没有到完全成熟的阶段，还没有一种自信，认为看法就应该代表更多人的看法，没有把它普遍化的倾向，对我来说是这样的。

很多中国人不懂得如何做父亲

网易读书：您的女儿也是80后？

莫言：她是81年的，比悦然大。

网易读书：也属于计划生育出来的一代。

莫言：是的。

网易读书：就您对女儿的观察，她们属于计划生育的一代，又在商业化背景下成长。

莫言：我女儿可能是受我们家庭环境的影响，比较传统、比较保守。因为她十几岁之前一直在乡下，后来去县城生活，跟着她妈妈，我那时候一直在北京。我想她更多受到的影响来自于爷爷、奶奶和家族的影响，所以比较保守。

张悦然：会比较溺爱她吗？

莫言：也没有。我在对孩子的态度方面也深受父亲的影响，我父亲在外面也是号称非常慈祥的人，但回到家里简直就是非常严格，我们望之生畏。

张悦然：对陌生人永远比对家人好。

莫言与大江健三郎通信的手稿

莫言：这是一个很大的问题，也是我忏悔的一方面。譬如我一个人玩得很尽兴时，有人跟我开玩笑"你爹来了。"我会吓得一下站起来，就像国民党官员提到蒋委员长一样，然后几分钟之后才反应过来，原来没来。

张悦然：你女儿会那样吗？

莫言：她可能不到那种程度吧，不到我怕我父亲的程度。

张悦然：你们之前有什么交流吗？

莫言：交流得很少，我不愿意跟女儿交流。

张悦然：是您不愿意，还是她不愿意跟您交流？

莫言：我想是我吧。

张悦然：为什么？

莫言：我觉得没什么话好说嘛。

张悦然：有没有什么矛盾冲突？

莫言：矛盾冲突可能还是有吧，但估计她也不好意思跟我说。

张悦然：您为什么觉得不需要交流呢？这个观点绝对应该忏悔。

莫言：确实不对。

张悦然：我在很多场合中都跟您见到了，也有时间坐在一块儿聊几句，莫言老师总是用一种俯视晚辈的眼神看着我，"你最近怎么样呀？"我就汇报几句，我现在怎么怎么样。下一句"你爸爸妈妈常来北京吗？"我就说"不常来。"迅速进入到这样一种感觉中，感觉还是有代沟的。另外感觉莫言老师不是那种特别容易敞开心扉，容易亲近的人，可能跟女儿的界限也很明显。

莫言：差不多，就是这样，应该忏悔，早就意识到这个问题了。

张悦然：从我的角度，我觉得我父亲有些地方和您很像，到了现在，我总是会用很那什么的语言教育我父亲，觉得他做得不对，他给我留下了很多情结和阴影，他的不对话、不愿意对话……

莫言：你父亲也不愿意跟你对话？

张悦然：不对话。

莫言：那我们共同忏悔吧。

张悦然：我觉得有很多阴影，只不过您女儿可能还不像我这样有一种睚眦必报的态度。对我来说，父亲是很不能亲近的，让我有一种觉得我怎么做他都不满意、不加赞赏、不亲近的感觉。

莫言：你这种感觉挺对的。世界上有很多这样的父亲，不光我们两个人，10月份我在奥地利碰到了一个北京的女孩，她陪着我去萨尔夫堡（音），我说，你一个人跑这里来？她说，我跟我父亲有矛盾。她父亲是民族大学的教授，她父亲永远拿着放大镜挑她的毛病。我说你父亲在外面，他的学生怎么评价他？她说，学生都说他好极了。就是对我，从来不肯肯定我一点优点，老觉得我不如别人。我说，这样的父亲很多，我也是这样的父亲，所以你对你的父亲还是要原谅，你把父亲的电话给我，什么时候我跟你父亲交流一下，共同忏悔一下，反思一下吧，"忏悔"重了，我们反思一下吧。

张悦然：但这个忏悔必须通过您的女儿实现，不能通过和别人一起实现。

莫言：让我发现这是一个共同现象，让我感到了几分安慰（笑），并不是只有我一个这样不好的父亲，原来有很多，今天张悦然一讲，我感到又是这样的。

张悦然：您不要安慰，我对父亲的批判是很可怕的。您意识到这一点为什么不改变呢？

莫言：是在努力改变，已经做了很大的调整，经常会提醒自己，这样做是不对的，但往往一进入到那个环境中又忘了，还是过去那种东西惯性太大。

张悦然：我觉得还是因为脸面的问题。

莫言：你的话说得很尖锐，就是面子，很难突然改变自己，突然改变觉得不自然，心里已经认识到不对了，但要让他当面去向女儿道歉，总觉得不对，我的意思你理解就行了（笑）。

张悦然：后来通过写的东西，我跟爸爸很尖锐地表达，其实这个问题确实很多家庭都有，父亲跟我们的关系还是很远的，从很小的时候，我们之间就不会有拥抱，更不会有亲吻。

莫言：我做不到的，很多人见了自己的女儿都拥抱，扳着脖子搂着腰啊，现在很多家庭都是这样，但我做不到这一点。跟女儿就是要从小培养起这种感觉，大了以后，还扳着脖子搂着腰，觉得很不对的。骨子里还是有一种封建、传统的观念。

后来我反思了一下我们兄妹四个和父亲的关系，也是这样。我父亲晚年时也经常跟我母亲说，年轻的时候因为社会上的压力，在外面受别人白眼、欺负，回家就没好气，把气撒到自己孩子身上，这是不对的。我母亲也对我们转达了，但父亲在表面上从来也没有对我们说什么，没有说"当年我打你们是不对的。"我们也没有要求父亲再向我们道歉，父亲都 80 多岁了，再向我们道歉，我们担当不起，已经理解父亲了。本来我们是受到了父亲的压迫的……

张悦然：所以再压迫别人。

莫言：但就像当年小媳妇而熬成婆婆一样，我们变成了另外一种婆婆（笑）。所以我建议悦然写一篇父女关系的小说。

张悦然：前段时间我写了一个关于父亲的散文，讲 11 岁的时候，我和爸爸怎么渡过漫长的暑假。那时他在大学教书，暑假时他不上班，我也不上学，每一天，我们两个人都待在家里，但是很少说话。那对于我而言，是极其尴尬的处境，然而他或许从未发觉。有时候，我们会一起吃大桶的冰淇淋，面对面坐着，我就特别期待他忽然说起话来，与我进行一场交谈，当我是成年人那样。可是这从未发生。他总是流露出一种不屑于跟我交流的态度，这也可能是我的错误解读，可是在经过许多个漫长的暑假后，我的这个看法已经根深蒂固。后来我读外国小说，总是会看到小说中的父亲小时候给孩子讲的几句话，对孩子一生都产生深远的影响，于是我就努力回忆我的父亲对我说过什么箴言般的话，然而最终一句也没有找到。

莫言：我也经常回忆，唯一一次是在我七八岁时，有一次我父亲给我理发，当时理发是用剃头刀，满头打上了肥皂泡，给我剃头，当时我父亲拍了我一下"这个小牛犊子。"

张悦然：你觉得很温馨？

莫言：哎呀！太温馨了，温馨了一辈子。"这个小牛犊子。"这么一句话，简直就像漫天乌云里的一线阳光，一辈子都忘记不了。所以父女关系肯定是一个很大的主题。

张悦然：对，在中国的这种环境里，确实是。

莫言：尤其是我们这种所谓的有一点文化的知识分子，你父亲也是大学教授，按说不应该这样，应该是什么道理都明白，但为什么在处理和自己女儿的关系时老处理不好？年轻的时候我们根本意识不到，觉得就应该这样，小孩儿嘛，干嘛要搂搂抱抱，黏黏糊糊，现在我们看到一些年轻的父亲和小女儿亲密的关系，也觉得很好。我们这个时代的人，我们就是一种半新半旧的人，我发现我和悦然的爸爸，50年代出生的这批人就是半新半旧的人，很多新教育都接受到了，但我们骨子里的东西还是很封建的。

我们的脑后……就像马克思当年评价歌德一样，拖了一条封建的辫子。

张悦然：必须从您和您的女儿做起。今年回去您就直接跟您的女儿谈一谈吧，这是必要的。

莫言：我恐怕还是要更多采取我父亲的这种方式吧。我们这一代有自己需要反思，说得大一点，有需要忏悔的东西。下一代呢，也应该设身处地地替父辈想一想，父亲为什么会变成这样的父亲，一调查、研究竟然发现这样的父亲并不是单一现象，而是普遍现象。

张悦然：您看，您现在的讲话里还是有一种害怕被孤立的感觉，您又到了一个父亲的群体里，因为不是您一个人的过错。

莫言：但我们也可以想想，为什么有的父亲并不是这样？这说明我们个人有问题，也有社会文化的背景。这样的社会有产生这种父亲的土壤，否则我们也不是从天上掉下来的，而这种土壤也不是这一代独具的，上一代也这样。你看，季羡林老先生和他儿子的关系，看了以后我也很有同感。季羡林先生德高望重，大家讲起他来都望之如泰山北斗的人物，但他的家庭关系处理得一点也不好。我对他深深理解，明白问题在什么地方，但没有办法，我们还是要尽量从自己身上找原因，尽管我们可以找到一个群体来减轻自己的这种负罪感，但真要解决问题，还是从自己身上找原因吧。建议将来这些父亲们在一块儿开个会……当年鲁迅先生讲"我们要学会做父亲"。这个问题还没有解决好。

张悦然：我觉得这些父亲在一块儿可以找到更多安慰"你也是这样？我也是这样的。"

莫言：我们自己写自己可能写不好，所以我建议你写一个父女关系的小说。

张悦然：但作为我们这代人挑你们这代人的错，总是有点于心不忍，如果你们能放开自我就更好了。

莫言：你们放开写吧，这是一个很好的主题。美国就有一个很好的小说，写母女关系，但我想，写母女关系再怎么写也很难超过张爱玲写的。但写父女关系的人写得比较少，第一，有一个性别的差异，两个女儿之间的勾心斗角当然有很多独特性，但父亲和女儿的关系里，也有很多复杂的东西。

张悦然：我的确是会写。事实上，这也已经是我的一个情结了。我刚才在想，您是不是也像我的父母那样教育过女儿，棒打出头鸟，不要太炫耀自己，即便做得很好，你也不要强调这些，因为会被别人看不惯。您对女儿有过这样的教育吗？

莫言：这样的教育很多。当年在深圳一个演讲里讲过，我们每个人都有虚伪的一面，我们作为一个文学读者，一个文学作者，和我们作为家长，作为一个人在社会里生活的态度是不一样的。我们读《红楼梦》觉得贾宝玉好，离经叛道，不受当时的道德和流行观念的约束，我们认为林黛玉好，重感情。

张悦然：谁也不会去做他们。

莫言：假如你的儿子在当下的高考制度下变成了贾宝玉、林黛玉，父亲就会很痛苦，大学都不上了。假如你的儿子给你找回来一个林黛玉，得了不治之症，肺结核；如果你给他找，那肯定是宝钗了。生活中找儿媳妇儿肯定是找宝钗，但我们读《红楼梦》都是反对宝钗，所以人是很虚伪的。我们作为一个读者、作者和我们作为社会生活中的家长、人的时候，很多标准、观点是不一样的。

计划生育造成了80后一代的孤独

网易读书：回到《蛙》的讨论中吧。我有几个问题是关于第四部分的：第一个问题，在您过去的小说中，只有《天堂蒜薹之歌》是根据新闻故事改编成小说的，您在过去的演讲中也提到过，直接把新闻的素材放到小说中，容易破坏小说的传奇色彩，故事的遥远和独立性。这样的危险同样也存在于《蛙》中。看《蛙》的第四部分的时候，我还是有点惊讶，您写到了三聚氰氨和大头婴儿事件，坦白说，当时我的内心稍微有一点抵触，因为这些事件距离我们还是太近了，有一种过于熟悉的感觉，我怀疑它们是否应当出现在小说中。您是怎么考虑的？正如您说的，第四部本身是一个纷乱的现实，是因为出于这些考虑，觉得应该将现实直接呈现出来吗？

莫言：刚才我谈到，社会生活中存在着很多事件，尤其是敏感事件，应该能够触发作家创作的灵感，但具体把事件变成作品时，恐怕就得要调动作家个人的生活记忆、个人经验才可以使小说变成一部作品，而不是新闻报道、事件展示。

像刚才讲的《天堂蒜薹之歌》，它是生活中确实发生的事件，在山东发生的蒜苔事件。我把它变成小说时首先是把环境放到了小说中的村庄，把我的亲人，包括"四叔"，把很多痛苦的记忆融到小说里，使你写这个事件时是从个人出发的，带着强烈的个人感情色彩。

包括《蛙》这部小说，写计划生育，最近几年关于生育问题的讨论越来越热烈，毫无疑问引起了我的关注，也让我跃跃欲试，想把这个题材写成作品。但在开始写的时候，首先还是要从自己出发，小说里的"蝌蚪"应该有很多我个人生活的印记，因为出生经历都很相似，一开始在部队里，后来是计划生育的执行者。我真正的"姑姑"也是一个妇科医生。社会上发生的任何一个敏感问题、现实问题，作家都应该关注，但在把它变成作品时，必须把个人的情感注入进去，如果没有个人刻骨铭心的感受注入，作品肯定不是好的艺术品。

至于第四部中写到很多生活中"近"的东西，发生在生活里近在以前的东西搬到作品里非常危险，搞不好就变成了猎奇，而且对社会的批判也太直接了，没有什么力量，因为这些东西还没有跟你个人的生活融为一体。我讲到了80年代、讲到了90年代，讲到姑姑那些故事时，这是和我个人经验密切结合到一起的，每个字里都有我。但到第四部分写到牛蛙养殖公司，写到三聚氰氨，这是社会上存在的一些事件，但这里面没有"我"，所以就是一种表面的东西，没有办法。所以这些东西的出现，现在回头来想也不是好的，但作为话剧来演，肯定会激起现场观众强烈的认同。

张悦然：没准儿过段时间回头看就觉得不一样了。

莫言：也许是这样，关键是没有我在里面。

张悦然：其实是没有姑姑。

莫言：对，当然，更没有姑姑。

张悦然：还有一个问题，第四部里，您没有直接写陈眉代孕之后所造成的隐患和可能导致的悲剧，而是把它装在了第五部，用话剧的形式来呈现。陈眉的痛苦和悲伤在第四部里看不到，第四部结束于一个新生儿的诞生，我自己觉得小说这样处理，有了一个较为光亮的尾巴。毕竟话剧还是荒诞的效果，如果把陈眉的那些放在前面，可能这种无休止的悲剧循环会让人看得非常绝望。

在我看来，第五部更像主人公蝌蚪的梦魇，一个巨大的梦境，在这个梦境里，姑姑忏悔、蝌蚪忏悔，陈眉过来索要她的公平，您是不是有这样的考虑？

莫言：这种解读非常好，一个梦魇，做了一个恶梦。在前面之所以没有正面展示陈眉的心理状态，也是因为受到叙事视角限制（的原因），前面一直是以蝌蚪为第一人称的视角来进行的，只描写了陈眉的一些外在行动，很难像在话剧里那样让她直接坦露心声。

另外，话剧的部分和前面写实的部分也构成了一种"互文"关系，在前面貌似写真的部分里实际上是说了很多假话的。在后面话剧貌似虚构的这部分里，实际上是说了很多真话的。有了这部话剧，就会把整个小说的前部分照亮，如果没有话剧，小说前部分意义不大，没有"飞翔"能力。

张悦然：您的意思是，话剧给小说插上了翅膀。

莫言：把读者的思维空间一下拓展了。前面的叙述方式把读者的思维空间牢牢控制在一个狭窄的通道里，沿着小说的叙事往前走。到了话剧的部分突然张开了，就像河流流向入海口，一下变得非常大海了，前面就是茫茫大海，怎样想象都可以。

张悦然：关于《蛙》，您说这是您的"内观"做的最好的一篇小说，我自己的感觉是，之前的作品从来没有像《蛙》这样把作者的声音表达得如此清晰和明确。在之前的小说中，您更倾向于只是呈现丰盛的故事，它是多意的，让读者去思考。可是在《蛙》中，作者的声音非常清晰，甚至在写给杉谷先生的信里，直接说到西方人批判计划生育是有失公允的。这也是一种危险，通常我们还是会认为，如果作者的声音过大，会有一种说教性，强迫读者接受，也会有一种狭窄的感觉，我相信这些您都考虑过了。

莫言：首先是过去的小说一直在往外看，拿着放大镜寻找社会对我、对写作者个体以及对他人的伤害、迫害。我想，《蛙》是往内看的一部小说，看自己的内心。当然，这种看也是通过一个转折的，并不是作家自己跳出来的，作者借小说里"蝌蚪"之口来述说自己心中多年的想法，这样就不可避免地会把对计划生育的看法表现出来。

这段话实际上作者和蝌蚪之间有一种反差，我作为作者，未必同意蝌蚪写给山谷异人（音）里对计划生育这一段的看法，而是代表了大众的看法，我个人心理对独生子女政策一直是认为不好的，认为不应该搞。作为小说里，蝌蚪说了这个话，也是没办法的，因为关于计划生育，本身就存在多种声音，我觉得不同的声音都发出来比较好，如果完全变成了对计划生育政策的控诉和声讨，那这部小说就变窄了。

张悦然：在小说之外我很想接着问一下，您个人怎样看待计划生育问题的？

莫言：80年代在农村发生了很多真实事件，以及我小说里的事件，毫无疑问都是巨大的悲剧。国家在人口问题上走到这一步，也都是经过几十年错误积累下来的，前人所犯的错误让后人来承担，如果我们从50年代开始对这个问题有清醒的认识，而不是出尔反尔，今天控制，明天放开，如果没有这些折腾，"翻烙饼"，我想80年代也不会出现极端的独生子女政策。实际上后人是在为前人承担他们所犯下的错误而造成的后果。从这个意义上来讲，毫无疑问是一个悲剧。

严格地说，在历史来看，很少有一个国家用行政的手段来干预生育这个非常自然的现象。而且在农村里采用了很极端的手段，无论从哪个角度来讲，这都是不应该发生的悲剧。

但到了在80年代的情况下，客观、公正地讲，如果不采用这样的手段，首先造成的后果就远远不是今天官方所公布的13亿人口了，可能是18亿、17亿。我们想一想，一个17亿人口、18亿人口的中国会是什么状况？也就是说，这几代人的牺牲换取了今天经济的繁荣，如果现在我们有17亿人口，我们的GDP一平均下来，人均肯定要下降到一个很可怜的程度，但毫无疑问，它带来的负作用又非常巨大，所以我很难给出一个绝对的结论来，看从哪个方面讲。

从经济发展的角度讲，计划生育带来了中国最近几十年的经济腾飞，使人均GDP的增长大幅度提高，但它带来的后遗症再过多少年可能又会表露出来，甚至会淹没现在局部取得的成绩。

网易读书：这个后遗症……

莫言：首先是对一代人的心理造成了很大的后遗症，独生子女所忍受的孤独和痛苦，我们的前辈……独生子女的父母亲也是受害者，本来我应该有几个孩子，应该子孙满堂，现在我只有一个孩子，围绕这个孩子的教育、上学、就业……我们都受到了很多困扰。但我想更大的受害者是独生子女这一代本身，他们从小没有兄弟姐妹，从小就承担着父辈对他们寄予的过于沉重的厚望，让他们稚嫩的肩头压着重担。由于独生子女，又导致了现在教育方面种种弊端。过去有几个孩子，没有这么大压力，老大考不上老二考，老二考不上老三考，现在每个父母都希望自己的孩子成龙、成凤，从幼儿园就开始强化教育、过度教育，看起来是希望自己的孩子有一个好的前途、好的结果，但很大程度上是为了能满足这一代独生子女的虚荣心。看起来是为孩子的前途着想，很大程度上是为了父母自己的面子，我让孩子考上了北大、清华，我就扬扬得意，带来了一些负面的东西。

现在报纸上讨论了很多，人口老化的问题，独生子女将来承担抚养老人的压力等等，已经在慢慢凸显出来了。所以这是很难评价的，总而言之，这是一件不应该发生的悲剧。但这个悲剧的发生又是必然的，我想国家也是有隐痛的，如果我们把国家人性化，把国家作为一个人来考虑，采取这样的办法，也是无奈之举。作为国家，也是有痛苦的。

网易读书：所以在"姑姑"身上表现得很明显，她既是国家政策的执行者，同时她又是一个人、一个女人。

莫言：姑姑这个人应该是那个时代的人的代表，像姑姑这样的人应该是成千上万的，不止一个。那代人基本都有这样一个心路历程，看起来就是从事特殊职业，妇科医生。这两天有一个人对我说，她母亲也是妇科医生，看了小说以后说还不够，我们做的更多，痛苦更深刻。

我想，在50年代到60年代知识分子的心路历程，和姑姑是一样的，一开始热火朝天，后来经历"文革"这种不正常的时代，小说里也讲到了，姑姑最怕的就是被甩到群体之外。他们在50年代那么卖力气，有那么多创造和发展，简直就像有强迫症一样，像一个军人打仗一样，那和她和王小奇（音）的恋爱分不开，后来飞到台湾去了。姑姑也是冒着灭顶之灾，幸亏王小奇给她留了活路。

张悦然：那个人开着飞机投奔台湾了。

网易读书：这个不荒诞，是不是也有真实的故事？

莫言：我们高密靠着两个机场，一个是战斗机，一个是胶县（音）机场，后来胶县机场的一个飞行员驾着飞机跑掉了。山东半岛几十年来发生了好多起飞行员驾机逃到台湾的事件，到了那边视若英雄，奖金是5000两黄金，而且马上配一个非常漂亮的姑娘。

"国军"（音）有一个外号叫"夜空玫瑰"的广播员，过去我们听老电台总能听到国民党女播音员娇滴滴的声音，这个夜空玫瑰的播音就是专门给飞行员听的，很多飞行员都被"夜空玫瑰"娇滴滴的声音给迷住了，所以驾机过去（笑）。

网易读书：实际上确实发生过？

莫言：很多事件。还有一次，一个飞行员飞到韩国，从韩国往台湾的途中，因为周恩来运筹帷幄，得到了情报，从韩国往台湾转飞的时候被我们的空军打掉了。都跑过去的，有的都是团长，凡是往那边跑的都是驾驶技术拔尖的，因为他要超低空，上去以后一下子扎下去，我们机场的雷达就没有这个飞机的信号了。所以是超低空，要贴着海面，有时候低达十米、五米，这需要极高的驾驶技巧，稍有不慎，一头扎进海里就完蛋了。飞到那边去的，大概有十几起吧，当然国民党那边也有飞到这边来的，80年代有一个著名的报告文学作家，黄志诚（音）少校，也是驾驶技术很高超，他更逗，飞到大陆上空以后，训练机上另一个同事说"我不愿意飞"，黄志诚就飞回去让那个人跳伞了，他自己又飞回来。

这种事情确实发生过。国民党在60年代总是叫嚣要光复大陆，不断派特务，所以台海关系比所有的海岸关系都可怕。蝌蚪捡了一张国民党空飘过来的传单，递给了姑姑，当然这很巧合，但也有合理性，这样的情节可能发生。我们山东那个地方，一到春天，东南季风过来时，正好台湾的空飘传单就过来了，我们经常捡到，在田野里劳动时就会捡到，很漂亮的图片。我就捡到过，有一个国民党戎装的图片，很漂亮。

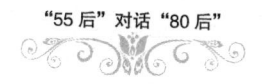

张爱玲的作品是小摆件

张悦然：您在谈话中一直提到年轻时怎么怎么样，现在怎么怎么样，我想问您，比较重要的转折是什么？

莫言：首先是作家观念上的一种改变吧。

张悦然：具体是什么时候？

莫言：对我来说巨大的转折应该是 1984 年考上解放军艺术学院的时候，在这之前的写作和 50 年代、60 年代的观念是一样的，写英雄、三突出的写作方式，挖空心思地虚构英雄人物。后来到了军艺，听了很多课，读了很多外国文学，开始认识到过去这种写法，所谓的现实主义实际并不是真正的现实主义，是一种虚假的、有立场的现实主义。像这样的文学，距离人的文学还是差很远的。这时候有了变化。

另外，过去我们老觉得应该写不平常的事情。

张悦然：您的小说里还都是很传奇的呀。

莫言：还是从个人生活记忆宝库里来的，早期的传奇是虚构的、编造的，后来的传奇就是从所谓的民间、个人的记忆、老百姓口口相传、民间口语文学里过来的。和童年记忆牢牢结合在一起。我写的传奇里还是打上了我个人的鲜明烙印。

张悦然：现在我也觉得自己处在某种变化当中，感觉到其实继续写作远比开始写作困难得多。您那次谈到这部小说问世之前您的考虑是"姑姑"这个人物之前很少出现，是一个全新的人物，实际上您还谈到在结构上做了很大的调整，之前的十几万字放弃了，重新打结构，之后才允许小说面世。有很多考虑，有对自己的要求，您觉得继续写作在过去这些年里困难大吗？

莫言：越写困难越大，个人的记忆总是有限的，个人那一点点写作资源很快会穷尽。小说的形式整体来讲肯定是千变万化，没有情境，但每个人的智力水平还是有限度的，写得越多、积累得越多，重复的可能性就越高，记忆力，随着年龄增长也是在衰退。有一些东西你以为一辈子从来没用过，也许在以前的小说里有过了，或者在他人的小说里有过了。所以写作难度肯定是越来越多，这种难度可能是针对外界的，更多是针对自我的。尽量地减少重复是一个最大的课题。

张悦然：会看之前的小说吗？

莫言：或是会回忆一下吧，翻一下过去我写过什么东西，然后再考虑写这部小说。我觉得有几个点，首先想一下这部小说里到底想表现什么，有哪些想法，我对人生、对社会的认识有没有和过去不一样的地方，假如有不一样的地方，这就是很好的契机。

另外要看故事，我想故事都是一样的，差不多，（看）我要写故事的哪一个侧面。

最重要的还是要讲人物这个问题，我通过各种各样的方式写出来的人物是不是和我过去小说系列里所有的人物都不一样，不能说完全不一样，起码要有不一样的地方。假如这个人物在我过去的小说系列里没有出现过，或者在我的阅读范围之内，在别人的小说里也没有出现过，我就可以确定这部小说应该是有价值的。

再大的作家，最终让人记住的都是人物，有人物才能带出事件，而不是哪一个历史事实。《战争与和平》写的也是重大事件，拿破仑打莫斯科，莫斯科大火，我想这些事件本身也没有什么，很快就会陈旧不堪，但通过这些事件写出来的人、这些人物形象，比尔也好，皮埃尔也好，安德烈也好，这是非常鲜活的。尤其是皮埃尔，傻乎乎的，大狗熊一样的形象，刚开始是一个浪子，后来变成了那样一个人，很忠厚、憨厚，在战场上瞎碰乱撞，都让人过目难忘。

《静静的顿河》里，格里高利也好，阿克也好，都是这样。

姑姑这样的妇科医生，计划生育工作者，这样的人有成千上万。再一个，计划生育作为一个独生子女的政策，涉及到千家万户，影响了千百万人的命运，甚至影响了好几代人的命运，我觉得这是中国当下最近几十年来最有普遍性、最有代表性的问题。我想也是过去和现在中国人最关心的问题之一，如果有人认为这个问题中国人都不关心，那我觉得是对中国人的一种曲解。生孩子的问题都不关心了，这个世界上还有什么值得关心呢？生死的大限都不值得中国人思考了，难道只有房价值得思考吗？我觉得这应该是一个具有普遍性的问题。

当然，那天我们也说过，写敏感问题也好、写重大问题也好，不应该是作家追求的目的，也就是说，一个作家并不应该以小说展示或再现了某一个敏感问题、重大问题（而为标准）。这些工作，报告文学作者、新闻记者都可以做得非常好，做得会比小作家好得多。之所以选择敏感问题、重大问题最终要达到的目的、实现的目标，还是借此塑造出人物形象。不管有多少种文学潮流，不管有多少种文学观念，写人、写人的命运、塑造典型人物，应该是所有小说家最根本的追求，也是我们弘扬一部作品最重要的标准。

网易读书：我感觉当代作品中能够引起读者感情呼应的作品不是特别多。

莫言：作家也不必要主动和读者的情感呼应，因为读者有千千万万，茫茫人海，你不知道你的读者在哪里，如果你要适应读者的口味、满足读者的需要，等于完全是无目标的想法，不可能的。还是只能从自我出发，还是应该写给你自己的情感留下最深刻刺激的东西，从自我的情感出发。

假如你个人的经验和社会的经验、和大多数读者的经验产生了默契，这部从个人出发的小说也必然具有普遍性，这是一种运气。

另外，当然我们也知道，某些问题是万众关心的。计划生育这个问题肯定是很多人关心的，很多人在这个事件中受到了影响，但每个人受到的影响不一样，每个人的方式也不一样，作家还是只能根据自己的选择。你感觉这个地方最能考验人性，这个情节、这个故事、这个人物最能代表人性当中最隐秘的部分，最能刻划出来，你就这样写好了。

有时候说作家要为广大读者写作，客观上讲是这样，但主观上实行起来很难。你知道谁是你的读者？我们指的"读者"当然是指读了你的书后有所感悟、引起共鸣的读者，所以最终作者还是只能从自我出发。

所以有时候千方百计想写一本畅销书，想写一本引起广泛共鸣的书，结果出来后毫无反响；有时候只是漫不经心地写了一部作品，却有可能引起千百万人的共鸣。

网易读书：有一些词，比如"从自己出发"，似乎每一个作家都这么说，但他的理解和实行是不一样的。

莫言："从自我出发"的方式也是千差万别的，有的人完全拘泥于个人的小圈子，写个人感情里鸡毛蒜皮的小事情，这些可以成为很精致的小说、很漂亮的小说；有人可能因为受到了社会上某一个重大事件的刺激，激发了他的创作灵感，社会上发生的重大事件激活了他过去生活中某一段记忆，然后再根据他过去生活中的某段记忆和现实结合起来写，这样的写法，读者受众面可能更广一点，作家笔下描述的社会生活也会更加宽广，这样的作品气象也会大一些。

完全写个人的小情感，可以写得非常精致、非常漂亮，也可以写得非常深刻，但总是很难具备一种大的气象。

所以我冒昧地说，张爱玲的小说肯定写得非常精致，非常漂亮，语言漂亮，情感写得也很深，很多比喻都非常精辟，她那种幽默、调侃入木三分，要说刻薄，可能也是天下第一刻薄。但她的小说，我觉得总还是缺乏一种广阔的大意象，还是一种小家碧玉的东西，非常精致的东西，玲珑剔透的小摆件，不是波澜壮阔的，托尔斯泰式的，托斯陀耶夫斯基式的，没有那种狂风暴雨般的冲突。

张悦然：您非常善于塑造女性形象吗？比如《红高粱》里的女性。

莫言：我觉得我还是善于写女性的，写女性比写男性要丰富。还是有一种母亲情结吧，《丰乳肥臀》里的母亲，姑姑似的母亲，尽管姑姑一辈子没有生育，但她是一个女性，身上有巨大的母性，不过她的母性是被扭曲的。

我一直喜欢写女人，我觉得女人比男人多了一个侧面，女人身上有一个最伟大的东西，母性。父亲当然也有父爱，但父爱远远不如母爱。女人在涉及到她的孩子时，那种牺牲精神是无与伦比的。女人一旦涉及到她的后代、她的孩子，这种忍耐力、吃苦力，包括她的身体能够焕发出来的力量，肯定是男人比不了的。所以我觉得母性是人性中最宽广的东西，母性绝对超过政治和阶级性。

在北京我还是个乡下人

张悦然：现在您在北京还有一种强烈的异乡（感），觉得不是这里的人的感觉？

莫言：真的有一种异感，他们也把我们我们当乡下人。

张悦然：您这种异乡感是不是因为您离开乡土，没有跟城市融入？

莫言：这种异乡感还是一种城市的感受吧，即便是土生土长的北京人对当下的北京也有一种不能认同的东西。昨天我坐地铁听到老头儿说，两天没出门，我就不认识了。即便是土生土长的北京人对当下的北京（认识也不全），也是他家周围那一点儿，他住在石景山，到了朝阳区，也会找不着路。何况我们是在乡下成长的。

现在回到我的家乡，也是陌生的，现在的高密乡和我记忆里的高密乡差别太大了，而且我小说里的高密乡本来就掺杂着很多童年的想象，现在回去发现和童年的家乡、小说里的家乡都不一样，我们实际上是找不到故乡的人。

张悦然：很多批评家都期待您能写一写变化后的高密或北京？

莫言：变化后的高密和北京是一样的，批评一个作家，老是写乡村记忆、喜欢写乡村记忆，恐怕这是我们这代作家的通病。我想想，今年的长篇小说，不都是乡村记忆吗？苏童的《河岸》，刘震云的《一句顶一万句》，艾薇的《风和日丽》，都是过去的乡村记忆，80年代、70年代、

60年代，而且这些乡村也都是半虚构的。

张悦然：把那些城市都略过了。

莫言：可能我们这代人没办法了，尤其写长篇小说的时候，总是不自觉地就跟自己的过去勾联到了一起。而写城市记忆的，像悦然这一代，即便往后追，也就是追到80年代，她们的上限是我们的下限，她们的上限可能是90年代初、80年代末，恰好这一段就是我们的下限，我们的记忆到此为止。往后这段生活很难直接进入我们的作品中，这也是我反复讲过的，作家更替的必然性。

网易读书：但读悦然这代作家的作品时，感觉我们能进入到他们的生活，但还是从文本中看不到更大的空间，但阅读你们这代作家的作品时，还是有一个场景和空间在那里。

莫言：也不完全一样，她们的视野已经很开阔了，时间和空间拓展得很大，东南亚飓风，震惊了人类，当下发生的巨大事件激发了她的创作灵感。我想，小说形成的路线和我们这代很多小说作家形成的路线是一样的，依赖的还是她个人的感受。但这个事件作为外部强烈刺激，激活了她许多的记忆，也把她很多对现在的人和事的关注激活了。

张悦然：您写《蛙》和姑姑聊天了吗？

莫言：没有聊过。

张悦然：怎么写出确凿事件的？

莫言：很多都是虚构的。

张悦然：但这次的小说里没有那么多感官刺激，我还以为是您手下留情了。

莫言：《檀香刑》里主人公是一个刽子手，而且是写刑罚的小说，不可避免地会有一些这样的描写。如果没有这些场面的描写，对刽子手性格的刻划很不利，不能产生说服力。但写这样的小说，把孕妇强行弄到医院去（流产），过程已经到了令人发指的程度，再继续往里写，写到手术台上去，我写不下去了。这部小说的主人公，本质上还是一个善良的妇科医生，所以用这样的方式写足够了，生孩子的地方有一些描写，到了写到人工流产这个地方，没有别的，必须删掉，不应该有任何笔墨在这里逗留。

另外，技术方面也遇到了困难，我不可能为了这件事情去亲眼目睹这个过程，没有必要，写到这里就可以了。假如我再把这几个女的写到手术台上，那太过分了。我想这个事件本身已经极其令人发指了，令人的神经受不了，如果我再笔触写到手术床上那就太过分了，我想写到医院门口为止。

张悦然：是不是随着年龄增长的一种慈悲？

莫言：是一种自我控制吧。如果是批评家的作用，我相信批评家多年来对我的批评也暗示了我吧（笑），我要感谢这些批评家们，他们使我在写这部作品时控制了自己写作的惯性，该刹车时就刹住。

张悦然：上次我也说了，读莫言老师的作品总是有一种被逼到墙角的感觉，不刹车，总是往前滚。我觉得是有一种节制，感官上不那么刺激了，之前有很多感官刺激。这是两说，有好有坏。之前读着，更能激发另一个写作人的创作欲，但这部作品有很多节制，我觉得也和形式有关，因为这是信件形式，中间需要被不断打断，再重新开话题，所以有很多拦截，但之前的感觉是往前奔涌的。

在这里我看到一个莫言老师惯用的手法，第四章节里有一些段落我很喜欢，您有的时候会用一段蒙太奇，从《丰乳肥臀》里有看到了，两个画面交叉，这边写给小狮子取精子的时候，那边和"扁头（音）"对话，两者交叉，这个手法您之前就用过，在这里用还是很好的。

莫言：也是叙事上被逼无奈的写法，如果要直面展示那个过程，也很不好写，我自己觉得没有意思，搞不好让人生理反感，一点都不美好，所以还是点到为止。在修改的过程中，原来有一些稍微过分的话都删掉了，暗示一下，让读者明白有这件事儿就可以了。

而且情节的合理性当时我也反复推敲过，到底成立不成立。

作家写故乡，是一种命定的东西
——莫言、葛亮对谈

　　故乡是一个感伤却又温暖的话题，两代人对于故乡的追忆和情感会是怎样的复杂情绪？作为50年代生人的莫言，大多数作品倾注于山东高密的描写，即便没有更多的素材写故乡，他也会用发生在香港、日本等城市的故事移植到故乡这个大盘子里。他说这里是出发点，他的力量在这里。而葛亮用朱雀作为南京的图腾，感怀他生长于斯的这座帝都充满了哀伤和没落的美，同时对于南京新的变化，他有失落却也欣慰，仍然会用主人的心态去适应她的改变。

　　《朱雀》这部长篇小说获得"亚洲周刊2009年全球华人十大小说奖"，《朱雀》里有古典的哀伤，也有时代变化所带来的新的问题，比如当下热论的80后情感问题。作为两代人的观点会否有不同呢？莫言和葛亮从自己的角度解析了这一现象产生的背后因素。

　　主持人：这里是搜狐文化客厅直播间，今天我们请到了大家熟悉的莫言老师，坐在莫言老师旁边的是香港作家葛亮先生，也是《朱雀》的作者。葛亮也是这个奖项迄今最年轻的获奖人。

　　今天我们请两位谈谈"故乡与写作"的话题。因为莫言老师大多数作品都跟他的故乡山东高密有关，葛亮先生这次写的《朱雀》也是写他的故乡南京。你们不是一个年代的人,但你们最大的相似处都在写自己的家乡,都是属于作家对家乡的描写,而且你们现在都已经离开家乡,有一种"在他乡写故乡"的状态,是什么的情感促使你们写故乡?

莫言:几年前读过他的作品,认识葛亮就更早了。作家写故乡这就是一种命定的东西,每一个写作者都无法回避的。过去一谈到故乡往往联想到的是荒山野岭,穷乡僻壤,刁民泼妇,传奇人物,总之跟荒凉的、遥远的、偏僻的、落后的乡村有关的。后来我说这个说法是不全面的,因为不仅仅是出身在农村的人有故乡,任何一个人都有他的故乡。我的故乡在高密,王安忆的故乡是上海的一条胡同,北京史铁生的故乡是地坛公园旁边小胡同的小院子。从这个意义来讲,每个作家写故乡,每个作家怀念故乡都是写作的必然的东西。葛亮他的故乡自然就是南京。他在故乡生长到20岁然后才离开,这就是更加完整意义的故乡。他的整个成长时期都是在南京完成的,所以毫无疑问南京的大街小巷留下他很多的记忆,最重要的是童年记忆。

主持人:这也是葛亮写《朱雀》的初衷?

葛亮:对。南京对我来说是"家城"。其实我开始写南京,动笔的时候是在香港,但之前已经有很长时间的积淀,就想为自己的家乡说一说故事。当我写完《朱雀》的时候,就像偿还了一笔心理的债务,是对故乡情感的债务。我觉得每个人在自己成长过程中都有一种情结,这种情结也许是用抽象的方式去表达,有时候就会非常的具体。作为作家而言,也就是他笔下的故事。我从莫言老师那里汲取了非常多的养分,不光是对故乡的深情,还有表达的方式、叙事的脉络。我在《朱雀》表达的层面,特别是历史书写的层面,有自己的一些思考。有时候年轻的作家面临的一个问题,特别是写这样一个家城,它的历史感如此浓厚,你怎样去切入。所以从我的角度来说,首先我不是一个历史的见证者,这是很多年轻作者都面临的一个问题。我在写作的过程中发现另外一种维度和视野,是阔大的文学空间,即是来自于想象。当然这种想象不是无本之木,以后现代史观而论，汉斯·科尔纳有一个特别的理念，所有的历史都是故事的一部分，都是或隐或显的叙述。作者本身对历史的想象和代入感，来源于自己对故乡的深情，一种诚挚的感情，还有你作为年轻人观察的角度。所以我希望这部小说能够把我现阶段的，无论是对故乡的情感的意义上的表达，还是我们自己的一些文学观念，包括对历史事件的感知，能够以记忆的立场留存在里面。当然作为年轻的作家来说，还有很多进步的空间，但是在现阶段这部小说对于我本人来讲不但有纪念的意义，同时也是我这个时期对文学的一些想法和承载。

走得越远 牵挂的感觉反而更强烈

主持人：因为写故乡，情感可能比较复杂，一个创作者在创作故乡的时候，如何把握自己的情绪？是保持一定的距离，作为旁观者的角度，还是有千丝万缕的复杂情绪？怎么把握这种情绪？

莫言：我当年写《红高粱》的开篇讲到高密东北乡的历史，我对我的故乡当时这种情感很复杂，爱恨交织。确实恨不得立刻逃离得越远越好，那样的贫苦落后愚昧。但是离开这个地方之后马上感觉这个地方跟你血肉相连，做梦都梦到熟悉的环境。所以故乡是无法摆脱的梦魇。所以写作的时候爱恨交织的情绪必然对作品有所反映。当然随着写作时间的加长，随着写作越来越多，故乡的位置也不断调整，从原来深陷其中不能自拔，到慢慢的站高一点冷静的关照。故乡是很大的话题，每个人写作刚开始都有依据个人经验、童年记忆或者故乡经验。但是这些远远不够，写一篇小说就用光了。用光了之后你还要写故乡，就要不断的从外部汲取新的素材，要把你的故乡从一个封闭的概念变成一个开放的概念，可以把发生在天南海北的许许多多人物的故事移植到故乡来，可以把别人的故事当成自己的故事来写，这样的话创作素材才会源源不断。

主持人：故乡还是这个创作的中心思想？

莫言：它应该是一个出发点，我的根脉在这里，我喝这里水长大，吃这里庄稼长大，有独特的人文地理的东西培养了我们作为一个人的个性。这种个性直接影响了作家的创作生活，所以尽管后来我写了某件事可能发生在日本、香港，但是我特意把它放在故乡这个盘子里来，用外部的事件来同化。所以想这种力量还是来自于故乡。

葛亮：故乡是一种精神的容器。当然我的人生阅历跟莫言老师比起来少太多了，但是刚才讲到的对故乡的感知我也深有体会。我写《朱雀》强烈的创作冲动真的是到了香港以后，对于我的故乡南京是一种躬身返照的状态。有些东西因存有距离，而使得故乡的轮廓更为清晰。为什么我在小说里面选取了非常独特的视角，选取一个外来人——一个英格兰出生的华裔青年的视角进入，是因为在写作过程中我发现一个很有意思的事情。南京是古典气息太过浓重的城市，你居于其内会有身在此山中的感觉。一切东西在外来人看来可能会感觉到好奇，甚至可能会使他们感到心灵的震撼，但是在这个城市里面生活多年的人是习以为常的。但这种惯常感对于写作者来说是接近于蒙昧的状态。所以我希望能够用一个相对来说更加独特的视角去呈现我如此之熟悉的城市，在这个情况下，我想《朱雀》本身的进入也是一开始即带有陌生化的色彩。其实故乡的写作对一个作家来说是起点，因为作家作为他的完整的生命个体，有各种各样人文的经验。我看到许廷迈这个主人公，一方面是一个游走的过程，从欧洲一直到中国。但同时又是血脉相连的，因为他的祖籍是南京。我蛮着迷这种感觉，就是游走者的生命经验，在不同的地域空间里过往。其实这些故事表达的主题内核，即是因为血脉相连、人文精神还是牵挂住故乡的。所以走的越远这种感觉反而更加强烈。

主持人：大多数作家写作故乡，会用一些图腾作为故乡的象征去记忆曾经的家乡。比如您的朱雀，莫言老师的红高粱等。朱雀，有多种含义，有南方神鸟、古代星宿、方位、生物学动物名称以及很多动漫形象等。您把《朱雀》作为南京的图腾，朱雀有什么特殊的含义吗？它象征着什么？

◎ 说吧，莫言 ◎

葛亮：朱雀是四相之一，南京以前的正南门就叫朱雀门，当时最华丽的二十四航其中之一是朱雀航。所以它是南京作为一个帝都，同时又是一个没落帝都的那种最直接的象征。它实际上是南京一种古典气韵的代言。当这种气韵随时代流转而延续的时候，已经变成非常寻常的城市经验甚至于中国经验。我喜欢这种感觉，是因为当下的南京和古典的南京之间存在一种气韵的传承，但是它们彼此之间又无法等同，甚至其中还有砥砺与撞击。在《朱雀》中我写了一个人物叫雅可，他有一些行为方式是跟寻常人有分别的，他更为怪诞一些。但是我为什么设计这个人物？我的想法就是，他体现了南京的一种古典余韵在当代的再现。我非常着迷鲁迅先生的一篇文章《魏晋风度及文章与药及酒的关系》，实际在讲所谓名士阶层通过一系列行为方式表达出深厚的人文精神。我们观照雅可的行为，他是个瘾君子，但是他的行为背后也有深层次的承载。魏晋名士是当时所谓的雅痞，他们沉迷于五石散，作为他们的文化标的。在我们当下看来，则可作为一种人文符号来重塑，我把这一特质移植到雅可这个人身上。也是想投射这其中的承传与互动感。所以我对故乡的表达希望是多层次的，从年轻人的角度，它不但是历史性的容纳，同时也有和当代元素的撞击。

主持人：所以，雅可是多重文化的集合？

葛亮：对的。

主持人：葛亮写的南京和莫言老师印象中的南京符合吗？

莫言：文学这个东西不属于真正的写实，第一不是照相，更不是实物的翻拍。任何一个作家写故乡，写故乡的历史，都带有强烈的主观性。我跟葛亮假如都在南京长大，由于我们两人所处的地位、年龄，甚至所住的街道都不一样，对这个城市的印象可能会有很大的差别。如果我们两个来写南京，我想我写的是我的南京，葛亮写的是他的南京，这是没有办法的。

南京是一座历史伤感，带着病态之美的城市

主持人：《朱雀》最触动您的是什么？你怎么看待这部作品？

莫言：刚才我们讲到对历史的一种无可奈何的悲伤情绪，淡淡的一种历史性的感伤。刚才我们念过刘禹锡的诗，事事变迁，时光流逝，所有当年的辉煌都物是人非。在时间这个横流里面，任何事情都是没有力量的。但是这个社会人类是不断的发展进步，所以这么一种情绪是非常符合南京这个城市的。我一看到《朱雀》马上就感受到这种情形，包括它的历史、《三国演义》上的历史故事。因为南京并不是很辉煌的地都，它这个地都是跟失败联系到一起，跟亡国联系到一起，不断的被人消灭掉。但是正是这样的城市、这样的历史背景产生独特的历史伤感，这种历史伤感很美，带着病态之美。最打动我的是这样一种情形。当然小说里面非常曲折的、巧妙的故事，非常精彩的故事，里面也有非常有个性的人物，包括葛亮使用的非常娴熟的一种很雅致的叙事语言，包括小说结构，都是对我阅读的享受。

葛亮：谢谢莫言老师。

主持人：莫言老师除了赞这部作品之外，你觉得还有什么缺点吗？

莫言：我想有一个问题，这个小说的故事性、戏剧性是不是稍微的强烈了一点？看起来很多巧合尽管合情合理，但是相对于比较先锋的小说理论来讲，这样过分的多的巧合的戏剧性，似乎应该稍加收敛。因为多了稍微有点人文的痕迹。

葛亮：三代人的悲情也是南京的悲情。

主持人：有很多女生看完之后特别好奇，您讲了三代女性，基本上这三代女性的情感生活特别糟糕，特别坎坷，她们也没有一个正常的婚姻，程云和也没有，忆楚也是因为被老魏强奸之后不得以嫁给他。读者对三个女人特别好奇，葛亮能不能谈谈这部分？也想请莫言老师点评一下这三代女人的情感生活，你怎么看这个情节的设计？

葛亮：刚才莫言老师说到南京的关键词，它是座伤感的城市。我始终感觉没落感和哀伤感，是这个城市的主基调。为什么三代主人公身上好像都有这个印记？写小说的过程中，首先我自己表达的观念相对比较宿命的，她们有种逃脱不了的家族印记。无论这个时代如何更迭，无论发生在他们身上具体的命运变故如何，实际上他们整个的人生在走向即定的指向。所以我们看到她们的身上，特别是里面有一句话，是我对于这三位主人公共同的观照，里面用楚楚当时对于程因命运做出预言性质的判断，她说这是血里带来的。在某种程度上我笃信这一点。命运有的时候真的是家族的传承，包括我听有的朋友跟我讲的故事。有些东西是你个人所难以逃脱的，可以讲是一种印记，但有时候也可以说是一种轨迹。你在走的过程中可能稍稍偏离，但是最后还是回归。她们是这个城市不同时代的共同的代言人，个人命运不是这么理想。但是她们在这个过程中表达出来的那种优雅、坚韧、不屈不挠、对爱情的大爱大恨还有没落感，实际上就是这座城市的气性。特别是在程云和身上比较集中的呈现了这一点。

莫言：没有办法，红颜薄命嘛，不管读谁的小说，一旦小说里出现一个光彩夺目的、才华过人的、气质高雅的女性的时候，这个女性是没有好命运的，小说家是不会给好的安排。你长的这么漂亮，一切都安排的那么好，出身也好，长的也好，学问也好，再给你美感婚姻，那还写小说干吗？这也是没办法，我们站在一个纯粹的技术角度来讲就是要不断的给最令人怜爱的主人公设置各种各样悲惨的命运才能让读者难受，搞戏剧的肯定按照这个逻辑编剧本，写小说也不例外。

主持人：也是有想象在里面？

莫言：当然，想写小说也好，编剧也好，有一个很简单的秘诀，我们都知道屋漏偏偏遇上连阴天，黄鼠狼单咬病鸭子，你就按照这个编肯定打动观众。

主持人：这是不是说明人的本身的悲伤情感在作祟？

莫言：为什么这样，我们也可以看一下生活里面，我们古人话不是随便乱讲的，红颜薄命，也是从生命当中总结出来的成语。越是这种让所有人羡慕的人，他个人的生活，他的人生遭遇，往往是令人感叹的，令人感慨万千的，这就是生活。

物质的改变带来人精神的改变

主持人：《朱雀》后来也写到年轻人前卫的生活状态，比如吸毒这一块，故事里有雅可这个典型人物。您觉得这一代年轻人情感生活跟以前有什么不同吗？

莫言：吸毒也不是现在才有的现象，自从当年鸦片战争以后中国很多人都在吸毒，当时是吸大烟，吸大烟也是吸毒。颓废是人类的一种天性，人实际上是很不完善的，人往往是趋同于自己的意志和欲望，这才有各种各样社会的负面现象。如果所有人都能战胜自己的意志和欲望，那么这个社会肯定要比现在完美的多。但正是因为这一点，人才显得可爱，也正是因为有这一点，我们的作家、艺术家才有事干。年轻人也是的，年轻人跟所谓的成年人之间的区别就在于一些外部环境变化所决定的。

主持人：现在出现年轻人闪婚和闪离，伪娘等现象，跟社会背景有很大关系吗？

莫言：离婚率高第一是因为生活，第二是因为80后都是独生子女所受的教育，再一个跟家庭状况有关系。人是没有区别的，如果把80后放到50后去，他跟50后一样的，所有变化都是时代外部的变化，并不是人种突然发生的变异。

主持人：还是时代变化对人价值观的改变？

莫言：当然，物质的改变肯定会带来人精神的改变。

葛亮：莫言老师说的挺好。这实际上也是一种时代的映照吧。其实就一个个体而言，整体的成长过程会要经历不同阶段，而青春是没有办法逾越的环节。英国的首相布莱尔年轻时也做过摇滚明星。比如说雅可这样一个形象，他不光是一个青年人的符号，他也是一种人文精神的延续。我们刚才讲到五石散这些东西，也是当时时尚的符号。他们通过这些行为表达出精神的底蕴。当然以我们当代价值标准去评估，我们可以给它一些基本的判断，比方说是道德层面的堕落。但是我们要看到这些行为背后深层次的东西。而且堕落有时候是产生审美感受的最直接的表达方式。尽管我个人生活的方式趋于常规，但是有时候对这种精神的延续，我还是表示尊重的。

我写的南京已经成为纸上的南京

主持人：聊到城市，我们回到故乡，现在城市化使很多人在异乡成为常态，现在的年轻人更能够随遇而安，走到哪里哪里都是家，可能对故乡的感受比老一辈淡很多。这种生活方式的变化与现代人思维观念的变化，二位是两代人，感受会一样吗？

莫言：感受肯定不一样。

主持人：我们现在都有若干年后回到故乡，自己觉得像是客人的感觉，是来做客的。

莫言：既感觉到是客人，同时也感觉到是主人。我就有非常强烈的感受。当两年之后回到家乡确实百感交集。因为在外地你每天都想的很具体，你说我怀念故乡、思念故乡，思念什么很具体，河里的水、水下的沙土、水里的小鱼、河上的小石桥等等非常深刻具体。你回来以后感觉到很亲切、很感伤，这一切曾经都跟我有联系。我在北京生活这么多年时间，比在故乡生活时间还要长，我没有主人的感觉，我现在还觉得是山东人。读书随处静土，闭既是深山，可以改两个字，闭门既是故乡。

主持人：葛亮对南京也是这种感觉吗？

葛亮：我没有客人的感觉，我每次回家并没有近乡情怯之感。南京也在不断的变化中，我们对故乡的审视也是适应其中常与变的过程。对我冲击蛮大的是有次回到南京，有一个高尚娱乐社区"1912"突然建立起来。在我更年轻的时候，比如我们以前经常去的一个酒吧，叫"Scarlet"，后来这个酒吧在"1912"开了更大的分店，整体格局却变化了，店堂更加宽阔明亮，感觉更为摩登。但是在我们更年轻的时候，我记得在老店里，沿着木扶梯走上去脚下还会吱呀作响。但这种响声已不存在了，只能留存在记忆中。我自己对南京饱含深情，但是南京的变化需要我作为一个生长于斯的人去适应它，这种感觉是很微妙的。我自己是不断拥抱的状态，但是南京日新月异变化的步伐反而把我放到需要审视、不断再现的状态中。原先我用自己的文字与记忆在表达南京，当我再回到南京的时候发现已经需要调整了。

主持人：已经不是你早先认识的南京，那个南京已经在你内心扎下了根。

葛亮：所以我在完成《朱雀》这个小说的时候，在这个时间点上南京有很大的变化。当时南京最后一个完整的明清街区，在南捕厅一带，面积只有一平方公里，也面临被拆除的命运。当时《朱雀》已经完稿，我跟朋友交流时也说过，我写到的南京可能将来真的成为纸上的城市了。这是很伤感的瞬间，会有一点点心痛，同时也会觉得安慰。毕竟作为小说作者通过自己的文字把昔日的感觉完整地表达出来，当然不可能是最完整的，这个完整是个人化的完整。

主持人：故乡的话题咱们可以聊很多，由于时间关系今天就聊到这里。谢谢莫言老师和葛亮。

○ 说吧，莫言 ○

莫言对话瓦尔泽

与马丁·瓦尔泽同坐一张长椅上的莫言，不断地举着高脚玻璃杯喝酒，他的身边放着两瓶德国葡萄酒和瓦尔泽的三本汉译版本的书：《批评家之死》、《惊马奔腾》、《菲利普斯堡的婚事》。莫言以他特有的幽默表达对瓦尔泽的敬意："我来了这里以后就喝酒，因为我很紧张。1957年他写第一部小说《菲利普斯堡的婚事》的时候，我只有两岁，还狗一样地在地上乱爬。跟这样一位德高望重的文学家对谈，我得先喝酒，把胆壮起来。"

把所有人当人写 把自己当罪人写

莫言：瓦尔泽先生用中国话来说是"著作等身"，但遗憾的是，我仅仅读了他的三本书《批评家之死》、《惊马奔逃》、《菲利普斯堡的婚事》，阿克曼先生也说我应该看他的《迸涌的流泉》。今天上午我骑车到了西单图书大厦，在电脑上搜索这本书，只有一本，在四楼外国文学专栏，那本书已经被一个小姑娘拿在手里了，我只好在网上看一些章节介绍。

《迸涌的流泉》这个书名有些拗口，不如叫《趵突泉》如何？这本书我一定要买到，因为我对它期望非常高。小说讲述了一个名叫约翰的小男孩在二战爆发时期，长达15年的生活经验。我在主人公约翰的身上也隐约看到瓦尔泽先生本人的经历。我看到约翰的母亲为生活所迫，参加了党卫军的时候，联想到瓦尔泽的母亲也曾为了生计所迫参加党卫军的一些活动。

当作家的个人经验和社会历史生活产生了一定程度的重合时，让我联想起另外两部德国作家的小说，一部是君特·格拉斯的《铁皮鼓》，一部是西格弗里德·伦茨的《德语课》。《铁皮鼓》、《德语课》、《迸涌的流泉》都是用儿童的视角对那段黑暗的历史进行反思。这种写作视角对中国当代文学产生过重大的影响，影响了众多中国作家，这包括我本人的写作。我作品中的很多篇章，都是用儿童的视角去反映某个历史时期。我相信瓦尔泽先生的《迸涌的流泉》不仅会对中国作家产生影响，也会引发中国普通读者的思考和反思。

瓦尔泽先生前两天在社科院的演讲中说，即便写社会批评的文字，在对社会进行批判的同时，首先将批判的矛头指向的也是他自己，这个跟我的想法非常吻合。我也写过对社会进行批判的小说，如瓦尔泽先生读过的《天堂蒜薹之歌》。这部小说在现实生活中是有其真实原型的。在我故乡附近的一个县里，由于当地官员的腐败，导致农民种植的大批蒜薹卖不出去而腐烂，愤怒的农民包围了县政府，砸了县长办公室，造成了全国性的轰动效应。我看了这个报道之后，立刻放下了手边的《红高粱家族》系列小说的创作，仅用30多天时间写出这部长篇。

很多批评家听说我写得这么快，也许会质疑作品的质量。但是我就是写得这么快。因为我感觉到内心涌动着很多话，要赶紧写出来才踏实。在写作当中，我首先发现自己已然把故事转移到我熟悉的环境中来了。那里有我生活过的小村庄，我熟悉的亲人。最后我自己也进入到这部小说里去了。与其说我是在写别人的命运，不如说是在写自己的命运，与其说是为别人、为农民呐喊，不如说是为自己呐喊。因为我始终认为自己骨子里是个农民。这并不是虚伪和做作，我知道我只是个普通老百姓，一个生活在城市的农民。

最早我的小说跟中国过去的文学作品不一样是在于我把好人当作坏人来写，坏人当好人写。中国的文学在很长一段时间内把好人写得跟神仙一样完美无缺，没有任何缺点；坏人写成一点好处都没有。但是我想大家都是人，于是我试着站在超越阶级利益的高度上，把所有人都当人来写。下一步就是把自己当罪人写。每个作家最后面对的肯定是自我，所谓一个作家的反思、文学的反思，最终是要体现在作家对自己灵魂的剖析上。如果一个作家能剖析自己灵魂的恶，那么他看待社会、看待他人的眼光都会有很大的改变，也就可能实现瓦尔泽先生在演讲中的另一个观点：作家应该爱他小说里的所有人物，即便是那些读者不喜欢的人物。我们作家要对他们有爱心，不能把读者不太喜欢的人物当作很坏的人，毫不留情地丑化他，而要把他当人来写。

瓦尔泽：我们在另外一种语言中旅行的时候，作为一个作者，你无助地面对陌生的语言，需要完全依赖译者。这种依赖感是如此强烈，胜过幼儿对成年人的依赖，胜过女人对男人的依赖，超过所有的依赖感。

我非常荣幸能与莫言相遇。得到您的两本德文作品。为了阅读小说，我甚至无心参与其他活动。我读完了《红高粱家族》，开始试图从这本书里摘抄精彩段落，后来发现几乎要把整本书摘抄下来了，只好作罢。我不知道中国语言如此富于感性，能把各种形态的转化描述得如此张弛自然，有的段落特别带有味觉、色彩。莫言的写作充满诗意，我本来讨厌那种明明是小说，却要装扮成诗歌的作品。但是在译文中，我能看到莫言小说中的诗意。我读到酣畅之处，突然产生了妒忌之感。这本书关于上世纪三四十年代抗日战争时期的故事，作者能将历史事件与虚构结合，充满狂欢，没有说教，赞同与批判都没有任何历史间离的做法，这恰好和我们对待德国历史的方式不同。在整个抗日战争中，所有的人物都是历史的见证者，不是简单的反抗。因为反抗实践的同时也是中国人之间相互进行的很残酷的斗争。对历史和故事的叙述具有这样的复杂性，是如此之美，让我吃惊。

虽然没有亲手杀过人 但我确实杀过几次鸡

莫言： 中国有句话叫"初生牛犊不怕虎"，我想我写《红高粱》的时候就是这样的状态，那是 1985 年，中国军事文学的写法还是有很多条条框框的。我想写出与别人不一样的我想象中的战争来。我出生于 1955 年，没有经历过任何战争考验的人要以战争背景写小说就要充分调动想象力。很多老一代作家对我的想法是不以为然的，他们说我们枪林弹雨真刀真枪跟敌人干过，你们这些孩子怎么可以写战争小说呢，我反驳说我虽然没有亲手杀过人，但是我确实杀过几次鸡，我会将这个经验转移到杀人的描写上。我试着将自己在看电影、阅读时得到的虚构性的体验和自身有限的真实经历移植到小说创作中去。后来事实证明，没有人质疑，没有人说你写的战争不像，也没有人说你描写人与人互相残杀的场面不真实，还有人以为莫言是老作家，亲自经历过这些场面。

我另外的一个想法是，战争根本不是写作的目的，作家是要通过各种各样的手段来描写他的人物。我的想法也许是比较保守、传统的，一部好小说的标志应该是写出一个让人难以忘记的人物形象。这样的人物形象在过去小说没出现过的，生活当中可以有很多类似的人，能从人物身上看到自己的小说，就是好的小说了。当然还要有好的语言、结构。

可以举瓦尔泽先生《惊马奔腾》这个小说为例。看完小说以后里面很多对话我都忘记了，但是 4 个人物我记得很牢，两个老同学重逢，在班里面一直名列前茅的人混得不怎么样，而当时班里面调皮捣蛋的同学反而很成功，很有钱，这样的状况在中国的现实当中经常发生。这两对夫妻之间发生很多微妙的心理冲突，表面和睦，内心深处却始终有非常激烈的冲突和波澜，最后一切回到了生活的原状。这样一对同学的形象让我难以忘却，也让我联想到了当年很多的同学，生活中很多次跟同学的见面时心里微妙的感情。我们写战争的目的是要把它作为实验室，培育某种科学试验的场所，把人放到特殊环境里测试灵魂，在和平年代里人性会沿着正常方向发展，人身上的恶得不到展示，但在战争这种特殊环境里，每个人身上的善恶都充分暴露出来了，战争确实是人类历史上非常独特、荒诞的一种现象。

瓦尔泽：以前家里也杀过鸡，但是我从来没有自己动手过，都是年长的人来做这件事。读莫言的书，有这样一种问题，因为其中有暴力而残忍的描述。尽管如此，它却超越了善恶，一个角色的善恶不是非常明显，恶人也不时流露出人性的温暖。莫言总是能受益于他的立场，如果你的立场正确，就能收放自如。我没有办法这样描述战争中的恶人，难道不是吗？比如说一个日本作家要描述同一个事件，他就难以摆脱忏悔的义务、悲伤的义务。他可以任意表现每个人物的残忍，表现可能发生的一切，但是日本人最后总要对整个战争进行忏悔。他的角度和中国作家完全不同。在中国，这段战争小说中所有美妙的、诗一般的残忍，是为了善而发生的，而在德国，它却从头到尾只能是恶。所以完全不同的角度会左右我们的写作。

我虽然经历了战争年代，但我从来没有过任何来自内在的需求，而去写一本战争小说。当然《迸涌的流泉》属于其中。我不想写我们的战争，不想写什么"反法西斯小说"，有人也因此批评我不去反思战争。我从来不想写法西斯小说、反法西斯小说、伪反法西斯小说，我不想在历史中用这个形容词，我了解所有描写战争会面临的问题。莫言作为中国作家没有这样的窘境。

作家首先描绘自己 他寻找自我的肖像

莫言：我后来的小说也涉及到了国共两党的战争、土地改革。写这些书的时候，我要站在一个超阶级的立场上。我既不是用小说来歌颂共产党，也不是批判国民党，作为一个作家，就应该站在人的角度，把两党当作人来研究、描写，两党战争说到底还是农民子弟跟农民子弟在打仗。

比如邻居家大儿子参加国民党军队，小儿子参加共产党军队。我觉得这种战争不是解决社会矛盾的方式，是一场巨大的悲剧。我们毁掉的都是农民子弟，破坏的财富都是国家的财富。如果是两个高明的政党，完全可以少用暴力把矛盾解决掉。

我的小说很难分出正面人物、反面人物，我们过去小说正确的人物是一点缺点都没有，不仅思想正确，面貌也浓眉大眼、身体坚强，而反面的人物不但思想肮脏，道德水平很低，外貌也很丑陋，独眼龙、麻子、缺耳朵，从内心到外貌进行丑化。我的小说都是把他们当人来进行描写的，这个人物是国民党的，但是他很有英雄气，共产党的人物身上也有负面的东西，这样才比较符合历史的真实，生活的真实。过去的文学是历史原因造成的，上世纪八九十年代用这种方式写小说，也表现出中国社会一种巨大的进步。我如果在上个世纪六七十年代这样写小说，小说还没写完，人就已经被抓到监狱里去了。

瓦尔泽：谈到作家与社会的关系，关键在于如何建立人与历史、社会的关联，说到最后，也是在认识自己，每一个作家首先描绘的是自己，他寻找着某种自我的肖像。对我而言，这时候并不存在任何预设的意图。比如说写直接关联社会、历史的小说，我并没有意图去小心翼翼地评判历史或者历史人物，或者给出多么与众不同的描述，而是作为一个时代的参与者、见证人，自然而然地描述这个时代。

当然不同的社会条件下，有的文学会被斥为不合时宜。就像方才莫言所说，他的比较生猛的东西在30年前的中国不可能发表一样。我刚开始写作的时候，在大学用了5年时间研究卡夫卡，写了关于卡夫卡的博士论文。可我却发现，当时整个欧洲，如果谁还尝试像卡夫卡那样用一种寓言的方式写作，他就注定会失败，而且毫无光泽可言，因为那个时代必须要现实地写作。

语言是和死亡持续的婚礼 语言中是不存在谎言的

莫言：我说过一句话：我们今天的乡土已经不再是过去的乡土，因此反映今天乡土的文学跟过去的也不一样。全球经济一体化也是过去十几年来中国知识分子、作家经常讨论的问题。很多人担忧地说全球经济一体化必然导致全球文化的趋同化，全世界的人变得面貌相似，语言也消亡，只剩下几种主要的语言，各个地方的风俗习惯最后会慢慢统一起来。有点过虑了，起码现在还看不到这种可怕的现象出现，而且中国各地政府也强调保护地方文化特色，很多地方修复了过去的建筑，恢复民间艺术。

我的小说一直在描写一个叫高密东北乡的地方，这个地方在地理上来讲确实有，我的故乡是高密的东北部，习惯上叫东北乡。作家早期很多作品写个人经验、生活、家庭成员经历，但一个作家长期写作，只写自己的经历、家庭成员的故事很快会写完的，这个时候作家的经验就要不断地扩展，把别人的故事变成自己的故事，当然也可以把自己的故事放在小说人物来表现。乡土也是扩展的，高密东北乡不是一个封闭的概念，而是一个开放的概念，可以把发生在天南海北的，德国、日本的事情移植到这里来，用我的想象力变成个人、家庭、小说人物的故事。一个作家掌握了这些手段才能不断创作下去，只写小乡村会枯竭。

我也看到一些批评家对我的批评，为什么老写高密东北乡，你在北京生活了20多年，为什么没写过北京，没有写过北京的一条街道，一家饭店？当然这种批评有它的道理，一个人的经历毕竟是有限的，北京我固然很熟悉，骑着自行车串来串去。但是我再拿起笔写小说我觉得这个地方不亲切，没有感情上的呼应，我做梦就梦到我生活的村庄、河流、田野、树、喜鹊窝，它们跟我息息相关。我可以把北京的东西挪到高密东北乡去，小说里也写了很多的饭店、街道，都是故乡没有的，我在北京生活20多年的感受早就输送到东北乡了。

瓦尔泽：完全同意。此外，我想说说语言的问题。语言不仅仅是我们的所有物，也是包围我们的东西，我们置身于语言之中，通过语言和他人、世界建立关联，语言到底是什么？是和死亡永远持续的婚礼，所以语言本身是有问题的。作为作家，我的第一外语是我的母语。

　　小说中一个人物对另外一个人物撒谎是顺理成章的。我就发现，根本不存在谎言。只要这个人物做得符合他的天性，从他的角度出发，即便在当时的情境中是谎言，但对于人物本身毫不虚假，所以语言中是不存在谎言的，说谎言是如何如何的道德败坏是最廉价的道德宣判。我发现，总是底下的人跟上面的人撒谎，因为身居高位的人可以承担得起真话、真实、真理。从我的角度来说，所有的谎言问题完全是一个语言学的问题。到处都要求我们说真话，而作家可以更敏锐地感受，能生产更敏锐的语言，把谎言作为真话的对象去描述，而不去做任何道德判断。而得出这样的结论根本不存在什么谎言，我说出来的就是真实的。

　　（《南方周末》记者夏榆、实习生吴瑶录音整理，王歌先生同声传译并校订）